话说 内蒙古

呼和浩特

回民区

罗胜勇 杨东升 ◎ 主编

内蒙古人民出版社

图书在版编目（CIP）数据

话说内蒙古·回民区 / 罗胜勇，杨东升主编 . -- 呼
和浩特 ：内蒙古人民出版社，2017.5
ISBN 978-7-204-14711-3

Ⅰ . ①话… Ⅱ . ①罗… ②杨… Ⅲ . ①回民－民族地
区－概况－内蒙古 Ⅳ . ① K922.6

中国版本图书馆 CIP 数据核字（2017）第 087564 号

话 说 内 蒙 古 · 回 民 区
HUASHUO NEIMENGGU HUIMINQU

主　　编	罗胜勇　杨东升
丛书策划	吉日木图　郭　刚
责任编辑	李向东　贾大明　张　钧
责任校对	孙红梅
责任监印	王丽燕
封面设计	南　丁
版式设计	安立新
出版发行	内蒙古人民出版社
地　　址	呼和浩特市新城区中山东路 8 号波士名人国际 B 座 5 楼
印　　刷	内蒙古恩科赛美好印刷有限公司
开　　本	710mm×1000mm　1/16
印　　张	18
字　　数	260 千
版　　次	2017 年 5 月第 1 版
印　　次	2017 年 5 月第 1 次印刷
印　　数	1—4000 册
书　　号	ISBN 978-7-204-14711-3
定　　价	66.00 元

图书营销部联系电话：（0471）3946267 3946269
如发现印装质量问题，请与我社联系。联系电话：（0471）3946120 3946124
网址：http://www.impph.com

《话说内蒙古·回民区》编撰委员会

主　任：马惠军（中共回民区委书记）

副主任：斯日古楞（中共回民区委副书记、政府区长）

　　　　王志强（中共回民区委常委、宣传部长、政府副区长）

　　　　罗胜勇（回民区文联主席）

编　委：杨俊峰　张丽清　李　颖　贺敬超

　　　　潘淑贤　李　珍　杨东升

编撰委员会下设编写工作组，负责组稿和编写工作。

《话说内蒙古·回民区》编写工作组

主　审：王志强

主　编：罗胜勇　杨东升

常务副主编：杨东升

名誉主编：王继周

编写部：罗胜勇　杨东升　王继周　贺敬超

撰稿人员：罗胜勇　杨东升　王继周　李俊峰　张丽清

　　　　　刘　楠　贺敬超　潘淑贤　李　珍　李　蒙

　　　　　周　俊　宋艳君　张　艳　高培萱　高雁萍

　　　　　云　艳　王凯胜　张　亮　王世民　李崇森

摄　影：张永刚　何卫国　赵　鸣

总　序

　　内蒙古自治区是我国第一个省级少数民族自治地区。全区辖9个地级市、3个盟、2个计划单列市，下辖52个旗（其中包括鄂伦春、鄂温克、莫力达瓦达斡尔3个少数民族自治旗）、17个县、11个盟（市）辖县级市、23个市辖区，共103个旗、县、市辖区。首府呼和浩特市。

　　内蒙古东西直线距离2400千米，南北跨度1700千米，土地总面积118.3万平方千米。广袤的土地蕴含着丰富的自然资源：从东到西的森林、草原、沙漠等地形地貌是天然独特的旅游资源；丰富的煤、铅、锌、稀土等矿产资源和风力、太阳能等清洁能源，为煤化工产业、有色金属产业、清洁能源产业的发展提供了支撑。地跨"三北"（东北、华北、西北），毗邻八个省区，与俄罗斯、蒙古国接壤，国境线长达4200千米，具有我国向北开放的重要桥头堡和充满活力的沿边经济带的天然区位优势。气候适宜、土壤优质、草类茂盛、水源充足等优势，使农牧业的现代化建设不断走向深入。

　　这是一方丰饶的沃土，是我国北方少数民族世代生息繁衍的福地。它孕育了游牧文明，也是农耕文明与游牧文明的碰撞融合地带，在这里，不同文化相互碰撞、熠熠生辉，共同谱写了中华文明的恢弘乐章。这片土地上孕育出的仰韶文化、红山文化是中华史前文化的一部分，战国时期赵武灵王着胡服、学骑射，两汉与匈奴交往、和亲，两晋南北朝的鲜卑建立了雄踞北方的北魏王朝，隋唐与突厥建立了宗藩关系，契丹民族建立了辽代政权，蒙古民族创立了疆域广阔的大元王朝，明清与鞑靼、瓦剌等民族建立了藩属关系——历史上，北方少数民族或雄踞一方与中原交好，或入主中原，在不断风起云涌中铸就了内蒙古丰富、厚重的历史文化魂魄。进入近现代以后，内蒙古也走在抗敌御侮的前沿，为中华人民共和国的成立做出了巨大贡献。

　　这份丰厚的历史积淀当中，涌现了诸多杰出人物：他们或是一方霸主，统领一域；或是一代天骄，建万世之基；或是贤良能臣，辅助建国大业；或是时势英雄，救人民于水火；或是在各自领域堪称巨擘的名人雅士。这些人有耶律阿保机、成吉思汗、忽必烈、哲别、术赤、耶律楚材、乌兰夫、李裕智、尹湛纳希、玛拉沁夫、纳·赛音朝克图等等。

物华天宝，人杰地灵。广袤的土地除了养育了一代代的草原人，也成就了她丰富的地域文化：马头琴音乐、呼麦、长调等民族音乐，好来宝、二人台、达斡尔族乌钦等曲艺，安代舞、顶碗舞等民族舞蹈，刺绣、剪纸、民族乐器制作、生活用具制作等传统工艺，蒙医药、正骨术等传统医药医术，婚丧嫁娶等独特的礼仪习俗。内蒙古在音乐舞蹈、民间艺术、文学史诗、传统医药、手工技艺、民俗风情等方面都创造了独有的成就。

悠久历史文化滋养下的内蒙古，在党的领导下，迈向新的历史征程。内蒙古自治区成立以来，党和国家一直重视内蒙古的发展，也给予各类政策和经济支持。内蒙古也不负众望，各项事业均取得了令人瞩目的成就：经济保持平稳增长，人民的生活水平不断提高；民主法治得到有效推动；建立了独具特色的民族教育体系，民族教育水平不断提高；民生改善工作成绩斐然；生态文明建设取得较大成就；四通八达的立体交通网，把内蒙古与世界各地拉得更近……

纵观几千年历史，内蒙古在历史的长河中扮演了重要的角色，这不仅源于自然条件的得天独厚，也源于草原儿女的自立自强。虽然这片沃土上的民族大多以口耳相传的方式传承着自己的文化，但是仍有不少历史的碎片撒落在当地的史籍当中，这些史料汇集成册，将成为向世人介绍内蒙古的名片。为此，我们组织全区103个旗县（市区）的有关部门和专家学者，借助各地的丰富史料，把散见于各种资料中的人文历史、民俗文化、民间艺术、壮丽风光、当代风采、支柱产业等等汇编在一起，编纂出一套能够代表内蒙古总体面貌、能够反映时代特色和文化大区风范的大型读物——《话说内蒙古》，以展示我区经济发展、文化繁荣、民族团结、边疆安宁、生态文明、各族人民幸福生活的六大风景线。

一本书浓缩的仅仅是精华中的精华，万不足以穷尽所有旗县（市区）的方方面面。若本书为你敞开一扇了解内蒙古之窗，那么，读万卷书不如行万里路，内蒙古将以最大的热情迎接你：

赛拜侬——

欢迎你到草原来！

序

　　回民区，一片古老而又年轻、富于传奇色彩的土地，她位于大青山南麓的土默川平原，在呼和浩特市的旧城北门外，1950年12月正式建区。

　　夏、商、周时期，她被称为"并州徼外"，是荤粥族（音：勋玉）所居地，绵延千里的阴山山脉横亘在这里，山北是游牧民族，山南是农耕民族。秦汉时期她被称为"云中"，从蜿蜒千里的古白道传来阵阵清脆的驼铃声，那是来自西域波斯的商人，他们穿过宽广无垠的金色大漠，走过荒草萋萋的万里戈壁滩，翻过巍峨险峻的大青山，跨过雄伟的赵、秦、汉长城来到这里经商定居。这里曾经是茫茫的敕勒川草原，一曲《敕勒歌》在蓝天白云上千年回响，北魏拓跋珪，隋唐杨坚、李渊从白道川南下开疆拓土入主中原、定鼎天下建立王朝；这里也是土默特人的驻牧地，1575年阿拉坦汗筑归化城于此，从此拉开了呼和浩特地区城镇化的序幕。

　　几千年来，各族人民在这里繁衍生息、创造文明、发展生产。游牧民族南下带来牛马、皮毛、奶制品，内地商人北上送去丝绸、茶叶、瓷器。这里曾经有战场上无情的厮杀，但更多的是和平相处与商贸交流。林胡、楼烦、匈奴、突厥、鲜卑、回纥、契丹、蒙古族、回族、满族、汉族等民族在这片热土上绘制了波澜壮阔的历史画卷，演绎出许多重大的历史事件，孕育出众多彪炳千秋的杰出人物，也为后人积淀了丰富、独特的历史文化遗存。

　　中华人民共和国成立后，政通人和，百业待兴。回民区成为呼和浩特市的政治、文化、经济、商贸中心，回民区人民怀着高昂的热情，发扬战天斗地的精神，建设起一大批企业、商场、医院、学校和文化设施，奠定了工业大区、商贸大区和文教大区的基础。改革开放以来，回民区党委、政府紧紧抓住历史机遇，适时调整发展策略，全区综合实力不断提升，城市建设日新月异，教科文卫事业蓬勃发展，商贸中心地位进一步巩固。

进入21世纪后，回民区历任党委、政府领导班子团结带领全区各族人民，深入贯彻落实科学发展观，紧紧抓住国家新一轮西部大开发、支持民族地区跨越式发展和呼和浩特市"拉动城市向西发展"的重要历史机遇，以团结奋斗、开拓创新、勇于担当的精神，着力优化城乡经济社会发展布局，牢牢抓住项目建设这个推动发展的重要抓手不动摇，不断推进回民区的产业转型和升级，区域经济优势日益突出，各项事业蒸蒸日上。

在内蒙古自治区成立七十周年之际，为使大家更加全面地认识和了解回民区，回民区区委、政府精心编撰了《话说内蒙古·回民区》一书，全书共十章，编辑整理文章和诗歌120余篇，构思严谨、层次清晰、文笔流畅。以"话说"的形式，把回民区的地理山川、历史传说、人文民俗、风味特产、教科文卫、城乡建设以及发展蓝图展现给大家。该书内容通俗易懂、简洁明快、图文并茂，可读性强。希望本书的出版问世能使更多的人深度了解、大力支持、共同参与回民区的建设和发展。

百尺竿头思更进，策马扬鞭再奋蹄。新的征程已经开启，新的目标催人奋进。按照呼和浩特市委富民强市并重、城乡一体化发展的要求，回民区党委、政府认真贯彻"四个全面"战略布局，全面落实"五大发展理念"，主动适应经济发展新常态，以"城乡一体化、服务业高端化"为抓手，深入实施"1248"工程，着力打造和谐西城、宜居西城、美丽西城，为实现中华民族伟大复兴的"中国梦"，继续抒写新的篇章，昂首阔步迈向辉煌。

中共回民区委员会书记

回民区人民政府区长

2017年6月

目录 Contents

碧血丹心写春秋

北门外的记忆

和谐西城好风光

文教卫体百花开

诗文书画绘新图

腾飞中的回民区

美丽西城宜人居

HUASHUONEIMENGGUhuiminqu

美丽西城宜人居

MEILIXICHENGYIRENJU

回民区因回族聚居较多而得名，是全国最早建立的城市民族区。辖区位于呼和浩特市城区西北部的大青山南麓，自古以来就是沟通阴山南北的交通要塞，两千年的白道是她悠久历史的见证。

敕勒歌今昔

敕勒川，阴山下。

天似穹庐，笼盖四野。

天苍苍，野茫茫，

风吹草低见牛羊。

——《敕勒歌》

敕勒川，

你是土默，还是河套、银川、陇原？

阴山下，

你是黑山，还是狼山、贺兰、祁连？

天似穹庐，已盖四野，

风吹草低已牛羊难见。

君不见，大漠孤烟已变首府通天然，

君不见，沙滩黄风已变青城花果园。

放眼望去，奖牌满满：

全国旅游城市、全国森林城市、

全国宜居城市……

中国乳都落户在盛乐金川。

中山路上，群楼林立；

通道街前，人欢车喧；

西河沿上，书声琅琅；

乌素图村，杏李丰满。

昔日北门外，今日商贸城；

昔日青城西，今日幸福地。

今非昔比今胜昔，

美丽西城宜人居。

庆凯桥上歌庆凯，

共谱民族团结和谐曲！

沧海变桑田
北高南低向阳坡

明代归化城北门、西门外，扎达盖河西、北岸的地域属今回民区管辖。回民区北临大青山南麓，南向土默川延展，形成一个北高南低的簸箕形的"向阳坡"。110国道与京包铁路横穿而过，南北公路北穿大青山而达草原，南跨黄河而抵秦晋，交通十分便利。

回民区大青山部分属大青山中段，其形成时间可追溯到六亿年至四亿四千万年前的古生代初期，"阴山海峡"消亡。古生代末期的两亿两千五百万年前，由于全球海底造山运动，土默川由古海升为古陆。中生代末叶，在燕山运动的影响下，阴山地块上升，形成古大青山的雏形。到两千五百万年前的新生代渐新世晚期，随着喜马拉雅的运动，阴山山脉与鄂尔多斯陆台崛起，土默川盆地下陷，大青山持续升高，形成了现在海拔两千多米的高山峻岭。

大青山绵亘包头、呼和浩特、乌兰察布三市，由76峰和18道沟谷组成。回民区境内有白道岭（今蜈蚣坝）、西笔架山、砚台山、马头山、半山、摩天岭、大白山等山峰和乌素图沟、坝口子沟，并有古白道中溪水（今扎达盖河）、乌素图泉溪和坝口子泉溪。

大青山由古陆到古海，又由古海到盆地，由盆地再到平原再升为高山，几经变迁，接受了寒武—奥陶系、石炭系、二叠系、侏罗系和

大青山前坡

白垩系等时期，形成陆相碎屑沉积岩及火山碎屑岩沉积物，其中还保存了较丰富的古生物化石。还有自人类活动以来的岩画、崖刻及行宫、城堡、召庙、长城、墓穴等遗迹遗址。

大青山的岩石种类丰富，可从岩石分类辨别出形成的年代。下太古界形成的岩石有麻粒岩、紫苏辉石、透辉石、角岗石、斜长石等。上太古界形成矽线岩、钾片岩、石榴石、董青石等。下元古界形成石榴十字云母片岩、石榴二云片岩、绿帘角闪片岩、墨云纳长阳起片岩、蛇纹石化大理岩等。中上元古界形成千枚岩、板岩、变质砂岩、凝灰岩、安山岩、大理岩等。下古生界形成白云质灰岩、石英砂岩、砂质页岩、泥质灰岩等。上古生界形成中粗砂岩、长石石英岩、铝土岩等。中生界形成棕色砂岩、粉色砂岩、紫色长石砂岩等。新生界形成砖红色砂质泥岩、紫红色含砾砂岩、砂粒岩等。

由太古代的火山喷发形成的岩浆岩也有很多种。原岩有花岗岩、墨云斜长花岗岩、闪长岩、辉长岩等；与周围土质侵入合成的围岩有片麻岩、麻粒岩和大理岩。乌素图、坝口子、段家窑一带生成的岩石以钾片花岗岩为主，伴有中细粒花岗岩。这些岩石的地质年龄在160百万年左右，是燕山活动期火山喷发形成的，它由有机性喷发、中性和中酸性喷发形成。

约从230百万年前的中生代开始，历经1.6亿年地质发展史，当时回民区段的大青山范围内气候温暖湿润，植被茂盛，水湖沼泽连片，适合恐龙类爬行动物生存。而到了燕山运动晚期，这里的气候变得干旱少雨，蕨类植物枯萎消亡，大型爬行类动物逐渐灭迹，代之以适合山峰沟谷生长的植物和动物。

回民区段的大青山的地质结构复杂而种类丰富，是地质部门人员和岩石收藏者采集样本的理想地带。不同的地层可采集到不同年代的岩石及生物样本，也有人采集到恐龙化石（民间称为"龙骨"）和各种古生物的化石标本。

《水经注》中的回民区

北魏地理学家郦道元曾亲历回民区所辖的大青山地带，沿乌素图沟、坝口子沟，翻越大青山进武川镇，考察了白道中溪（今乌素图沟）、白道川（今土默川）、芒干水（今大黑河）和白道城（今坝口子村附近）。

北魏时期，大青山称为"黑山头"，以《木兰诗》为证："旦辞黄河去，暮宿黑山头，不闻爷娘唤女声，但闻燕山胡骑鸣啾啾……"回民区今辖的地段正是诗中所述的

"黑山头"，是花木兰替父从军报名的兵营所在地。当时，之所以称之为"黑山头"，是因为这里树木葱茏，松涛起伏，沟壑流水，泉溪奏琴，是一个山清水秀的仙境。

这里还是古代兵家相互争夺的战场。战国时，赵武灵王修筑长城，史称"赵长城"，被秦汉魏晋沿用。至北魏时，又在阴山上建筑六座军事城镇，黑山头的武川镇居其六镇之中心，而山南的坝口子村另建一座"白道城"。沿乌素图沟北上黑山头有一条石灰岩的坡岭，史称"白道岭"。岭上有一条石灰岩形成的便道，史称"白道"。郦道元实地考察、探访此地，笔录成文，记述在《水经注》里："芒干水又西南径白道南谷口，有城在右，萦带长城，背山而泽，谓之白道城。自城北出，有高阪谓之白道岭。"（"芒干水"即大黑河）

这里有赵长城和修复沿用的汉长城，还有蜿蜒如银龙的白道。坝口子村建有汉代古城，北魏时将汉城加以重修，新建城堡和营盘，史称"白道城"。

白道岭上还有北魏王朝的行宫，位于蜈蚣坝后坡，行宫外围有椭圆形石墙，且有城门四座。《水经注》述："宫城在白道岭北阜上，其城圆角而不方，四门列观，城内唯台

乌素图杏园

殿而已。"遗址中曾发现箭镞、布币、陶瓦残片，还发现了波斯银币和北魏石刻佛像等。

这里发生的战争，在史书上也有记述。天保六年（555年），北齐文宣帝高洋挂帅亲征茹茹（柔然），将行囊辎重留在白道岭，轻装上阵乘胜追击，得胜归营。开皇三年（583年）隋文帝派卫王杨爽率领李元节等四员大将，北上与突厥可汗沙钵略交战，在白道上破敌。武德五年（622年）突厥杀刘武周于白道。

白道自战国始就是大青山南北的交通要道。宋《太平寰宇记》云州云中条记述："白道川，当原阳镇北，至山上，当路千余步，地土白色如石灰，遥自百里即见之，即阴山路也。"（原阳镇：今金河镇八拜村）白道所经之山谓之"白道岭"，金代称之为"汪衮"（意为"神

东乌素图村古杏园

山"），元代成为主要的驿站木怜道（即马道），清代将"汪衮"称为"翁衮"，俗称"蜈蚣坝"，后民间传说"蜈蚣挡道"的故事来源于此。坝下建有关帝庙（老爷庙）一座，庙旁树石碑记述修路实况。

民国时期，吉鸿昌将军亲督修路，手书"化险为夷"四字，刻于摩崖留题为念。

古代的"白道"已被现代公路所代替，北上通往武川和草原，有大坝、小坝两条路，中有隧道和高架桥，去往武川的距离也大大缩短为35千米。

山陡沟深留史迹

回民区境内的大青山段有高山和深谷。自有人类以来就在这里留下文化的印记，如岩画、崖刻和洞穴等。汉以来还在这里修建城池、长城、兵营、墩台、驿站、行宫等。

一、蜈蚣坝。原名"翁衮"，蒙古语，汉语意为"神圣的山岭"。位于坝口子沟北端，海拔1629米。北魏时称作"白道岭"，宋辽时称为"渔阳岭"，金代称为"神山"，元代称为"翁衮达嘎"。元代仁宗延佑七年，修建两座甸城，北山坡前设哨卡一处，南山坡前设驿站一处。明清时称"翁观山"，后易名为"吴公坝""蜈蚣坝"。

这里是兵家争战之要塞关隘。相传战国时期赵武灵王，汉代大将卫青、霍去病，北魏巾帼花木兰，

赵长城遗址

乌素图召

宋将杨六郎、穆桂英、孟良、焦赞，辽代萧太后等都曾在这里作战，还有隋唐名将守关。

抗日战争时期，1939年8月11日，日寇30多辆汽车载兵进入坝口子蜈蚣坝，八路军埋伏于坝顶老爷庙，营长康金龙指挥二营战士将日寇的汽车全部击毁，歼敌200多人。

二、西笔架山。位于乌素图沟西侧，海拔1130米，山峰平行并列，形如笔架，故名。阳坡有云母矿，储量少，无开采价值；阴坡有野生的虎榛子、山杏、白桦和文冠果树等。

三、砚台山。位于西笔架山南侧，形成天然的文房四宝造型。登高远望，呼和浩特市区尽收眼底。

四、马头山。位于砚台山南，形似马头，故名。海拔1120米，山下东侧是乌素图召。登高远眺，可见山区的召庙寺院和杏李园林及村庄人家。

五、半山。位于乌素图西北5千米处，是乌素图沟的一侧。悬崖绝壁处可见考古文化层，有人曾捡拾到古陶瓷片、镞头、钱币等。

六、摩天岭。位于乌素图西北14千米处，海拔2081米，是回民区与武川县的交界标志山。这里植被茂密，飞禽走兽藏匿于树林草丛中。

七、大白山。位于东棚子村北，海拔1404米。山体是由元古界二道洼群白色大理岩（主要是石灰岩）

构成，可用来烧制白灰，故名大白山。

以上是高山，再说深沟。

一、乌素图沟。因乌素图村命名，位于攸攸板镇境内。沟长35千米，有大小支沟16条，是大青山的第十一条大沟。沟中常年泉水不断，雨季易暴发山洪。清咸丰九年（1859年），山洪怒泻，冲毁村庄民居和田园杏林。清宣统二年（1910年）修蜈蚣坝立碑记史："历年六月间，大雨淋漓，发水涨泛，将坝之梁桥冲为数段。"民国十八年（1929年）山洪又发。因屡灾不止，1958年在沟口修建水库。

二、乌素图水库。于1958年3月18日破土动工，7月29日竣工，7月30日举行水库落成典礼。自治区主席乌兰夫题写"乌素图水库"库名。

这项工程由国家投资主办，地方负责民工劳力。10万民工，用时125个昼夜，完成土石方68.7万立方米。

水库由拦洪坝、溢洪道和放水涵洞组成，具有蓄水、泄洪、放水等作用。大坝全长536米，高16米，底宽73米，溢洪道长203.3米，放水涵洞两排全长60米，管粗61厘米。水库可储水150万立方米，水面积30万平方米，灌溉面积3万多亩。建成后，攸攸板乡、西菜园乡、小黑河乡的农田均变为水地而受益。

三、毫赖沟。蒙古语，汉语意为"三沟道"。位于乌素图沟东1

乌素图水库

乌素图大杏

千米，沟长8千米，从这里可达永安寺遗址。

四、坝口子沟。位于坝口子村北，是大青山第十二条大沟。沟长17千米，沟中坡上修有呼武公路。沟通坝口子村，往北6千米处分为两岔。东岔与呼武公路相伴，途经段家窑村、影视基地等，之后进入武川县境内的大青山；西岔经沙湾子、小东沟、焦赞坟，前坝底到坝顶与主沟汇合。西岔沟的坡面处修有公路隧道，沟深处修起了高架公路桥，去往武川的路程由原来的45千米缩短为35千米，由单行道变为双行道。清代和民国驼道上的马家店、下店、中店和上店以及沿途美景尽收眼底。

在坝口子沟的东西两岔的山坡上，呼和浩特市各机关、企业、学校、部队都承包了植树造林、绿化大青山的责任区，他们立牌设桩，每逢春秋两季都派人到责任区植树浇灌。

坝口子沟内的段家窑村成为旅游村，村内有莜面、炸糕、农家鸡、猪肉等特色饭店，比较出名的有半亩地、园外园等农家餐馆。

如今的坝口子沟，山清水秀一道绿川，是呼和浩特市居民休闲观光的好去处，也是外地游客、驴友的必选之地。

成吉思汗西街

回民区党政办公大楼

行政沿革

首府西城回民区

呼和浩特市回民区由1950年12月19日成立的归绥市回民自治区而得名，是内蒙古自治区首府呼和浩特市的一个市辖区。它位于呼和浩特市城区的西北部，东与新城区、赛罕区交界，南与玉泉区相邻，西与金川经济开发园区、土默特左旗接壤，北与武川县毗邻。地理坐标为北纬40°48′—41°08′，东经111°36′—112°30′，区境内最高海拔2081米。截至2015年，回民区总面积200平方千米，其中城区面积为30平方千米，农区、山区面积170平方千米。全区辖7个街道办事处、1个镇，有19个行政村。回民区城乡居住人口40万，有蒙古、汉、回等23个民族，其中回族2.2万余人，约占全市回族总人口的70％，是回族聚居区。中共呼和浩特市委员会、呼和浩特市人大常委会、呼和浩特市人民政府曾驻回民区辖区内。(2002年12月迁新址)

回民区南北长约19千米，东西宽约18千米，辖区地形主要由平原、山前丘陵、沟壑、山地组成。主要山峰有蜈蚣坝、西笔架山、砚台山、马头山、半山、摩天岭、大白山、

成吉思汗景观街

南天门山。土壤类型比较丰富，山区多为灰色森林土（黑土型）、灰褐土，丘陵多为栗褐土（红土型）、灰色草甸土、草甸沼泽土、粗骨土，平原多为洪淤栗褐土、砂石土等。灰色森林土、灰褐土腐殖质层较厚，有机质含量较高。

回民区属中温带大陆性季风气候区，四季分明。特点是：春季雨少风多，升温快；夏季湿热多雨，降水量集中；秋季短促凉爽，昼夜温差大；冬季干冷少雪。年平均气温5.6℃。夏季平均气温21.6℃，极端最高气温38℃；冬季平均气温−13℃，极端最低气温−39℃。年平均降水量在410—447.2毫米之间，山区降水量多于城区，年降水量的60％—70％在夏季，多集中在7—8月份。有效积热比较充足，可满足各类农作物生长的需要。霜冻在春秋两季出现，春季终霜迟，秋季初霜早。春冬季多西北风，常有6—7级大风，有时夹杂沙尘暴，夏秋季多东南风。

回民区植物资源、动物资源、矿产资源、水利资源、旅游资源较丰富。栽培植物主要有小麦、莜麦、荞麦、玉米、高粱、谷子、黍子、马铃薯、豆类、向日葵、菜籽、胡麻、甜菜、瓜类等。野生植物有400余种，按用途分类，有药用植物甘草、黄芪、麻黄、知母、枸杞等40余种，油用植物芨芨草、芦苇、龙须草、马莲等，果类植物酸枣、酸梨、山葡萄、山

伊斯兰特色街

13

杏等，淀粉植物沙蓬、野荞麦等。回民区有较丰富的森林资源，主要集中在大青山山区。

家养动物主要有牛、马、羊、骡、驴、猪、骆驼、狗、鸡、鸭、兔等。野生动物种类较丰富，密林深处栖息着珍禽异兽。据调查，境内有鸟类140多种，兽类20多种，狼、黄羊、青羊、狍子等属国家级保护动物。

矿产资源较丰富，主要矿种有大理石、花岗石、沙石矿等。

纵横交错的山沟中、山腰上多有清泉涌出。乌素图沟常年有清水流出，雨季洪水顺乌素图沟、坝口子沟汇入小黑河。在乌素图沟有水库一座。回民区境内有5条河流，分别是扎达盖河、乌里沙河、坝口子沟、霍寨沟和毫赖沟，多属季节性沟河，这些河的水流少，部分来自山泉，多为雨季沟谷的汇流水。

回民区旅游资源丰富。乌兰夫纪念馆是中共中央宣传部命名的全国百家爱国主义教育示范基地，2002年被国家旅游局评为AAA级景区。内蒙古自治区团委青少年生态园有绿色生态广场、越野卡丁车赛

场、青少年素质拓展训练基地、民俗文化村、"神舟五号"纪念雕塑等。大青山野生动物园有动物12大类，100余个品种，种群数量达1400余头只。园内有动物露天表演场、食草动物区、水禽观赏区等15个主要功能区，已成为中国西部地区最大的野生动物园。乌素图国家森林公园有战国时期的赵长城、汉通漠北的古白道及驿站、宋、元、明、清时期的老爷庙，明清两代集蒙、汉、藏建筑风格为一体的乌素图召等，是呼和浩特市历史悠久的八大景观之一。伊斯兰建筑特色景观街以西亚伊斯兰风格为主，融合不同时期、不同地域的伊斯兰文化特色，是回民区以及呼和浩特市的标志性街道。通道北路蒙满特色景观街以蒙满文化风格为主题，沿街74栋建筑物具有浓郁的蒙满文化特色，与伊斯兰建筑特色景观街交相辉映。成吉思汗西路景观街是贯穿回民区新区东西的主干道，建有两座各长100米、宽50米的双塔双锁面斜拉桥和双飞中承系带式拱桥。

毫赖沟入村硬化路

如数家珍回民区

回民区辖7个街道办事处，43个社区居委会；1个镇，19个行政村，18个自然村。

一、街道办事处

1.中山西路街道办事处

办公地址位于中山西路，辖区东至锡林路，西至南顺城街，南至吕祖庙街，北至新华大街。下设4个社区居委会：吕祖庙社区居委会、中山西路社区居委会、贝尔路社区居委会、公园东路社区居委会。所辖街道有中山西路、文化宫街、贝尔路、营坊道等。

2.通道街街道办事处

办公地址位于通道南街，辖区东至前新城道，西至扎达盖河，南至中山西路，北至新华大街。下设5个社区居委会：友谊巷社区居委会、宽巷子社区居委会、滨河路社区居委会、三顺店社区居委会、义和巷社区居委会。所辖街巷有通道南街、宽巷子、水渠巷、友谊巷等。

3.环河街街道办事处

办公地址位于环河街，辖区东至扎达盖河，西至巴彦路，南至中山西路，北至钢铁路。下设6个社区居委会：太平街社区居委会、阿吉拉沁社区居委会、县府街社区居委会、工人南村社区居委会、西茶坊社区居委会、巴彦淖尔南路社区居委会。所辖街巷有环河街、太平街、一中后街、县府街、县府街至六道巷、工人南村等。

4.新华西路街道办事处

办公地址位于新华桥西，辖区东至锡林北路，西至回民果园东侧，南至新华大街，北至大庆路。下设5个社区居委会：通北社区居委会、战备路社区居委会、大庆路社区居委会、四合兴社区居委会、医学院社区居委会。所辖街巷有通道北街、大庆路、新华桥街北、战备路、南

新华广场

中山西路商业街

马路、三宽河路、新兴巷等。

5.光明路街道办事处

办公地址位于光明路,辖区东至四合兴,西至呼钢西侧,南至钢铁路,北至铁路线。下设10个社区居委会:果园社区居委会、西铁社区居委会、阳光社区居委会、金圆社区居委会、富丽社区居委会、电子路社区居委会、光明社区居委会、龙翔苑社区居委会、沿河社区居委会、巴彦淖尔北路社区居委会。所辖街巷有光明路、钢铁路、回民果园西路、电厂路、糖厂路、工人东村、工人西村、工人北村等。

6.海拉尔西路街道办事处

办公地址位于海拉尔西路,辖区东至赛罕路,西至守备师驻地,南至铁路线,北至防风林带。下设7个社区居委会:海西路社区居委会、综合路社区居委会、赛罕路社区居委会、金海路社区居委会、附件厂社区居委会、部队社区居委会、工农兵路社区居委会。所辖街巷有海拉尔西路、赛罕路、小府路、工农兵路等。

7.钢铁路街道办事处

办公地址位于新华西街,辖区东至巴彦淖尔路,西至金川开发区,南至鄂尔多斯路,北至京包铁路。下设6个社区居委会:咱家社区居委会、新华园社区居委会、特弘社区居委会、西机务段社区居委会、未来城社区居委会、阿拉善北路社区居委会。所辖街巷有阿拉善南路、阿拉善北路、光明西路、钢铁路、轧钢北路、电厂东路、盐站西巷。

二、攸攸板镇

办公地址位于成吉思汗西街,辖19个行政村、1个社区居委会。

社区居委会:金龙社区居委会。

行政村：攸攸板村、刀刀板村、元山子村、一间房村、坝口子村、东棚子村、孔家营村、段家窑村、倘不浪村、厂汉板村、四合兴村、塔布板村、毫赖沟村、小府村、东乌素图村、西龙王庙村、青山村、什拉门更村、西乌素图村。

随着呼和浩特市城镇化进程加快，攸攸板村等14个村民委员会已经陆续挂牌成立了社区居民委员会，下一步，段家窑、东棚子、毫赖沟、元山子、东乌素图等5个村也将实行"村转居"。

毛主席亲笔题词送锦旗

1950年12月19日前，回民区没有独立建置。

民国十八年（1929年）1月1日，绥远省政府成立，今回民区是归绥县第一区辖区的一部分。1949年9月19日，绥远和平起义后沿用原建置。归绥市区仍设6个区，今回民区在第一区境内。

1950年1月20日，归绥市人民政府成立。同年12月19日，经绥远省人民政府批准，将归绥市旧城东北角地区的回族聚居区划出，建立归绥市回民自治区人民政府。回民自治区的辖区为：旧城北门外转盘起（转盘划归回民自治区）向北通过礼拜寺巷、和合桥，至通道街北端向东拐，以小教场南墙为界，北部划归第六区，南部划归回民自治区。东至营坊道，顺斜便道向南至吕祖庙街东口（斜便道两旁住户划归回民自治区）。由此向北新民街以西至丁茶馆北口。沿可蓝召（召和廊划归回民自治区）通过新民街、东寺巷、东顺城街至北门外转盘。共辖25个间，100个居民小组。

在回民自治区成立之前，中共归绥市委派出以马志新（回族）为首的回民工作组到回族聚居的地方开展工作。回民工作组为帮助回族群众发展经济，结合当地实际，成立了一个行政和经济综合性管理组织——归绥市回民生产供应社，马志新兼任供应社主任。供应社在回民工作组的领导下，一是为中国共产党选拔、推荐和培养少数民族干部；二是组织转行转业，安排回族无业人员就业；三是动员社会投资，

1952年7月，中共中央派出以萨空了为团长，彭泽民、朋斯克、阿艾沙为副团长的中央访问团到回民自治区访问，庆祝回民自治区人民政府成立，并赠送锦旗一面，上有毛泽东主席亲笔题词："中华人民共和国各民族团结起来。"

1954年4月25日，归绥市改称呼和浩特市，回民自治区隶属呼和浩特市管辖。1956年，庆凯区撤销，所辖5个居民委员会划归回民自治区管辖，辖区范围扩大。

1956年11月26—29日，回民自治区第二届人民代表大会第一次会议在区人民政府礼堂召开。大会选举第二届回民区人民委员会组成人员，通过回民自治区变更为回民区的决议。决定从回民自治区第二届人民代表大会第一次会议通过决议之日起，撤销原呼和浩特市回民自治区建置，政府名称由呼和浩特市回民自治区人民委员会变更为呼和浩特市回民区人民委员会。

毛主席题字的锦旗

积极发展民族工商业。

回民自治区成立后，1950年12月28日，经中共绥远省委批准，中共归绥市回民自治区委员会成立，马志新任书记。当时区委未设立组织机构，仅设组织、宣传、妇女干事。全区设机关支部一个，共有党员11名。回民自治区人民政府成立大会在人民电影院召开，大会由马志新主持，绥远省和归绥市的党政军领导高克林、奎璧、吴立人、张耀清等亲临大会并讲话。

扎达盖河

扎达盖，蒙古语称"乱水泉子"，音为"扎达盖"。它是由大青山白道中溪水入沙变成伏流，由土默川这个水草肥美的沼泽盆地中的三个泉眼中涌出，汇成一条不长的小河。历史上，它在通顺街的西口（俗称西口子）被西菜园的菜农引上岸浇灌菜园，并在西水磨村推动水磨，最后由东二道河村入小黑河，归入大黑河。现在，西菜园已无菜地，西水磨早已没有水磨了。然而，扎达盖河见证着回民区的岁月沧桑，讲述着城市的发展变化，哺育着城市的芸芸众生，可以说，它是回民区的母亲河。

扎达盖河源头有三个水泉：一是在公主府东的大水泉，泉水和雨水、洪水冲成一条宽而深的河槽，叫"大府河槽"；二是在公主府西的水泉村，现汽车齿轮厂一带的小水泉，泉水和雨水、洪水冲刷的不宽也不深的河槽叫"小府河槽"；三是现在巴彦塔拉饭店一带的姑子板村的泉水，由东向西流，穿过现在的营坊道、宽巷子、天主教堂南面的一条沟，与"大府河槽"水汇合，再经现北沙梁、东沙梁、后沙滩的"小府河槽"水交汇。三股泉水十字相遇再向南流，汇集成扎达盖河。那时的归化城（呼和浩特市旧城）曾有"十字流水水不浑"的奇景。姑子板泉水汇成的只是条小溪，百年发展变迁早已成为平地商区，只有回民医院东的水渠巷似乎还印证着它的过去，那时这条水渠是用来浇灌农家菜园的。

大庆路就夹在两个河槽的中间，长千余米。二十世纪六七十年代，还有潺潺流水，有小白鱼、小蝌蚪，是孩子们童年的乐园。

春天，有许多小鸟在河槽饮水觅食，孩子们就常去郊游听鸟叫。夏日里人们就在河堤纳凉、散步，还能见到飞舞的蝙蝠，听到清脆的蛙鸣。河槽滩地还有小府村村民种的庄稼，也有居民开垦出来的地，种些蔬菜、玉米。秋天，土豆、玉米都成熟了，孩子们就悄悄地挖出土豆，掰点玉米，在土坡上挖个洞把它们放进去，捡些树枝和干草烧烤着吃，常常是烟熏火燎，灰头土脸的。冬季河槽结了冰，孩子们挑着自制的冰车去滑冰，你追我赶，热闹非凡。

如今的扎达盖河旧貌换新颜，成为呼和浩特市环城水系的重要组成部分，变成了一条美丽的景观河，是人们休闲的好去处。牛桥重建了，归化城的记忆又找回来了。站在牛桥的中央放眼望去，河水粼粼波的扎达盖河畔崭新的楼群、葱茏的树木与远处蓝天白云下的大青山交相辉映，浑然组成一幅有着悠悠古韵，而又充满新景的画面，尤其在那夕阳中，美得竟如同一幅油画。

敕勒川·阴山下

敕勒川·阴山下

CHILECHUANYINSHANXIA

雄伟的大青山有悠久的历史、众多的古迹、深厚的文化，是一部蕴涵丰富、积淀厚重的画卷。两千年来，她见证和演绎了许多载入史册的重大历史事件，同时也为后人留下了大量优美动人的民间传说。

寻踪

呦呦鹿鸣处

传噜噜石杵声

幢幢洞穴地

居阴山先民人

粒粒化石

现斑斑蕨叶蠕虫

帧帧岩画

幻狩猎捕禽

……

掀起青史的盖头来

金戈铁马闯入眼帘

夜也沉沉　星也灿灿

难入眠呵难入梦

于是一曲《敕勒歌》

思乡曲诞生

……

听，在这敕勒川、白道岭、

翁衮坝上

正，驼铃声声化作车轮滚滚

看，大漠古曲的木兰从军、

赵北长城

东风劲吹处——

正，艳阳高照回民区

莺啼杏熟香溢红

敖包

遗迹遗址留西城
北疆屏障大青山

在中国幅员辽阔的版图上，阴山是一条颇具传奇色彩的山脉，在史书和古代诗歌中屡屡被提及。

秦时明月汉时关，

万里长征人未还。

但使龙城飞将在，

不教胡马度阴山。

这是唐代著名的边塞诗人王昌龄最负盛名的诗篇，被后人推崇为唐人七绝压卷之作。历朝历代吟唱阴山地区的诗歌数不胜数，今天我们就谈一谈有关阴山的话题。

她蜿蜒起伏、莽莽苍苍，雄踞于广袤的北疆草原。大青山是阴山山脉的重要组成部分，位于山脉中段，东起内蒙古集宁区，西至包头市昆都仑河，长约270千米。南临土默川平原，北抵固阳、武川，宽15—30千米，主峰九峰山海拔2338米。大青山是内蒙古自治区一条重要的地理分界带，据统计有18条大沟、72座险峰，山、岭、峰、坝、丘、崖皆全，水资源比较丰富，植物、动物种类富集。因此，有人说：江南水乡的山是女子柔顺美丽的娇躯，大青山是男子汉刚健伟岸的身材。

山是大地的脉，水是大地的血，人是大地的精灵。大青山物产丰富、气候宜人，很久以前就有人类居住。

敖包

24

大窑文化遗址、二道凹石器遗址见证着大青山孕育人类祖先的历程。

山中有众多古迹遗址，如乌素

永安寺

图召、永安寺、喇嘛洞召、汉城堡遗址、魏帝行宫遗址及众多的无名城堡。大青山还有众多赵、秦、汉、北魏、隋、宋、金、明等朝代的长城遗迹，其中最古老和使用时间最长的赵长城是典型代表。大青山上的长城分布广泛，时间跨度大，足见大青山在古代军事战略中举足轻重的地位。

回民区地处大青山南麓，地理位置非常重要，尤其是常见于史书的白道，就在回民区境内。白道是一条沟通大青山南北的重要道路，走向与今天的呼武公路大致相同。北魏拓跋珪、隋文帝杨坚父子、唐高祖李渊从白道南下，走上了中国历史舞台；赵武灵王、卫青、霍去病、李靖北上作战，为国家的繁荣稳定奠定了坚实的基础。游牧民族南下带来牛马、皮毛、奶制品，商人北上送来丝绸、茶叶、瓷器。几千年来，这里有战场上无情的厮杀，也有商贸交流与和平相处。各族人民在这里繁衍生息，林胡、楼烦、匈奴、突厥、鲜卑、回纥、契丹、蒙古族、回族、满族、汉族等民族在这片热土上绘制了波澜壮阔的历史画卷。

胡服骑射赵长城

骑射胡服捍北疆，
英雄不愧武灵王。
邯郸歌舞终消歇，
河曲风光旧莽苍。
望断云中无鹄起，
飞来天外有鹰扬，
两千几百年前事，
只剩蓬蒿伴土墙。

——翦伯赞《登大青山访赵长城遗址》

翦伯赞先生1960年来到内蒙古呼和浩特市访古期间，登上赵长城遗址，赋诗称颂赵武灵王的雄才大略。

什么是"胡服骑射"？简单说就是一项军事改革措施。字面上理解就是穿着游牧民族的服饰，学习他们骑马射箭。这个变革看似微小，实则意义重大。

春秋战国以前，人类已经驯养马匹千年，但是由于没有解决鞍具而无法骑驭，只能用来耕田驾车。于是马拉战车成为军队主力，其冲

井尔梁高山草原

击力和速度大大超过步兵。但因道路所限，难以在山地丘陵作战，呆板的车战、步战使军事机器前行缓慢。战国初期，赵国疆域只限于如今的河北中南部和山西北部，军队与其他诸侯国一样由车兵和步兵构成。赵国东面有齐国、中山国，北边有燕国、林胡部族，西边有秦国、韩国和楼烦部族。为巩固边防，赵国在阴山修筑长城（史称"赵长城"）并加紧军事装备，武装国防军队。

当时赵国的北方地处胡人和华夏民族交汇处，虽以农耕为主，却频繁接触游牧习俗。胡人短衣窄袖，脚穿皮靴子，骑马射箭，"来如疾风，去似闪电"。打了胜仗满载而归，打了败仗刹那间逃得无影无踪。

前325年，15岁的赵雍（赵武

灵王）继位。他目睹过胡人短衣长裤骑马作战，决心改变几百年相传的军制，学习胡人"来如飞鸟，去如绝弦"的优点，采取了一系列军事改革措施。一是下令仿照胡人的短衣窄袖，脚穿皮靴子，使行动更加方便灵活。二是让本国的精锐部队全部弃用兵车，改为骑马，组建步兵、车兵、骑兵军团，由车战向骑战转变。三是选择靠近河套地区的草原建立练兵场，重金聘请擅长骑射的胡人教官训练骑兵。（据司马迁《史记》记载，在今呼和浩特市赛罕区八拜村就建有练兵场。考古发现也印证了这一说法。）四是建立养马、制革、兽医和筹办草料等完整配套的制度等。

军事变革后不久，赵国很快培

井尔梁高山草原

训出万名装备精良且射术高超的骑兵，并且在战争中显示出巨大的优越性。其他诸侯国和北方游牧部落在其狂飙般地攻击下溃不成军。赵国在战国七雄中首开军事变革之先河，建立起华夏民族最早的一支骑兵部队。经过短短十几年，便从一个各国侵犯的弱邦，崛起为唯一能够同秦国相抗衡的强国。赵国灭中山国后，又南抑魏齐，北逐三胡，开疆千里，国家疆域已经到达阴山以南、河套地区和现在的陕北一带，对秦国都城咸阳构成直接威胁，使秦王寝食不安，史书上记载"秦之畏害天下者莫如赵"。

赵武灵王不安于旧习，从作战需要出发，反对"法古不变"。后来这一军事变革的成果被秦国全面运用，到汉代还一度发挥到极致。胡服骑射的实行，不仅使华夏民族建立起能够同匈奴相抗衡的骑兵，也形成了慓悍骁勇的尚武风气。因此，到西汉时期，汉武帝刘彻才能创造出世界军事史上的奇迹。后人称颂大汉雄风，吟诵"但使龙城飞将在，不教胡马度阴山"时，不能忘记赵武灵王这位军事变革者的奠基之功。

沟通南北古白道

大青山崇山峻岭、坡陡谷深。山的北面，穿越丘陵地带后便是平坦的高原；山的南面，是呼和浩特平原，也称土默川。白道南系平川，北连漠北，地势险要，从战国时代开始就是控扼大青山南北交通的咽喉要道，是历代兵家必争之地，也是草原丝绸之路的必经之道。

白道，顾名思义，就是白色之路。名称由来有两种说法：一是因为山路上有一段高出地面3—6米，宽20—30米，南北长380米的凝灰岩山梁得名；二是由于蜿蜒的山路两旁是郁郁葱葱的青山，而路面的泥土白如石灰，百里之外可以看到，所以取名"白道"。

白道南起呼和浩特市回民区坝口子村的古白道城，途经沙湾子、红土窑、焦赞坟、肖家店，直上白道岭的制高点，也就是今天的坝顶。经老爷庙向西行1千米，再向北至马家店，经牌楼馆、中店、水泉、什尔登到可可以力更镇，全长约35千米，此线路和新修的呼和浩特—武川公路大致相同。

战略要塞白道城

天上鸟飞兔走，

人间古往今来。

沉吟屈指数英才，

多少是非成败。

富贵歌楼舞榭，

凄凉废冢荒台。

万般回首化尘埃，

只有青山不改。

——杨慎《西江月》

呼和浩特的建城史历史悠久，最早的云中古城始建于战国时期，距今已有2390多年的历史，最晚的绥远城建于清代，也有300多年的历史。呼和浩特地区历代所建造的大大小小的古城至少有七八十座，其中比较著名的有战国时期的云中古城，汉代的定襄古城，北魏时期的白道古城、盛乐古城，唐代的东受降城，辽金元时期的丰州城以及明清以来的归化城和绥远城，等等。虽然这些古城的大部分建筑已经成为遗址，但仍在诉说着塞外悠久的历史……

白道城与白道、白道川、白道岭等名称出现在诸多史籍中，它在古代的军事、政治、经济地位极其重要。北魏郦道元在《水经注》中明确记载了白道城的方位，他说："芒干水又西南径白道南谷口。有城在右，萦带长城，背山面泽，谓之白道城。自城北出有高阪，谓之白道岭。"（芒干水即今大黑河）文献中记载的白道城位于呼和浩特市至武川县公路（古称白道）的南端，即今天的回民区攸攸板镇坝口子村中。古城兴建于汉代，北魏王朝为了控制大青山南北的交通，在白道谷口南改造了白道城。新筑的军事城堡位于汉代城堡南部，东墙全长190米，其余各面城墙现在已经成为平地。古城遗址中曾经发现有波斯萨珊王朝银币和北魏石刻残佛像等遗物。现今在山谷附近有秦汉长城，谷口南有战国长城遗迹，城址北面约17千米就是著名的白道岭，遗迹和文献记载完全符合。

两千年以来，白道城前发生过数次激烈的战争，唐太宗李世民剿灭东突厥的大战就发生在这里，军队的指挥官是"凌烟阁二十四功臣"中的李靖和李勣。

唐太宗贞观四年（630年）2月，白道岭凛冽的北风裹胁着细雪和沙粒透出腾腾杀气，"大唐军神"李靖率领三千骑兵在夜幕和雪雾掩护下，以迅雷不及掩耳之势奇袭定襄（今和林格尔县西北土城子村）的东突厥大营。颉利可汗大败，率残部向阴山白道岭仓皇逃窜。然而李勣（徐茂公）带领的唐军主力早已经按照预定计划埋伏在白道城两边山谷中截击，突厥骑兵被围在了狭小的山谷中。两军在阴山的南侧展开激战，一方是气势如虹的唐军，一方是如丧家之犬的突厥军。唐军奋力冲杀，突厥军溃不成军，5万余人投降。李靖、李勣两将合兵乘胜追击，颉利可汗一败再败，在西逃吐谷浑途中被俘。

这是一场决定性的胜利，唐军活捉了颉利可汗和他的几个儿子、隋齐王杨暕之子杨政道及炀帝皇后萧氏，俘虏十余万突厥军队，缴获牲畜20多万头，东突厥就此灭亡。唐军收复了阴山，势力控制范围到达贝加尔湖以北，北方各个部族纷纷归顺唐朝，尊李世民为"天可汗"。有史学家说，正是白道城的险和白道岭的雾成就了李世民的帝国，这场辉煌的胜利拉开了大唐王朝黄金盛世的序幕。

丘祖丰州饮神泉

万古长生不用餐霞求秘诀
一言止杀始知济世有奇功
——北京白云观丘祖殿楹联

清朝乾隆皇帝驾临今北京白云观，了解丘处机道长的生平后，御赐了这副楹联。楹联中所说"一言止杀"是指长春真人丘处机劝谏成吉思汗"敬天爱民、戒杀孝亲"。金庸武侠小说《射雕英雄传》里的丘处机是郭靖的师傅，武功比较平庸，能力也一般，但是真实的丘真人在历史上却是大名鼎鼎的人物。

丘处机，号长春真人，王重阳的门徒"全真七子"之一，创立了"全真教龙门派"，即丘祖龙门派。据元代著名学者、道教全真派道士李志常所著的《长春真人西游记》记载，长春真人丘处机与呼和浩特市（当时叫丰州）还有一段渊源。

1221年成吉思汗西征，驻扎在西域大雪山地带（今阿富汗兴都库什山地区）。民间传说丘处机有长生不老之术，年龄已经超过300岁。为求得长生不老之术，成吉思汗派遣侍臣刘仲禄带领20名蒙古兵，持"如朕亲行，便宜行事"的虎头金牌赴山东莱州丘祖道场，盛情邀请长春真人丘处机去大雪山行营讲道。当时已经73岁高龄的丘处机毅然接受邀请，率领李志常等18名弟子从山东莱州起程，西行万余里，于第二年四月初抵达大雪山，在大汗的御帐拜见成吉思汗。

丘处机刚一入见，成吉思汗就忙着问："真人远来，有何长生之药以资朕乎？"丘处机如实回答说："世上并没有长生不老之术，只有延年益寿之道。"这个回答很令成吉思汗失望，但丘处机的诚实坦率却深得成吉思汗的赞许。成吉思汗接着又问："何为延年益寿之道？"

乌素图村

丘处机答："外修阴德，内固精神，清净离欲，和目养神。"成吉思汗再问安邦定国之策，丘处机答："敬天爱民、戒杀孝亲、恤民保众，使天下怀安。"成吉思汗大悦，尊称丘处机为"神仙"。

由于成吉思汗真诚挽留，丘处机在大雪山行营住了将近一年，期间两人多次促膝长谈。在丘真人劝谏下，成吉思汗对军事征伐政策进行许多改革，减少了战争杀戮。西域民众称赞丘处机是"震旦活佛"，能够"一言止杀"。

一年后，即1223年3月，丘处机率领18名弟子再次辞行，成吉思汗下圣旨赐名丘处机"活神仙"，命执掌中原地区道教诸事，并派亲信大将阿里鲜带领18名蒙古武士护送。

东归万里，磨难重重，虽然有阿里鲜等人悉心照料，但丘处机毕竟75岁高龄，行至5月17日，丘处机生了大病，不能进食。这天夜里，弟子尹志平梦到神人说："师之疾，公辈勿忧，至汉地当自愈。"众师兄弟子将信将疑。6月21日，丘处机一行跋涉到丰州城（今呼和浩特市东郊白塔村），丘处机竟然食欲大增，疾病不治自愈。据说，第二天，丘处机登上万部华严经塔（今白塔）远眺，指着丰州城西北部一片杏林（今回民区乌素图村）对众人说："昨日饮此白道中溪之水，顿觉释然，病体竟愈。"并赋诗一首：

身闲无俗念，鸟宿至鸡鸣。
一眼不能睡，寸心何所萦？
云收溪月白，风爽谷神清。
不是朝昏坐，行功扭捏成。

7月8日启程前，他命令弟子李志常和随行的18名蒙古族信众留在丰州城传播道教，同时守护乌素图神泉。自此，丘真人饮神泉的故事在民间广为流传。斗转星移，历经八百余年，故事已经成为传说，但是乌素图村香甜可口的大杏足以佐证"神泉"的奇妙。

1227年农历七月初九，丘处机羽化于今北京白云观；七月十二日，成吉思汗病逝于六盘山行营。"一言止杀"的丘真人与临终前颁布"禁杀令"的成吉思汗同年同月故去，这真是历史的巧合。

归化城里"刘皇亲"

回民区是个有故事的地方，曾经听归化城的老人说过这样一句话："归化城住着个刘皇亲。"这个说法源于这样的一段故事：

清朝乾隆年间，300多名新疆回族武士和香妃族人护送香妃娘娘进北京，平安到达京城后，乾隆皇帝封赏了香妃的族人，并且赐给他们一把铜锤，以表示香妃亲族为"皇亲"。过了一段时间，香妃的族人带着铜锤踏上回乡之路，经过归化城时见这里风光秀丽、气候宜人，便恋恋不舍，再也不愿受千里跋涉之苦回新疆了。他们写表上奏乾隆皇帝，请求在此定居。乾隆皇帝慨然应允，下旨赐给一马之地（跑马一趟所圈之地），让他们在

八拜村定居。后来香妃族人陆续迁到归化城北门外（现在的清真大寺一带）定居经商，分支为刘姓、马姓等，现在呼和浩特姓马的回族家族，有的就是当年护送香妃入京的回族后裔。据说，回民区有个姓马的"乡老"就是香妃的本族，乾隆皇帝赐给的铜锤一直在他家保存，直到日本侵略者入侵呼和浩特后才遗失。

香妃是否遍体生香已经无法考证，但历史上确有其人。她是一位维吾尔族女子，是乾隆皇帝最宠爱的妃子——容妃，乾隆五十三年离世，享年55岁。如此看来，归化城住着个"刘皇亲"或许不假。

呼和浩特地区还流传着这样一个传说：回民区境内乌素图召的第三代活佛叫罗布桑旺扎勒，他不仅熟知经典，而且擅长医术，在归化城颇有名气。他曾经被乾隆皇帝召进皇宫，治愈了香妃的疾病。乾隆皇帝龙颜大悦，给罗布桑旺扎勒活佛新建的寺庙赐名"法禧寺"。乾隆皇帝也许真的与呼和浩特回族有着千丝万缕的联系，否则，怎么会知道相隔千里之外的一个普通喇嘛呢？

慈禧怿园懿览亭

慈禧太后（1835—1908年）是晚清同治、光绪两朝的最高决策者，作为中国历史长河中屈指可数的几位女性主政者之一，她以垂帘

听政、训政的名义统治清朝48年。这里，我们讲一讲慈禧在今呼和浩特度过的少女时代。

慈禧出生在今天北京西四的辟才胡同，是满洲镶蓝旗人，她的祖父叫景瑞，父亲叫惠征。满族人来自白山黑水之间，喜欢树木，在他们看来，红杏没有白杏好，当年景瑞家里就种了几棵白杏树。慈禧出生后，景瑞给她取名叫"叶赫那拉·杏贞"，小名叫"杏儿"。至于"兰儿""玉兰"的说法，应该是从慈禧被封为兰贵人的"兰"字想象而来。

慈禧的外祖父叫惠显，1831年至1837年间在归化城（今呼和浩特）当过副都统。慈禧儿时在外祖父家住过，因此民间有慈禧出生在呼和浩特的说法。

儿时的杏贞性格活泼，特别喜欢吃杏，经常爬到院里的白杏树上摘食，一旦被大人拉下来，就大吵大闹。童年的杏贞非常聪明，在父亲的熏陶下，从小就对诗文绘画感兴趣，4岁时家里就给她请了三位家庭老师。少女时代的杏贞爱好广泛，对读书、书法、绘画、弹琴、唱歌、听书、看戏、刺绣、下棋、郊游、服饰、美容以及养小动物、栽花种草等都很热衷，这些学识阅历为她17岁入宫后的发展打下了扎实的基础。

慈禧的父亲惠征于1849年至1852年间，在归绥地区做过归绥兵备道。归绥道管辖山西口外各厅，是仅次于省而高于县、州和府的文职正四品地方行政长官，而且因为有"兵备"衔，所以除管理民政外，还有整饬地方兵备之责。道台衙门位于今天呼和浩特市第一中学校址，衙门后院是道台的内宅，慈禧在这里度过三年的少女时代，直至选秀入宫。

道台衙门是归化城最为幽静的地方，清澈的扎达盖河从衙门口蜿蜒而过，形成旧时的"八景"之一"沙溪春涨"，东北方向不远处是"石桥晓月"，也是归化城"八景"之一。衙门前面风景如画，后面的大花园"怿园"更为别致，里面遍植杨、柳、榆、松、柏、梅、桃、李、杏，还有各种奇花异草。这里有塞外少有的园林景观，春夏草绿花香，秋季硕果累累，隆冬瑞雪叠映。在绿荫掩映之间，一座建在地势最高处的六角亭格外引人注目，名为"树滋亭"。站在亭中，整个道台衙门，近处的扎达盖河，稍远的牛桥，还有人来车往、熙熙攘攘的归化城尽收眼底，这里是杏贞经常游憩的地方。后来慈禧贵为太后，历任道台都把这个亭子当作"圣迹"来对待，精心地修整。

光绪二十三年（1897年），道台

东乌素图村古杏园

胡孚宸为了表示对慈禧的忠诚崇敬，改"树滋亭"为"懿览亭"，并制作匾额高悬其上，字是一个名叫高赓恩的人写的。取名"懿览"，是因为慈禧曾经被册封为"懿贵妃"。

杏贞15岁时随父亲惠征来到归化城居住，那时归化城北面只有少量低矮的民宅，站在怿园的树滋亭上，大青山一览无余。每到春季，乌素图漫山遍野杏花怒放，远远望去，一片粉白色的世界，树林掩映之间乌素图召香火缭绕。盛夏里，山上郁郁葱葱，泛着红晕的大杏挂满枝头，像一片彩云飘在山间。金秋时节，大青山披上了七彩外衣，令人眼花缭乱、目不暇接。隆冬腊月，大地、河流白茫茫一片，山体银装素裹，水天一色，分外妖娆。

清代官员每年有50多天公休日，惠征经常带领道署大小官员和家眷外出游览，杏贞喜欢去牛桥逛商铺、坝口子古戏台看戏，当然最兴奋的还是与弟弟妹妹一起到乌素图召上香、观赏杏花和品尝大杏了。

有书记载，杏贞天生丽质，每次出游都会引来大批百姓围观，惊叹为"天仙"。

慈禧容貌秀丽，精通音律，聪颖过人，学识渊博，待人接物落落大方，即使在咸丰皇帝面前也能侃侃而谈。她还很有识人天赋和决断力，深得咸丰倚重，经常协助处理政务。凭借这些过人之处，慈禧在后宫粉黛中脱颖而出，很快就从贵人升到太后。咸丰皇帝死后，26岁的慈禧成为皇太后，执掌清廷政治大权48年之久。曾国藩、李鸿章、左宗棠、胡林翼、张之洞这些大名鼎鼎的人物，都是慈禧在执政生涯中启用的，其驭人之术可见一斑。只可惜造化弄人，面对风雨飘摇的没落王朝，作为大清国实际权力掌控者的慈禧没有能够力挽狂澜，反而成为国家继续衰败的推波助澜者。

慈禧在归化城居住的三年，正值青春妙龄，是其人生的黄金时期。据说，慈禧晚年经常回忆起在归化城的生活经历，始终难以忘怀乌素图的山山水水。

中华笔祖蒙将军

中华民族历来有尊师重道的传统。古人有"五尊"——天、地、君、亲、师，其中，师即师道。三百六十行均有供奉"祖师爷"的传统：女娲娘娘——制伞业、绣补业、瓦窑业、纺织业，姜太公——渔业，鬼谷子——算命师，蒙恬——制笔业，蔡伦——造纸业，李时珍——中药业……以至有"三百六十行，无祖不立"的行业习惯。各行业的祖师爷们，大都是很有名望的人，直接或间接地开创、扶持、保护本行业。有的几个行业共信一个祖师爷，有的则是一个行业有好几个祖师爷，各行各业敬畏祖师、爱护本行，虔诚一心为祖师爷传道，建构起了追随与传承的精神典范。今天我们要讲的就是制笔业的祖师爷——蒙恬。

首先我们来说说蒙恬这个人。蒙恬出身于官宦世家、武将世家，被称为"中华第一武士"。他胸怀韬略，腹藏机智，是个文武双全的传奇人物，也是中国西北经济开发第一人。他的祖父蒙骜官至上卿，父亲蒙武为神将，都是秦国高官。秦始皇在前221年统一六国后，将战功卓著的蒙恬拜为内史，弟弟蒙毅官至上卿，蒙氏家族祖孙三代功勋卓著，为秦国统一天下立下汗马功劳。

相传，秦始皇派蒙恬到黄河以北"筑亭燧以御戎人"，蒙恬一战击败匈奴威震北疆，大青山的白道就是"筑亭燧"的重要地段，也是蒙恬将军经常带兵打仗的地方。由于戎人的骑兵机动性强，秦朝北方边界线特别长，而秦军传达命令是用竹签蘸墨在白帛上写字，每写几下就又要蘸，书写速度非常慢，所以传达军事命令成为困扰军中统帅的一大难题。

有一次，蒙恬在大青山白道（今回民区境内的呼和浩特市至武川公路）巡查时，看见几个士兵打回十几只猎物，一只野羊尾巴耷拉在白色的路上，拖出长长的血迹。蒙恬突然有了灵感，他立刻剪下一些羊尾毛，插在竹管上试着写字。可是羊毛油光光的不吸墨，蒙恬又试了几次，效果还是不行，于是随手把那支"羊毛笔"扔进了军帐前面的石坑里。

几天后，数万匈奴大军趁着大雨进犯边境，军情十分危急。蒙恬立即命令周边的秦军迅速向白道集中，可是参将忙得满头大汗也写不完调兵令，而且是越着急越出错。军情瞬息万变，命令却迟迟发不出去，蒙恬也是心急火燎，束手无策，不断到营帐外询问匈奴部队的动向。忽然，他无意间看见那支被自己扔掉的"羊毛笔"正湿漉漉地躺在水坑里，羊毛比前几天更白了。他心中一动，俯身捡起笔拿进帐中，把羊毛笔往墨盘里一蘸，羊毛笔竟然变得非常听话，写起字来刚柔相济、十分流畅。原来，白道的石头中含有石灰质成分，羊毛笔在石坑里经碱性水浸泡，毛上的油脂被脱掉了，变得柔顺起来，传说中的第一支毛笔就这样诞生了。

后来，蒙恬将军与夫人卜香莲又用狼毛、鹿毛、兔毛对毛笔进行了多次改进，总结出108道制作工序。蒙恬在甲骨文"聿"（即"笔"字）上添了个"竹"，给它起名字叫"笔"。卜香莲夫人回家乡时，把制笔技术传授给湖州善琏乡亲们，毛笔由此得到大量推广使用。后世制笔业供奉蒙恬为"祖师爷"，供奉卜香莲为"笔神奶奶"。

据后唐马缟《中华古今注》记载：蒙恬始作秦笔，以枯木为管，鹿毛为柱，羊毛为被，谓之"苍毫"。现代考古发现，早在蒙恬之前毛笔已经存在。不过，虽然蒙恬没有创制毛笔，但对笔杆、笔毛的制作方法做了科学改进，蒙恬"制笔业祖师爷"的称号当之无愧。

六郎三箭定边关

当年"金沙滩"一战极其惨烈，杨家将中：杨业头撞李陵碑，大郎替了宋王死，二郎代了赵德芳，三郎马踏成泥浆，四郎八郎落番邦，五郎出家当和尚，七郎一百单三箭，七十二根透胸膛，一口金刀八杆枪，只余六郎见老娘。北宋丢了偏头关、宁武关和雁门关，丧失北方大片国

土，杨家"七郎八虎"死的死、散的散，天波府里只剩下杨六郎苦苦支撑。

几年后，辽兵压境，雁门关再度告急，宋太宗派杨六郎前往镇守。六郎身负国仇家恨，率领北宋将士奋勇杀敌，一鼓作气击败辽军，辽兵从雁门关败走马邑滩，再由马邑滩退到担子山（山西朔州、平鲁交界一带）。辽军大帅韩昌连吃了几天败仗，坐卧不安夜不能眠，辽兵军心涣散唯恐再战。于是，韩昌决定在朔州城闭关坚守，与北宋军队打持久战，待宋军粮草断绝后伺机反扑。

虽然打了几个大胜仗，六郎却怎么也高兴不起来。原来，朔州城池坚固，韩昌一连二十几天高悬免战牌，六郎攻不下城，眼看着军中的粮草就要耗尽，接下来的仗该如何打？六郎心急如焚，在中军帐踱来踱去，忽然心生一计。夜晚，六郎安排一队士兵把营寨里的粮草装满200车拉到十里外，命令天亮时再送回营寨；其他的兵将悄悄出动，乘着夜色挖的挖，刨的刨，只半夜工夫，便在朔州城外面堆起了一百多座土山包。每个土包覆上一尺厚的粮食和草料，外边盖上苇席，再用绳子扎紧，远远望去分明就是一个个"粮草堆"。

第二天清早，辽军探子来报："韩

元帅，大事不好，宋军昨天夜里运来大批粮草，看来是不准备离开这儿啦。"韩昌一听，心中既惊又疑，赶忙登城远望，果然看到杨六郎营寨后面增加了好多粮草库，远处还有一队人马押送粮草车向军营方向行进。韩昌不由倒吸一口冷气：看来这个仗还要打下去，自己实在是顶不住了。

为了摸清宋军底细，韩昌派使者以"议和"为由，前往宋营探查虚实。六郎的卫士带着辽国使者参观营寨，只见宋兵精神饱满，一个个雄赳赳气昂昂的。趁着卫士不注意，使者把手插进粮草库的苇席里，手里摸到的全部是粮食和草料。正在这时，营外又送来200车粮草，士兵搬运的时候装作不小心，把一袋子白花花的大米洒了满地，辽使表面上若无其事，却默默记在心里。

进了中军帐，辽国使者向六郎说明来意，六郎哈哈大笑道："我现在兵精粮足，朔州城指日可破。想议和也不难，让你们韩元帅亲自与我谈吧。"

使者回到朔州城，向韩昌详细汇报了在宋营的见闻。韩昌无奈，只好约六郎在城外担子山会面。约定的日子到了，六郎对韩昌说："你愿意退我一马之地，还是一箭之地？"韩昌心想，让"一马"不知

要跑多远，让他"一箭"能射多远？便道："甘让三箭之地，绝不反悔。"话音刚落，六郎昂首挺胸走出营外，大喝一声："拿弓箭来！"

令韩昌做梦也想不到的是，杨六郎神机妙算，在"议和"前已经猜透辽王的想法，给韩昌精心设下一个圈套。六郎派出两队人马：第一队是杨安，在担子山两块高大的岩石之间做了一张巨大的弓，弓弦是用三道牛筋编的，箭是用一丈二尺长松木做的；第二队是孟良和焦赞，六郎早在几天前已经派孟良、焦赞乔装改扮，骑着快马潜伏入大青山，孟良把一支长箭插在了料木山，焦赞把另一支长箭插在了井尔梁。巧的是，焦赞插在井尔梁上的长箭竟然扎中个暗泉，后来被人们修成了一口井。

几个宋兵把三支长箭抬过来，辽兵辽将看得目瞪口呆。只见六郎搭箭上弦，弓如满月，轻轻一放，长箭脱弦而去，在西北方天空消失得无影无踪。一箭射完，六郎面不改色又射出第二支箭。

十几个辽兵顺着箭射出的方向，策马向西北方追去，一直跑到井尔梁，远远看到一支长箭扎进草甸子不见了，随后一股清泉从地下喷涌而出，辽军只好按约定退到井尔梁。另一队辽兵向北寻找，一直

找到大青山的料木峰，发现长箭牢牢地插进石缝中，于是辽军又退到长城以北。

韩昌折服了，看见六郎还要射第三支箭，赶忙拦住："将军神力，你再射一箭，我就没地方可退啦。从今以后，只要将军在此地一日，我韩昌绝不敢再来冒犯。"于是，辽军交出宁武关和偏头关，退到大青山以北，从此"三关"战乱平息，又恢复了往日的宁静。

杨六郎"三箭定边关"的事迹被千古传诵，朔州地区和呼和浩特地区至今还流传着这样一首民谣："脚踏雁门关，手搬担子山，一箭射到大青山。"

箭插泉涌井尔梁

在内蒙古和山西地区有关杨家将的故事非常丰富，"六郎三箭定边关，韩昌败走大青山"就是其中之一。其实当年六郎只射出两箭，就把事情搞定了。

这两箭是六郎的一条妙计，是给韩昌设下的圈套。早在"议和"前几天，六郎已经派孟良、焦赞乔装改扮，骑着快马潜入了大青山。在大青山深处，孟、焦二人找来两根一丈二尺长的松木做成箭，又在箭身上镶嵌了铁铧，长箭活像一根带铧的橡子。两个人商量分头行动：孟良心思缜密，把长箭牢牢地插进

井尔梁高山草原

了料木山的石缝里，那根铧橡至今还钉在那儿，千年不朽；焦赞生性鲁莽，上井尔梁后，一眼望过去，草地绿油油厚墩墩的，像一张大床。心想：连日来风尘仆仆，又当伐木工，又做木匠活，吃不好睡不香，干脆先美美地睡上一觉，于是抱着长箭酣然入睡。这一睡就过了几个时辰，直到辽兵的马蹄声把他惊醒。焦赞慌了手脚，抓起长箭，用力插进身边的草甸子里，一路飞奔躲入不远处的白桦林中。回头窥望时，只见插箭的地方已经泉水喷涌。原来，焦赞胡乱一插，竟然扎中了一个暗泉。

据说大青山底下有个地下海洋，里面住着九条龙，如果九条龙一起出来，地下海洋的水就会全溢出来，能把整个土默川淹没。焦赞的长箭正巧扎在了龙眼上，锁住了一条青龙。以后的日子里，青龙只能沉下去浮上来，却永远出不去、离不开。后来，不知道什么人把泉眼砌成了井，给它起了好几个名字："锁龙

井""困龙井"等。也有人说，杨四郎从辽国回雁门关探望老母亲，途经井尔梁的时候看见这股泉水，想到杨家满门忠烈为国捐躯，不禁百感交集，就用石头把泉眼围起来砌成一口井，叫青龙井。

青龙虽然被困住，但是看到井尔梁上景色秀丽，也就心甘情愿在山上安家落户了。有龙就有水，所以千百年来，乌素图山里泉眼密布，乌素图河水流淙淙，虽然也有几场水患，但是从来没有发生大的灾害，呼和浩特地区风调雨顺、五谷丰登，人民生活幸福安康。

青龙献井御马创路

1115年，女真人完颜阿骨打建立的金朝迅速崛起，多次大败辽国军队，1122年金军占领辽国都城。辽国皇帝天祚帝耶律延禧骑快马日行三百里逃入夹山（今回民区坝口子沟、乌素图沟、井尔梁，土默特左旗白石头沟和武川德胜沟一带）。井尔梁地处大青山腹地，物产丰富、水草丰美，地势险峻、易守难攻，东面紧邻古白道，进可以攻退可以守，可以说，天祚帝占尽地利之势。这里也是"龙兴之地"，北魏、隋、唐的皇帝曾先后从大青山南下开疆拓土、定鼎中原。天祚帝效法前人，在夹山建立政权谋划东山再起，他开金矿筹集军饷，冶铁矿制造兵器，

种庄稼积累军粮，收割牧草充实饲料，召集旧部扩充军队。三年后的冬天，天祚帝认为自己的军队已经兵精粮足，想要南下收复失地。大将耶律大石劝阻不成，带领200余人一路西行，到西域建立了"西辽国"，自立为王。天祚帝固执己见，率军开出大青山南下朔州，结果在怀仁县被金军大将完颜娄室俘获，一说突围时被乱箭射死。

民间有个说法：耶律延禧是皇帝，皇帝自称"真龙天子"，而井尔梁是困龙之地，所以到了这里就变成一只"困龙"，大青山就是天祚帝最后的"游击区"。他或许可以偏安一隅、苟延残喘，如果离开井尔梁，连青龙的庇护也失去了，肯定兵败。还有一种说法：杨家将与辽国有血海深仇，那条青龙被焦赞锁住以后就姓"杨"了，辽国皇帝逃到这里当然要被杨家困住，耶律延禧成为辽国最后一位皇帝，也许是冥冥之中的天意。

六百年后，大清康熙皇帝西征噶尔丹凯旋，路过大青山井尔梁时，部队人困马乏、饥渴难耐，可是此时正值北方干旱季节，附近没有取水的地方。

青龙是天界神物，皇帝乃世上人杰。因为在仙界听说过康熙大帝的名气，青龙决定助康熙一臂之力，

井尔梁高山草原

于是暗中施法，清澈甘甜的山泉从井口源源不断地流淌出来。康熙的御马嗅到水源的气味，很快就找到井边，将士们欢呼雀跃、大呼万岁。康熙下马，接过卫士盛来的水连饮三碗，顿觉一股清香甘甜的味道瞬间散满全身，暑意尽消。康熙大悦："朕是'大清龙'，此山叫'大青山'。今天，大青山井中泉水前来护驾，就取'青山有水、龙德在田'之意，封这口井为'清龙井'吧！"

青龙一听皇帝册封自己，激动不已，就要上来谢恩。但是想到自己出不来，只好在井底扭动身躯，把井水搅得"哗哗"直响，表示谢恩。御马跟随康熙征战多年，虽然还没修成正果化为"龙驹"，但也颇通灵性。受到青龙惊吓后，四蹄翻飞向东跑去，在山岭的草地上刨出一道白色的路。因为从山下远远就能看到这条白色的路，后来老百姓给这道岭起了个名字，叫作"白道梁"。

渔樵闲话焦赞坟

杨家将的故事脍炙人口，妇孺皆知，有关杨家将的小说、评书、戏剧及民间传说很多，尤其是杨六郎（杨延昭）手下的大将孟良和焦赞，他们性格率直、光明磊落、侠肝义胆，更是千百年来老百姓喜爱的英雄人物。在传说中，孟良、焦赞是芭蕉山的山大王，两人投奔杨六郎为国效力抗击辽军。在小说和评书中，焦赞的身边总是陪伴着孟良的身影，几乎是形影不离，于是就有了"焦不离孟""孟不离焦"的俗语，形容二人的兄弟情谊。焦赞坟村由焦赞坟得名，是回民区攸攸板镇段家窑村辖区内的自然村，位于蜈蚣坝（白道）附近。这里历来就是通商要道和兵家要塞，有关抗击辽兵、抵御侵略的杨家将的故事在此地流传很广。

焦赞坟为堡塞形的正方体建筑，方台高约四米，方台两面各有拱形门洞，方台上为东西向中空拱顶，建筑为青砖白灰结构，非常坚固。焦赞坟四面有残墙断垣遗迹，西侧有一口古井，相传是与焦赞坟同时期建的。《归绥县志》记载，宋焦赞坟在焦赞坟村附近，有残碑剥蚀殆尽，碑阴词曰："洞号洪洋临驿路，莫使银牙误，杨业孤坟无定所，那更有焦赞墓，宋裨将传三尺土，待我来怀古，子夜祀神敲社鼓，靖朔漠偏思汝。"由此看出阴山儿女对宋将焦赞的崇敬之情。

焦赞坟村是个小自然村，很少有陌生人来访。大概是1964年，村子里去了一个衣着朴素的白胡子老人，说来拜拜焦赞，然后就走到焦赞坟那里，烧纸点香，拜了很长时间。出来时这个老人说渴了，向村民要了一瓢水，喝完后说："你们以后离焦赞坟远点，我看马上就要塌了。"焦赞坟在村里很久了，没人能说清楚它的建设年代，它的建筑结构特别坚固，当时谁也不相信老人的话。

结果没过多久，一天下午，全村都听到一声巨响，焦赞坟真的塌了。从那以后，村里就留下了"白胡子老人拜倒焦赞坟"的传说。

这座建筑坍塌得太突然，有关焦赞坟坍塌的故事和传说在村中盛行起来。据说焦赞坟坍塌的时候，天空突然飘来三朵奇异的云朵，一块白色，一块灰色，一块黑色，从西山和北山迅速向村中聚集。不到半个小时，这三块云朵就布满了整个天空，于是雷声大作，天空降下倾盆大雨。有村民看到，从云中探出一根土柱子一样的东西，朝着井口伸去，这根土柱子若隐若现，让人看着十分害怕。接着，洪水裹挟着巨大的石头滚滚而来，山石的碰撞声响彻山谷。过了大约一个小时，雷停雨住，太阳重新出来，和什么都没有发生过一样，但人们发现焦赞坟塌掉了。村民们说那根土柱子是大青山上的土龙，到这口古井里借水来了，是土龙把坚固的焦赞坟碰塌的。

焦赞是否葬在这里已经很难考证，《呼和浩特市地名志》中对焦赞坟村有这样一段描述："村西有一小城堡式的坟葬遗址，当地人传是宋将焦赞之坟，为误传。据史料记为古驿站。该村位于蜈蚣大坝沟南侧。"青山处处埋忠骨，何必马革裹尸还。焦赞葬在哪里已经不重要了，但是这位英雄的浩然正气却与天地长存，感染了一代又一代的回民区各族人民。

在日寇侵略中国时期，回民区的父老乡亲积极投身抗日救国运动，书写了可歌可泣的壮丽诗篇。焦赞坟村就是个有光荣革命传统的村子，这里曾经是大青山抗日游击队的主要后援，村民们经常冒着生命危险给游击队送衣物、粮食和药品，许多抗日英雄就长眠于此。

长寿寺的传说

长寿寺是乌素图召中保存较好的一座寺庙，位于庆缘寺的东面，由达赖扎木苏绰尔济大喇嘛于1697年创建。

传说嘉庆初年，乌素图召的住持纳旺伊锡喇嘛路过南山坡，不慎把脚陷进一个坑里，发现是一个银窖。当时他没有声张，晚上率领众喇嘛车载人背，搬运了整整一夜，才把窖中的银元宝全部搬完。之后，纳旺伊锡喇嘛用这笔钱对长寿寺进行了长达四年的大规模改建。

还有个传说更加神奇：以前的长寿寺原本是一座很小的龙王庙，有一个喇嘛每天会在庙前的山坡上坐着，守护长寿寺山坡下的70顷寺产。可奇怪的是，每天下午他都会看见一个火球从地面钻出来，飞到远处一块石头上就不见了。于是，有一天火球飞出来的时候，他赶紧带了一把铁锹追过去。在火球落下的地方，搬开石头挖了六七尺深，结果挖出了一块长约1.6米、宽约0.6

乌素图召

米、高约0.8米的黄色大石头，上面写满了藏文。在这块石头下面，发现了满满一缸金元宝，后来他就拿这缸金元宝不断扩建长寿寺。据说，"文化大革命"后还有人见过山坡下面那块写满藏文的石头，后来承包土地、修建道路的时候就不知其所踪了。

剑斩巨蟒蜈蚣坝

宋代以前称白道所经过的大青山为"白道岭"，宋、辽时称"渔阳岭"，元代称之"神山""翁衮达嘎巴"，明、清代时称之"翁观山""德胜关"，清代晚期和民国称"蜈蚣坝"，此外史书上还有"王孤山""汪古山""翁衮山"等很多称呼。"蜈蚣坝"为蒙古语"翁衮达嘎巴"之音转，意为"神圣的山岭"。我们现在所说的"蜈蚣坝"一般指位于呼和浩特市回民区坝口子村北白道岭的制高点"坝顶"。此段山路险峻陡峭，行路稍有不慎就会掉下山沟摔得粉身碎骨，本地人流传着这样一句俗话："不听老人话，上了蜈蚣坝"，可见其相当凶险。

多年以来，这里流传着一个动人的故事。

据说，古时候的坝口子村繁华富庶，人们安居乐业。有一天，不知从什么地方窜来一条巨蟒，盘踞在阴山之巅。自从巨蟒来到村子后，

大青山草木日渐凋敝，经常有百姓被吃掉，许多人背井离乡，田地也荒芜了。

一次，村子里一个姓云的樵夫砍柴时不幸被巨蟒吞掉，他的儿子决心杀死巨蟒为父报仇、为民除害。他苦练狩猎本领，三年后终于练成了高超的武艺。不料，当他正要去斩杀巨蟒的时候，老妈妈却得了重病，请了许多郎中都治不好。

这天，一个外乡郎中路过坝口子村，告诉他："需要七只不同颜色的活蜈蚣做药引子，才能治好病。"他跋山涉水走遍了大半个中国，终于备齐了赤、橙、黄、绿、青、蓝、紫七种颜色的蜈蚣，把它们装入锦匣挎在身前，一路上悉心照料。

当他回乡路过坝顶时，突然狂风大作、飞沙走石，只见一条大蟒蛇向他迎面扑来。仇人见面分外眼红，小伙子拔出宝剑朝巨蟒冲了上去。人蟒之战从早晨一直打到日头偏西，眼看着小伙子就要支撑不住。忽然，七只彩色的蜈蚣冲开锦匣，像一道彩虹般直扑巨蟒的七个要害，蜇得巨蟒连连败退，小伙子趁机一剑砍下了巨蟒的脑袋。

巨蟒死掉了，云妈妈的病神奇康复了，大青山再度茂密葱翠。离乡的人们也搬回了村里，庄稼又是年年五谷丰登，村子恢复了往日的

繁华热闹。为了纪念七只彩色蜈蚣的恩德，村民们便把坝顶这段盘山路称为"蜈蚣坝"。

摩天岭上可摸天

摩天岭是大青山七十二峰之一，位于呼和浩特市回民区东乌素图村境内。它拔地千尺，危峰兀立，如苍龙昂首般直插天际，气势非凡。三百多年前，摩天岭的名字叫"摸天岭"，是一座不知名的山峰，寂寞地矗立在那里。

话说清朝康熙年间，归化城（今呼和浩特市）北门外县衙附近，也就是现在的回民区环河办事处一带，住着一户姓王的落第秀才。王家祖上是书香门第，家境也比较殷实，于是一心想让孩子们读书考取功名。但是造化弄人，五六代人考过来，连个秀才的功名也没摸到，家业却一天不如一天。到了王秀才这一代，更是家徒四壁、人丁凋零。王秀才胡子已经一大把了，不但没考上秀才，而且连个子嗣也没有，只能靠着自己识文断字的本事，给牛桥的小商号记账、代人写家信、讼状这些零活挣点小钱，夫妻二人相依为命、勉强度日，生活十分窘迫。

一天下午，夫妻俩正在家里坐着闲聊，说着祖上的荣光，聊着现在的日子，真是感慨万千、唏嘘不已。正说到老邻居李丰年、董义不久前中秀才的事情时，外面传来了敲门声。隔着破门看到个老和尚，老和尚面黄肌瘦，说话有气无力，一看就知道好几天没吃上饭，还受了风寒，病得不轻。夫妻俩虽然穷困，却是菩萨心肠。想想眼下已经是快入冬的天气了，看和尚冻得瑟瑟发抖，赶紧把他拉进屋里。

王秀才挽留老和尚在自己家里住下，夫妻俩拿出仅有的食物分给他吃，还请来郎中给他治病。七天后老和尚的身体养好了，对夫妻俩说："我有个秘密，原来打算用它换些银两。你们夫妇二人对我有救命之恩，就告诉你们吧。大青山井尔梁有座山峰，叫'摸天岭'，是块风水宝地。有福禄的人才能登到峰顶，如果用手向上摸到东西，后代一定飞黄腾达、官运亨通。明天就是黄道吉日，你们按照我说的方法去试一试。"和尚如此这般细细交代一番，告辞离去。

第二天，王秀才夫妇按照和尚教的方法，天刚刚黑下来就出发。他们趟过清澈的扎达盖河，穿过城北茂盛的草滩，沿着乌素图河一直向北，终于走进了乌素图。郭家店的千年老榆树的确不俗，居然需要五六个人才能合抱，历经千百年风雨沧桑，吸取日月之精华，想必是极其神奇。王秀才来到老榆树下，

43

按照和尚的嘱咐，到"神泉"取来四桶泉水浇树，从东南西北四个方位面向神树跪拜，默诵《文殊菩萨心咒》四十四遍，最后，取出四条红绫系在树枝上。夫妻俩拜完神树继续北行，又走了30里山路，来到了目的地"摸天岭"。在岭下点起三炷香，面朝北方叩拜九次，然后双目紧闭，屏气凝神，悄悄地向峰顶爬去。也不知道爬了多久，感觉山风迎面扑来，他们知道登上山顶了。和尚说过，没摸到东西前不可以睁开眼睛，于是夫妻俩闭着眼睛，伸手向上轻轻摸去，可是摸了很久，什么也没摸着。正当两人要放弃时，头顶上传来隆隆的雷声，他们感觉摸到了一样鱼鳞般光滑的东西。睁眼一看，火红的太阳正冉冉升起，一条巨龙从他们手边飞向天边，龙鳞有脸盆大小，在阳光映射下金光万点。

王秀才夫妇信心满满地回到家，继续过着和以前一样的平凡生活，依旧勤勤恳恳做事，踏踏实实做人，尽自己最大能力帮助有困难的人。不久后，妻子生了一个儿子。这孩子长大后聪明伶俐、知书达理。后来，王秀才夫妇把家搬到摸天岭下，在井尔梁过上了男耕女织的生活。在夫妻俩悉心培养下，孩子20岁时中了举人，后来离家到京城求学，据

说六年后高中进士，留在了皇帝身边。又过了些年，王秀才夫妇年纪大了，恋恋不舍地离开摸天岭，搬到京城和儿子团聚，走的时候他们在山岭下立了一块石碑，刻碑文"摸天岭"作为纪念。

日月如梭，斗转星移，转眼间几百年过去了，神泉还在不断地流淌，老榆树依然生机勃勃，但是石碑已经不见了踪迹。后世的人们口口相传，把山岭称作"摩天岭"，只有很少人知道它原来的名字叫"摸天岭"。

碧血丹心写春秋

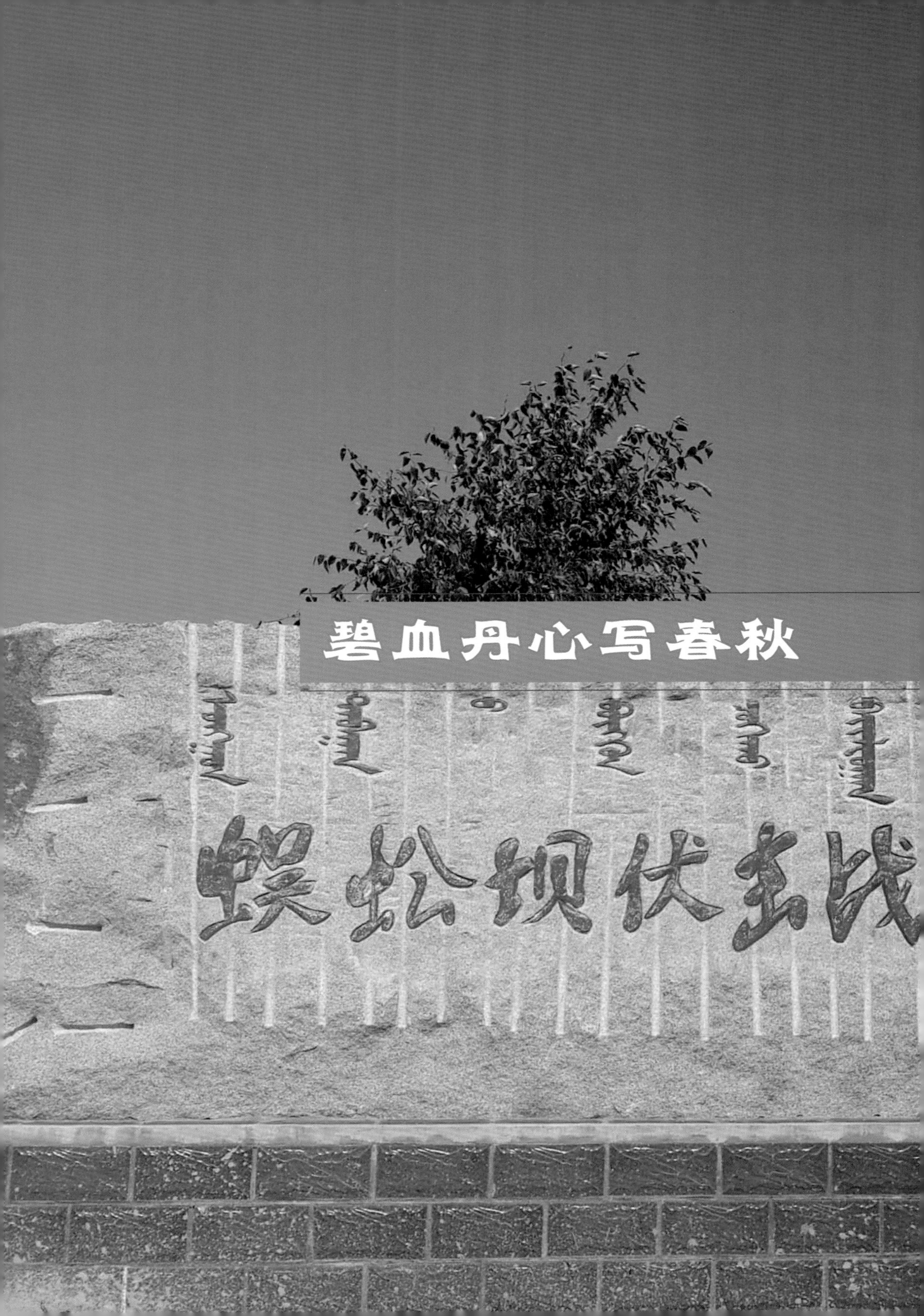

HUASHUONEIMENGGUhuiminqu

碧血丹心写春秋
BIXUEDANXINXIECHUNQIU

青山常在，绿水长流。日寇侵略归绥期间，为了保卫大青山，为了脚下这片热土，在党的领导下，回民区各族儿女积极投身抗日斗争，为归绥抗日斗争史抒写了光辉灿烂的篇章。

记忆

一

问青山，可曾记得：
火种从哪里播下？
火焰从哪里燃起？
做军鞋，送棉衣，
青山留下行行足迹；
收粮草，送军需，
青山洒下串串汗滴；
乌素图沟、坝口子底……
到处都有我们的游击队。

二

问村庄，问民居，
星火何时燎原？
火苗何时腾起？
印传单，送情报，
抗日寇，夜不归，
母送儿子赴延安，
妻送丈夫参军前线去，

纪念馆、博物院……
留下革命者红色的回忆。

三

当我们阅读革命回忆录，
当我们观看影视故事片，
当我们参观抗战的展览，
当我们走进乌兰夫纪念馆。
历史的画面又一幅幅展开，
战争的场景又一次次重现。
我们应牢记先烈的嘱托，
去实现他们的遗愿。

四

让我们立誓，
让我们宣言：
先烈为了今天，
我们为了明天，
建设强大的祖国，
续写红色的革命诗篇！

王若飞在狱中的斗争

王若飞

1931年7月底，共产国际和中共中央决定命王若飞、吉合、潘恩普从苏联回国，开展我国西北地区的工作，并决定成立中共西北特委，王若飞为书记，以宁夏为中心，开展陕甘晋绥一带的革命活动，逐步建立革命武装，开展游击战争，建立西北革命根据地。8月初，他们从莫斯科出发，经过一段时间的调查研究和准备之后，分两路回国。王若飞等乘汽车到达蒙古边境后，均化装成旅蒙商，改骑骆驼南进。他们昼顶骄阳，夜宿荒漠，时遭风沙袭击，屡受饥渴的威胁，终于战胜

重重困难，于10月初到达归绥，住在旧泰安客栈。经过朱实夫的多方调查，得知归绥形势紧张，中共绥远特委遭受破坏，乌兰夫等在乡间活动，不久他们便先后转赴包头。王若飞化名黄静斋，以商人的身份住在包头复成元巷泰安客栈。又经过朱实夫多方联系，终于与乌兰夫、李森等取得联系。

1931年11月初，王若飞赴绥远河套地区考察时，乌兰夫派熟悉当地情况的蒙古族共产党员李森护送，往返一周，初步了解了河套地区的社会状况，找到了一些可以联络的线索，安全返回包头。结束这里的考察并部署完工作后，准备赴宁夏时，王若飞不幸被捕。12月下旬由包头押送到归绥，关在绥远所谓"第一模范监狱"（现回民区通道南街城隍庙巷）。从此，王若飞同志开始了气壮山河的狱中斗争。

从1931年5月，中共绥远特委被国民党破坏，到1933年4月中共归绥中心县委被迫停止活动，先后有王若飞、杨一帆以及杨植霖、王建功、苏谦益、杨叶澎、韩燕如、杨国兴等一批共产党人和革命者被关押在"第一模范监狱"。在王若飞领导下，他们秘密地学习马列理论，回顾中国革命的历史，总结革命斗争中的经验教训，坚定革命信

心，组织狱中难友开展了狱中斗争。这在归绥革命史，乃至在内蒙古革命史上谱写了光辉的篇章。

由于王若飞在狱中深入宣传革命真理，很多难友提高了觉悟，与共产党人站在一起，展开更大规模的狱中斗争。监狱当局认为这些人都被"赤化"了。为了破坏狱中斗争，敌人打破了"共产党政治犯"单独囚禁的常规，先后把普通犯人刘宝全、马福（回族）、王三毛（蒙古族）等与政治犯关押于一处，企图让他们监视王若飞的行动，并要求按时向上"报告"。这些囚犯多数是青年，经王若飞开导、教诲，都逐渐和王若飞站在了一起，反对监狱当局。由于王若飞同志的正确领导和共产党人及革命者的团结斗争，这所监狱变成了"革命者的学校"。经过几年的狱中生活和斗争锻炼，这些共产党人个个立场坚定，充满胜利的信心，王三毛经王若飞同志介绍还秘密地加入了中国共产党（后牺牲）。一批革命者坚信跟着共产党就有光明，就有前途。许多难友也懂得了生活的真理，明白了共产党是人民的救星，不推翻旧社会，人民就会永远受苦。王若飞得到大家的衷心拥护和爱戴，被公认为是这所"革命者学校"里杰出的导师和益友。

工人夜校播火种

1925年冬，中共绥远工委动员归绥中学的学生在牛桥街成立了工人夜校，这是中国共产党领导下呼和浩特最早成立的地方工人夜校。刘进仁为校长，张焕文、张国林担任主任，丁玉文、崔书铭担任教员。工人夜校开学典礼在归绥高等小学举行，路作霖讲了话，他明确讲了为什么劳苦大众为社会做出巨大贡献却得不到学习权利，工人们很受教育。当时，归绥只有寥寥几家手工业工厂，设备简陋落后，其中比较大的有福绥、福元毛织厂和铸造铁工厂，每个工厂有二三十名工人。路作霖因懂得洗染毛线技术，便于接触工人。不久便在福绥毛织厂发展了钟金生、张英、白二才等六七名工人为团员。还通过工人找工人的办法，到各厂去发动工人，并秘密成立了工会。

1926年夏，共青团员崔文彬、张国林在民乐社成立了工人夜校，

工人夜校教材

工人夜校教室

对工人进行马克思列宁主义思想教育，吉雅泰、彭振纲等都在夜校讲过课。另外，党派路作霖、杨曙光和刘进仁兼任政治课教师。此时，京绥铁路的产业工人也由路作霖亲自组织成立了俱乐部。在夜校和俱乐部里，工人们接受了马列主义教育，政治觉悟空前高涨。党组织立即抓住这一大好形势，在归绥的产业工人和手工业工人中成立工会组织。铁路方面由汤江汉和王贵负责，手工业方面由钟金生和白二才联系。这是中国共产党领导下的呼和浩特地区最早成立的工会组织。工人觉悟的提高，工会组织的建立，为党领导下的呼和浩特工人运动培养了中坚力量。

1926年9月中旬，根据中共北方区委决定，在旧城三官庙建立中国共产党绥远特别区地方委员会。同时，在委员会内设置了职工运动委员会，主任由地委组织部长路作霖担任，副主任由地委宣传部长杨曙光担任。

革命号角塞原社

1931年，"九一八"事变后，全国各族各界各阶层的抗日救亡怒潮汹涌澎湃地发展起来。绥远地处抗日救亡前线，各界群众特别是进步文艺工作者和爱国青年知识分子，以文艺、教育为武器，掀起了爱国进步思想文化运动，宣传、鼓舞各族各阶层在国土沦丧、民族危亡的时刻，迅速加入正在兴起的抗日救亡斗争。他们积极组织进步文艺团体，创办各种文艺刊物、报纸，开展新诗歌运动；创办以"抗日救亡"为宗旨的学校，用各种方式揭露日本帝国主义的侵华罪行，抨击国民党的卖国投降政策，唤醒民众推动绥远抗日救亡运动的发展。

1933年八、九月间，中共党员武达平等返回中山学院读书。他们组织了进步文艺团体"塞原社"，并在校内出《塞原》墙报。后来《绥远民国日报》把《塞原》作为该报副刊的专栏，发表反映现实生活、追求真理的新诗、散文、小说、翻译作品、书报评价和关于新诗歌运动的文章等。在塞原社的影响和倡导下，归绥的文艺爱好者逐渐多起来，文坛充满生机。各中等学校学生纷纷创办诗歌专刊，发表具有进步思想的诗作。绥远师范学校出刊《艺苑》《心波》等，归绥中学出刊《三家村》《沙驼》等诗歌专号。

为了加强对新诗歌和创作的研究，进一步推动新诗歌运动的发展，塞原社于1936年4月组织成立了塞原社诗歌研究会。研究会联合归绥喜爱艺术的爱国青年，定期集中研究和讨论新诗歌运动中的问题，并且发展会员，扩大文学队伍，他们为《塞原》和《塞北诗草》创作了大批具有思想性和战斗性的诗歌。在绥远抗战前后，在《塞原》和《塞北诗草》上发表的诗歌更具有战斗性，诗人们拿笔作刀枪，在抗日救亡运动中向敌人发起攻击。

《塞北诗草》共出了七期，最后一期于1931年1月23日出刊。因《西北日报》副刊编辑杨令德在《边防文垒》上发表了美国记者斯诺写的《与毛泽东会谈记》而被撤职，《塞原》和《塞北诗草》也同时被迫停刊。这两个专刊受到绥远文艺界特别是广大青年学生的欢迎，曾被人们誉为"绥远文坛的巨星"。塞原社的这两个刊物内容丰富，有力地推动了绥远进步文艺运动的发展。

1935年冬，章叶频、袁尘颖和演员凌信之以及绥远饭店的青年工人，共同创办了"漠南剧团"。邀请了一些戏剧爱好者，经过紧张的业余排练，于1936年春节，在旧城"九一八"纪念堂公演，演出了中外进步剧目，宣传抗日救亡，颇受爱国群众的欢迎。

突袭坝口子伪警所

1937年"七七"事变后，归绥地区抗日救亡斗争迅速发展的时候，刘洪雄、高凤英等蒙古、汉族共产党人积极地开展抗日救亡活动，准备组织抗日队伍，开展武装抗日斗争。他们在东北郊的滕家营子、保合少一带动员了18名青年农民，组织了一支游击队，命名为"抗日开路先锋队"。

杨植霖在西郊动员了兵州亥村的蒙古人王大杰、什报气村的宋三喜等七个青年农民，在兵州亥村搞了八支枪上了大青山。

当时兵州亥村有个绅士张有聚，昔日有权有势，有枪支和家兵。日寇侵占归绥后，张有聚家被日伪洗劫，闺女媳妇被敌人糟蹋，他对日寇痛恨至极。1938年6月间，杨植霖便动员张有聚出来抗日，经过几次商谈，他毅然表示要与共产党一起抗日到底。杨植霖根据以前组织抗日武装受挫的教训，经与张有聚商量，公开打出了抗日的旗号，由两部分人马正式组成"抗日团"，随即开进了大青山。不久与高凤英、王之德率领的游击队联合起来，形成了归绥地区由共产党人为主要领导的抗日武装，游击队仍以"抗日团"的名义活动。由于这支抗日武装中有汉族，也有蒙古族，所以人们贴切地称之为"蒙汉抗日游击队"。

蒙汉抗日游击队诞生后，以大青山为依托，在日寇统治的内蒙古西部地区的指挥中心归绥一带，依靠各族人民，开展抗日武装斗争，在人民群众中产生了一定的影响，并在斗争中由几十个人发展成为一百多人的骑兵抗日武装。蒙汉抗日游击队根据自己的力量，抓住有利时机，在保存实力的原则下，开展小规模的抗日斗争。

他们经过周密调查之后，在旗下营附近伏击敌人的火车，在归（绥）武（川）公路上袭击敌人的汽车。这些战斗虽然很小，没有给敌人造成重大的杀伤，但是在群众中已传播了抗日的火种。日寇在归绥城北坝口子村设的一个警察所，驻有多名警察，专门盘查行人，扰害当地的老百姓，特别是对蒙汉抗日游击队的活动很不利。于是，游击队派出40多人，在8月间的一个夜晚，对这个警察所发动突然袭击，伪警察还没来得及抵抗就当了俘虏，游击队缴获了一批枪支弹药，武装了自己，打击了敌伪的反动气焰。

民众抗日救亡会

1937年7月28日，在共产党领导下，由绥远民族解放先锋队、牺牲救国同盟会、绥远妇女会、绥远学联等团体发起，于归绥"九一八"纪念堂（现中山西路工人文化宫处）召开了绥远民众抗日救亡会成立大会，参加会议的有200多人，大会

抗日救亡会学习

推选杨植霖、常佣三等为理事，领导救亡会工作。

救亡会的积极分子每天下班顾不上回家，也不管一天工作之后的疲劳，就急急忙忙奔向民众教育馆集合。每天，会员们都要在新城、旧城、车站、龙泉公园（现青城公园）一带宣传抗日，开展募捐活动，演唱《救亡进行曲》《义勇军进行曲》《牺牲已到最后关头》等救亡歌曲，这在当时的归绥还是件新鲜事。演唱和演讲使归绥人民沉痛感受到"七七"事变后，华北危急、祖国危亡的严峻形势，激发起民众抗日救亡的激情。当时在民众教育馆参加活动的大都是教师、学生，还有一部分手工业工人、市民、职员、小业主等。

蜈蚣坝伏击战

1938年初，党中央、毛主席提出了建立大青山抗日游击根据地的要求。八路军一二〇师根据党中央的决策和部署，决定由该师三五八旅七一五团和师直骑兵营一个连组成八路军大青山支队，挺进绥远敌占区，开辟大青山抗日游击根据地。同时，由太原成成中学师生组成的战动总会抗日游击第四支队编为晋察绥边区工作委员会游击第四支队，也一同挺进大青山，参加创建大青山抗日根据地。

7月15日，八路军总司令朱德发出进军大青山的命令。经过一系列的准备，7月29日和8月2日，八路军大青山支队和总动委会及其第四支队，共2300余人，踏上了挺进大青山的征途。

八路军北上大青山的时候，中共中央军委曾指示："8月挺进大青山，进入大青山后，应先以主力进入归绥、武川、陶林、集宁之间地区，另一个营活动于平绥路南，以保证大青山与燕北的联络。"大青山支队按照上述部署迅速开展游击战争。为创建大青山根据地，他们转战700里阴山，打击日伪势力，扩大了八路军抗日的影响，鼓舞了各族各阶层的抗日信心。9月3日，八路军首战陶林县城，给日伪军出其不意的打击。9月9日，再克乌兰花镇，八路军声威大振，各族人民欢欣鼓舞。经过八路军的争取，四子王旗王公上层保持中立，不干涉八路军抗日，八路军在这一带迅速打开局面。日寇为此大为惊慌，为了消灭八路军，从归绥向大青山以北地区运兵。日寇向大青山以北运输军队和物资的主要交通线是归（绥）武（川）公路。八路军大青山支队经过周密侦查得知，归绥以北17千米处的归武公路盘山道顶端有一极其险要的地段，名叫蜈蚣坝，蒙古语意为"神

蜈蚣坝伏击战革命遗址

圣的山岭"。敌人在这里只驻一个伪警察小队，检查过往行人车辆。李井泉司令员决定派大青山支队二营在蜈蚣坝打一场伏击战，打乱日寇在大青山以北用重兵围剿八路军的部署。

9月下旬的一天，侦知日寇向武川运兵的准确情报以后，二营指战员从井尔梁出发，翻山越岭到达蜈蚣坝，非常机警地活捉了看守坝顶的所有伪警察，并做了伏击的部署。连长杨重山带两个连，埋伏在坝顶老爷庙戏台后面，担任正面伏击任务。另一个连埋伏在公路两侧负责策应和掩护，并阻击敌人增援部队，同时将坝顶山脚下老爷庙旁的一座公路小桥破坏后加以伪装。第二天凌晨，四辆满载全副武装的日军的汽车缓缓向坝顶爬行，渐渐进入伏击圈。第一辆汽车经过伪装的小桥时栽到山沟里车毁人亡，其余三辆在我军突如其来的密集火力打击下不知所措。随着一阵清脆的冲锋号声，八路军战士如猛虎下山，奔向敌群，日军血肉横飞。在仅仅25分钟的时间内，80多名日军全部被歼，其中一名少佐军官也在此次战役中丧命。八路军缴获9挺机枪，换弹筒5个和一批枪支弹药。紧接着又有十几辆汽车满载援军相继爬上坝顶，八路军以猛烈的火力击毁其第一辆汽车，公路被毁，日军乱作一团，无法组织进攻，八路军也乘机撤出阵地，向井尔梁转移，胜利完成了阻击任务。

蜈蚣坝伏击战，不仅歼灭了敌人，还把八路军抗日的声威从大青山传遍了土默川。这是八路军在归绥地区开展游击战争的第一次胜利，它不但打击了日本侵略者的嚣张气焰，也使这里的蒙汉各族人民受到巨大鼓舞，从此以后日伪军再也不敢轻易走这条路了。

军民抗战反扫荡

姚喆

1941 年下半年，大青山抗日斗争逐渐出现困难局面。日寇在结束对绥中游击区的大"扫荡"后，转向绥西游击区进行"梳篦式围剿"。绥西党组织领导机关、部队和游击队机智地转移到外线摆脱敌人的清剿。大青山骑兵支队司令员姚喆带领小股部队，也转移到了大青山脚下距归绥约 16 千米的霍寨村，在蒙古族牧民锡格济的帮助下，秘密召集蒙汉群众，讲述当前的形势，说明大青山抗日斗争虽然遇到了困难，但这是暂时的，八路军大青山支队还战斗在这里。霍寨村的群众消除了顾虑，认清了形势，坚定了抗日的信心。

以后，姚喆司令员生了病，由锡格济安排在山洞里精心护理，很快得到恢复。姚喆带领小股部队从霍寨村出发，向敌人已经结束大"扫荡"的绥中转移。在沿山群众的掩护下，经过乌素图、坝口子、一间房、代州营子等地，几经迂回曲折，通过敌人的重重封锁，转移到了绥中游击区。在归武县境内调查了解日寇大"扫荡"后的情况，并与在这里坚持隐蔽斗争的干部和游击队取得了联系。

1942 年，日寇进行秋季大"扫荡"前后，归绥西北郊武归县一、二区范围内，一直坚持着隐蔽的抗日活动。武归县抗日民主政府蒙政科长兼一区区长奇峻山带领一支区游击小队，以山边的乌素图村和霍寨村为立脚点，向平川开展工作。由于日寇对游击区的"扫荡"和经济封锁，部队的粮食和物资十分匮乏，每人每天只能吃三两炒面糊糊，有时还要断炊。战士们衣衫破烂，在炎热的夏季还穿着开花的棉衣，部队的供给成为十分突出的问题。一区游击小队白天在山里隐蔽，晚上下山，在归绥周围的攸攸板、孔家营、刀刀板、倘不浪、打尔架、什拉门更等村庄开展工作。经过宣传动员，征集到一批粮食、军鞋和军需物资，游击小队组织沿山各村群众以进山

大青山八路军

砍柴为由把物资用毛驴驮到山里，或存放在霍寨村锡格济家里，以济部队急需，为在困难时期坚持抗日斗争创造了物质条件。

武归县一区坚持隐蔽斗争的另一项重要内容就是锄奸。汉奸特务是日寇的耳目，是中共政府工作人员和游击队进行隐蔽活动的主要障碍。当时，归绥城北坝口子村警察署长叫卜存良，他虽身任伪职，但是有爱国之心，支持八路军抗日。伪警察署的一项重要任务是在各村组织靖乡青年队，侦查、破坏游击队和地下工作者的抗日活动。奇峻山通过卜存良的关系在一些村庄召集靖乡青年队开会，讲解抗日救国的道理，分析抗日战争的形势，使

不少靖乡青年队员表示不为日本鬼子干事，在一定程度上分化瓦解了靖乡青年队。

1943年秋天，偌不浪村农民张忠（抗日积极分子）为游击队送情报时得知攸攸板村的村长是个日本特务。这个特务向日寇报告孔家营村向游击队送粮，某家与八路军来往，致使许多抗日民众被抓。游击队当机立断，处决了这个特务，并把写给特务的一封信交予其妻，要她给日本特务机关报告。信中说村长给游击队修枪，但拿了钱没有修，所以要处决他。日寇把村民集中起来询问村长会不会修枪，群众异口同声地说"会修"，日本特务把村长的老婆打了两个耳光，一了此案。

游击队在归绥近郊的隐蔽活动使日寇大伤脑筋，于是调来一个凶狠狡诈的特务到一区侦察游击队和地下工作者的活动。奇峻山与大青山支队三团武工队长胡进财合计，并由卜存良提供特务行踪，游击队和武工队分三路，在乌素图一带监视其行动，将其擒获并正法。此后又接连处决了几个罪大恶极的特务，其他特务收敛了手脚。这次行动为游击队和武工队的活动创造了条件，使归绥西北郊的隐蔽斗争得以坚持下来。

武归县二区的范围是归武公路两侧、蜈蚣坝前后和坝口子一带，区长曹文玉带领游击队在这里坚持隐蔽斗争。坝口子是从归绥进入山区的主要通道，也是从绥西、绥中

往来的必经之地，当时坝口子不仅设有伪警察署，还有一个伪乡公所，乡长叫王月德，很受日本人器重。要控制坝口子这个交通要冲，采取打击警察署和乡公所的办法是行不通的，会引起日寇的注意，使日寇加派重兵把守，给工作带来更大困难，于是游击队决定争取王月德支持抗日。1943年秋天的一个晚上，曹文玉带几个游击队员非常机警地抓了王月德，带到游击队营地西梁村，进行了十分耐心细致地教育，使他终于认清了抗战的形势，表示要留在游击队里参加抗日。二区抗日民主政府决定让他回坝口子继续担任乡长，利用这个公开身份为抗日出力。王月德回去后秘密地进行抗日宣传活动，主动设法向山里送

八路军司令部

粮食、棉布和军鞋，还通过一个军医阎三毛搞到不少药品。从此，游击队和八路军部队从坝口子通行方便多了，打开了归绥北部抗日工作通道。

毛纺厂护厂斗争

日寇占领归绥时期，绥远毛纺厂（原内蒙古第四毛纺厂前身）变成了专门生产军用毛毯的军需厂。可是到了1945年6月，毛纺厂的日本工头突然不过问生产了，产量急剧下降。每台机器一个班只织半条毛毯，日本工头也不管。工人们十分奇怪，便在私下议论纷纷，认为这是日本政府垮台的预兆。

到了7月，日寇开始把库存的成品和半成品往外转移。接着，日本工头又说要修机器，让工人们往下拆零件，后来又说要把工厂迁到张家口。这一切举动，都被工人们看在眼里，知道日寇大势已去，还在做垂死挣扎，要把机器拆下来运走。于是便自发地组织起来研究对策，团结起来同日寇进行斗争。日本工头一进车间，工人们就拿起扳子做样子，正扣的反拧，反扣的正拧，结果是越拧越紧。半个多月只卸下来一台梳毛机和一台洗毛机，还都是不好用的。经过半个多月的软磨硬泡，终于赢得时间，保护了机器设备，使日寇的阴谋没有得逞。

就在强迫工人拆机器的时候，满蒙毛织株式会社在归绥的一些商号也陆续往毛织厂集中，工人们十分纳闷，不知道又在搞什么花招。一天夜里，在厂内住的30多个日本人突然全部逃跑，第二天一早几个工人发现后感到事情不好，把这一情况告诉众工友，让大家注意日本人的动向，做好各种应对准备。说话间只见南汽车站浓烟滚滚、火光冲天，原来是日寇狗急跳墙，在撤退前到处放火烧房。毛织厂的工人们急忙关紧大门，有的手持铁棍，有的手拿工具，站在墙头屋顶，监视大街上日寇的一举一动。不大一会儿，日本宪兵队开着一辆满载汽油的军车，要冲入厂内放火。工人们紧紧地守卫着大门，不让汽车进来。面对荷枪实弹和日寇的吼叫，工人们屹立在厂门左右岿然不动，迫使日寇军车仓皇逃走。日寇企图在撤退前把毛纺厂，连同库存物资化为灰烬的阴谋彻底失败了。

毛织厂工人以英勇顽强的斗争保护了工厂，体现了中国工人阶级的英雄气概。日寇逃跑以后，一些地痞流氓想趁机入厂抢劫，工人们又把这伙人赶走。在斗争中，工人们吃住在厂里，寸步不离，终于保住了工厂，参加这次护厂斗争的工人很多，主要有赵喜生、张祥、梁丰水、徐明等。

抗战遗址小校场

在内蒙古医科大学校园里，有一座陈旧的建筑，它是绥远省著名的军事设施——小校场所在地，是抗战历史的见证。

这座建筑长约7米，宽约6米，高近4米，顶部、基部和西侧栏杆为混凝土浇筑，主体为青砖砌筑。

内蒙古抗战史研究专家赵殿武称这座建筑为"阅兵台"，其主体为休息室，顶部为阅兵处。

《绥远通志稿》记载，民国七年（1918年）由绥远都统蔡成勋筹建的绥远兵营，地址位于归绥县北门外1千米许，俗称小校场。营址东西长660余米，南北宽500余米，面积约0.33平方千米。南部为操场，占总面积的60%，北部为蔬圃，建有营房8院，共有房舍1186间。

绥远抗战中时任三十五军二一一旅四二一团第一营营长的韩天春回忆："1937年春季，绥远军民在归绥市举行了庆祝绥东抗日和收复百灵庙胜利盛大典礼和阅兵仪式。蒙汉群众个个扬眉吐气，欢呼雀跃，团结爱国的热情空前高涨。"

医科大印刷厂是民国时期的建筑，三层楼房，东侧为礼堂，中部为五层瞭望楼，可俯瞰全城，是当时新旧城之外的军事制高点之一。楼房在设计上独具匠心，当年是一座时髦的建筑。

城市是人类最伟大的文化创造，

抗日战争时期傅作义部在小校场的阅兵式

一座城市就是一个民族的历史，文化遗存是一个民族历史最好的见证。对于一座城市而言，经济是命脉，文化则是灵魂。这两处重要抗战文化遗存见证了中华民族伟大的抗战精神，为呼和浩特这座历史文化名城又增加了新的亮点。

回族抗日老战士马和璧

抗日战士马和璧

在抗日战争胜利70周年之际，我拜访了96岁的回族抗日老战士马和璧。

老人家住回民区祥和小区。马老的书桌上端庄地放置着抗日战争胜利60周年时，由时任中共中央总书记胡锦涛题写章名，为老战士们颁发的"胜利纪念勋章"。

纪念章上方是头戴回族白号帽的马老照片，下方落款为"回民支队副连长马和璧"。纪念章文："本纪念章由中共中央总书记、国家主席、中央军委主席胡锦涛同志题写章名，颁发给参加过抗日战争的老同志。正面铸有象征中国共产党领导的革命人民大团结的5颗五角星，象征着人类和平的鸽子和橄榄枝，象征革命圣地的延安宝塔山以及军民合力抗战的战斗场面。本章直径50毫米，厚3.0毫米，主章为铝合金，镀24K金。"

马老和他的儿女们还兴致勃勃地谈起时任呼和浩特市代市长李杰翔和市警备区司令几天前（即2015年8月1日）到家亲切探望老人的情况。

马老1919年1月21日生于河北献县的东辛庄（今名本斋村），这是个回族聚居的村庄。马家世代务农。

"七七事变"后，日寇大举入侵华北。子牙河一带遭到鬼子铁蹄的蹂躏。鬼子兵包围了这个回族村庄，烧毁了清真寺，焚烧《古兰经》，阿訇和不少村民被杀害。国仇家恨激起人们极大的愤慨。大家拥戴马本斋举义旗和日本鬼子进行斗争，成立了"回民抗日游击队"，后又扩编为冀中军区回民教导总队。

年轻的马和璧也参了军，不久被任命为一中队副连长。1941年加

回民支队战士训练

入中国共产党。

抗日队伍建立初期，归建几次，大家习惯称为"回民游击队"。"回民游击队"由最初的200多人发展到近3000人，隶属于八路军冀中军区，后更名为"回民支队"，是八路军在冀中平原的抗日劲旅，参加过大小战斗800余次，消灭日伪军36000多人，战功卓著。冀中军区通报八路军"向回支看齐"，并奖"无敌不克、无坚不摧、打不烂、拖不垮的铁军"锦旗一面，中共中央颁奖给司令员马本斋。

回民支队作战英勇顽强，不怕牺牲。多次与敌接火，日伪军一听说是回民支队，就闻风而逃。

一说打仗马老精神矍铄。他说，刚上阵时，心情紧张。可是枪一响，冲锋号一起，就什么也不顾了，眼也红了，死也忘了，一心杀鬼子。

河头战役，他挂了彩。那时他们有的还用土枪、土炮，每人领到5发子弹，每个战士带20颗土造手榴弹。子弹打完了，手榴弹用完了，就用大刀和鬼子肉搏。河头作战，他和连长辛燕侠指挥连队作战。仗打下来，100多号人只剩下一个班的人了。郭政委（名字记不清了）牺牲了，他的通讯员回利利也牺牲了。这个孩子年龄还小，是叫鬼子机枪扫射死的。连长辛燕侠后来在王堡战役中也牺牲了。

河头战役很惨烈，在炸毁日寇炮楼时，马老的腿、手、背部都受了伤。现在定为五级残疾军人，伤残鉴定是：左臂及左腿外伤，左髋关节僵硬。左肱骨间贯通伤，左腿炮弹炸伤。

血雨腥风，缺吃少喝。有时反"扫荡"突围出去，几个月回不了根据地。马老说："回来一次，我妈给我清理衣服，衣装上的虱子多得要用扫帚往下扫。"

河头战役负伤后，上级不叫他带兵上阵了，让他负责后勤保障工作，管辎重粮草、枪炮子弹。他们这批人追随马本斋司令员，一直打到日本快投降。马司令去世后，他们这支队伍继续战斗……

说起当年的战斗和战友，马老的眼睛湿润了，"现在老了，总想念马司令员和那些为国捐躯的战友们。东辛庄首次参军的 18 个青年全牺牲了，只剩我一个了。"

马司令和他的母亲牺牲后，毛主席送挽联："马本斋同志不死"，朱总司令送挽联："壮志难移，汉回各族模范；大节不死，母子两代英雄"。

这些褒奖是"回民支队"的光荣，也是回族的光荣。

1951 年，马老作为民族干部学习了两个月，便从河北分配到绥远省归绥市。当时阮慕韩任市长，他被安排到民政局福利科工作。

土地改革运动大规模展开时，马老在归绥市郊区任土改工作队长，负责桥靠等六个自然村的土改工作。

1958 年宁夏回族自治区成立。为了支援宁夏，乌兰夫主席倡议内蒙古选派优秀回族干部赴宁夏工作，支援宁夏建设。马老积极响应，到宁夏回族自治区民政厅任职。后从银川回到呼和浩特市，在内蒙古通达公司工作至退休。

北门外的记忆

HUASHUONEIMENGGUhuiminqu

北门外的记忆

BEIMENWAIDEJIYI

作为城市的地理坐标点，老街巷承载了一座城市的历史文化记忆。它记录城市风物，反映民风民情，浓缩了古城的俗世百态。回味这些老街巷的故事，可以使我们了解历史，回溯过往，感受城市的人文风情。

中山路之夜

一

天上的星地上的灯，

地上的灯天上的星。

这是中山路的灯，

这是中山路的星。

二

昔日中山路，

柳树遮成荫；

联营三层楼，

呼市最高层。

三

今日中山路，

商厦长成林。

海亮、维多利，

巴黎、王府井。

……

四

昔日夜幕下，

路灯昏睡沉；

今日中山夜，

霓虹倍精神。

五

周末度假来，

中山不夜城，

天桥相会处，

牛郎织女星。

20世纪30年代北门

北门

北门，即明代归化城的北城门，位于呼和浩特市大北街、通道街与中山西路交汇处，人们习惯称为旧城北门。旧时的归化城有北门里和北门外之说：北门里，即今天的瑞福祥商场以南玉泉区的部分辖区；北门外是指瑞福祥商场以北的十字路口、伊利广场（旧称羊岗子）、清真大寺一带，现在是回民区的辖区。

明朝万历年间，阿勒坦汗的忠顺夫人三娘子主持建造了归化城。初建的归化城呈正方形格局，仅有南、北两个门，城墙周长为二华里，高10米。北门城楼高30米，东西长30余米，南北宽20余米，底部

根基为青条石砌筑，上部墙体为青色磨砖对缝砌筑，四周有46个垛口，拱形门洞宽4米，高5米，门楣上嵌石刻"建威"匾额。

出城门为瓮城，筑有"北极玄天宫庙"一座，城楼为三楹重檐，明柱回廊，飞檐重挑，歇山式楼顶，结构精巧，雄伟壮观。城门楼共有前后木制棂窗36扇，全部用白麻纸黏糊。楼阁内筑长3米，宽1.5米，高1米的平台。台上有木制平板车一辆，上有紫铜锻造的三面菩萨像一尊，高2米左右，脚踏莲花座。平板车有8个轱辘，分别用泥雕塑8头小猪推车，另有一头在前方拉车，车后挟一妇女，凡见过此造像的人

20世纪50年代新华广场少年儿童方阵

20世纪70年代中山路街景

都不解其意。由于猪雕是小尾巴、大耳朵、羊角子、马蹄子，形似大象，又加上猪的谐音为"珠"，因此称它为"九象驾车载佛"，又有"九珠一佛"之说，起镇水的作用。

康熙三十年（1691年）归化城进行了第一次扩建，在原有的基础上，向东、南、西三面各扩建了100余米，筑城墙，建城门，将面积扩大。民国十年（1921年），进行了第二次扩建，拆除了南门、东门和西门，仅留北门作为归化城的标志。民国二十年（1931年）再修北门，在城楼顶新建钟楼，置标准时钟一座。城楼高达34米，面阔五间，通宽30多米，进深三间，重楼重檐，歇山式灰筒瓦剪边。城楼钟房内，挂有一口生铁铸造的大钟。据早年旧城老人们说，该钟重达千余斤，

是原义盛公铁工厂制造。当时施行晨鼓暮钟，只要钟声敲响，其音传出数里开外，声音悠扬，震荡四方，余音久久不能散去。

300多年来，北门几经修葺，但基本保留了仿元大都取意"皇图永固"的造型特点。1958年，因城市道路拓宽改造，这座有着300多年悠久历史的城门楼因阻碍交通被拆除。虽然，它作为城门退出了历史舞台，但北门的遗址却被怀旧的呼和浩特人当作地名长久地流传下来。

东沙梁

东沙梁位于回民区境内，很早以前，这里是一片坟地。这片坟地与东沙梁的住宅区之间有一条细小的河流，这条河从回民果园的东巷里流出，自然而然地将活人与死人的地界一分为二。虽然隔着一条小

20世纪50年代呼和浩特市普通家庭

河，但坟地里的棺材依稀可见。尽管如此，附近的人们早已经习惯，并不觉得有何不妥。

　　清初旅蒙商代州帮（代州同乡会）一起出资，建起了这座代州坟。就在当时太平街的北部，代州坟的旁边，有一座老爷庙，因为这座老爷庙也是山西商会建造的，所以除

20世纪50年代烤旺火的市民

迁坟的山西人会来这里祭拜外，每个商队在出发之前，也都要到老爷庙与关公告别。他们跪祈关公显灵，保佑商队一路平安，并祈祷自己在这一趟往返中赚大钱。

　　东沙梁的关帝庙是一个大院子，院子前是一座照壁，照壁外有旗杆、雕着石狮子的圆形大石头。狮子和旗杆是看家护院的圣物，看上去极其气派。进入院子是三间大正房，中间房子就是供奉关公的地方，里面有关公、周昌、关平的塑像。过节的时候，供案上放着整猪整羊，路过的市民、农民前来参拜。秋收以后，附近村庄的农民进归化城卖粮，经过这里的粮车络绎不绝。当时人们主要的交通工具就是马车，走上一整天是经常的事情，所以，

人们进城时在这里休息一下，吃点东西，商量卖完粮后再买些什么东西。出城的时候，常常会进关帝庙敬香参拜。

在东沙梁除了一家粮站外，再没有其他的商铺，而这家粮店被称作"大面铺"。大面铺主要经营米面，这在明清时期承载着呼和浩特地区的相当一部分粮食供给任务，甚至成为很多大户人家购粮的固定地点。大面铺一共前后两栋房屋，中间的是主宅，东西两侧是库房，靠西侧的店铺以销售为主，招牌、幌子、大拦柜、台泵、斗子应有尽有，主要以出售生面为主。

后来代州坟搬迁了，在原来的旧址上建起了呼和浩特市电焊机厂和呼和浩特市笼箩社。笼箩社主要以编制笼屉、箩筐为主，职工大部分都是中年妇女。大家在院子里一坐，手里拿着芦苇秆，动作麻利地编制着这些生活用品。扎达盖河离得不远，常常看到人们把芦苇泡在河水里面，以保持弹性。

沿着东沙梁往北，又是两家工厂，一个是呼和浩特市皮毛厂，一个是呼和浩特市第三造纸厂。除了后来建设的工厂，马路两边还经常看到一些纺车在纺线，每次天刚亮，就有人把纺车搬出来，放到马路两边开始劳动。据说这些纺线的人原来都是做皮毛生意的匠人，后来买卖不好，只好自寻出路，就用动物的毛纺成线来售卖，混口饭吃。

后沙滩

后沙滩，位于扎达盖河的拐弯处。扎达盖河由北拐西而来，在一中后街处又拐了一个弯向南流去，河的东岸就是呼和浩特市第一中学和一中后街，河的西岸就是后沙滩。

据《呼和浩特市地名志》记载：后沙滩是一片居民区。它南起呼和浩特市第一中学，北至呼和浩特市第一苗圃，中华人民共和国成立前，因一片沙滩而得名，面积不大，回族较多，呼和浩特市第二运输公司、呼和浩特市五金建材厂等单位驻此。因为此处以前是一片沙滩，居民区位于沙滩北侧，故得名"后沙滩"。

若单纯从资料记载来看，后沙滩的的确确有一个沙滩。那么这个沙滩又是如何形成的呢？这就离不开扎达盖河。河水流经此处时，这个弯拐得有点大，导致河水流速变慢，河里的沙子无法被河水冲走，慢慢就沉积在河岸一侧，久而久之就变成了一大片的沙滩。沙砾在阳光的照耀下，映射出特有的光芒，闪烁耀眼，夺人眼球。

在归绥的旧"八景"当中，有一处唤作"沙溪春涨"。其中，"沙"就是指后沙滩里的沙滩，"溪"就

听广播

是扎达盖河的河水。每到春天，河流水位大幅度上涨的时候，扎达盖河就会淹没后沙滩的沙砾，形成别样的美景。

后沙滩因为位于这片沙滩的北面，所以被人们称之为"后沙滩"。后沙滩的住户以回族居多，因为地方稍偏，人口较少，直到二十世纪六七十年代，这里也才只有100多户人家。当然，若是往前追溯，恐怕人口更是少得可怜。于是在旧城中流传着关于后沙滩的两句顺口溜：一句是说最早的后沙滩，叫作"后沙滩手背朝下"；另一句是说清末民初时的后沙滩，叫作"后沙滩成链成串"。"手背朝下"是指后沙滩里的穷人多，大多以乞讨为生。因为这片沙地的关系，最初选择住在这一带的大多都是穷人，卖劳力的人居多，所以最早的后沙滩是以职业乞讨者和季节性乞讨者出名的。当然除了乞讨者外，还会有个别屠户、驼户、养奶牛户等居住。后来，居民渐多，做买卖的人家也渐渐有了规模，后沙滩里出现了几家归化城数得上的大字号。其中出名的有回族逯家的驼运字号"聚盛德"，在回族养驼户当中算是大户。此外还有"万盛魁"梁俊、"万盛堂"梁富、马家的"三义店"等字号。归化城回族中兴旺起来的养驼大户如曹、杨、马、逯、王五大驼户，每家都拥有骆驼四五百峰以上。除此之外，能够创字号立堂柜，并在骆驼行数得上的驼户就有30多家，这还不包括一大批拥有几峰或几十峰的中小驼户。骆驼在归化城遍地都是，加上后沙滩这几家出名的驼户商号，便有了"成链成串"的说法。

归化城从事养殖、驼运和屠宰

牛羊驼行业的回族很多，牛桥、马桥等交易市场十分繁华，每年都产出大量的皮张羊毛。于是一部分人转行专营皮张羊毛收购业务，当起了皮毛贩子。归化城当地的皮张羊毛数量很多，再加上专门跑村子、跑后山的小商贩收购和以物易物换回的皮张羊毛，交易量十分巨大。皮贩子不但和本地屠户挂钩，也和本地的皮毛店有业务往来，这也形成了呼和浩特回族经济的一个业态。

马莲滩

"三湾四滩一圪料，大街十八零半道"这句简单的顺口溜几乎囊括了旧城范围内的所有主要街道和地区。"三湾"指的就是九龙湾、西河湾、胳膊湾，而"四滩"就是马莲滩、孤魂滩、苟家滩和后沙滩。

马莲滩是旧城"四滩"中的第一滩，位于公园西街附近的大片区域，旁边紧挨着青城公园。因为公园内的泉水滋润着这片绿地，有龙的传说，又有美丽风景，所以大家游玩公园的时候往往忽略了公园旁边的马莲滩，而马莲滩的存在却也与这泉水有着密不可分的关系。

呼和浩特本是水资源丰富的地区，因为蒙古人有择水而居的特点，所以三娘子建设城池的时候才会选择这里。一位在马莲滩附近居住的老人讲述到："山上的泉水全都流向城中，城中的井口、河流数不胜数，所以呼和浩特这块土地就像一块海绵，满满地吸饱了水，居民随便在院子中间架口洋井就可以轻松取水。地势稍低的地方就更加潮湿，植被也更加茂盛。马莲滩就是其中一处低地，也可以说是长满植被的湿地，这样的地方利于植被生长，但却不适合建造房屋，于是大家把马莲滩空了出来，在周围干燥的地方建屋生活。"

因为潮湿，又无人居住，所以大家把这种地方称为"滩"，加之滩中的植被大部分都是马莲，所以有了约定俗成的名字"马莲滩"。马莲的样子更像草，一束一束地成堆长，整个马莲滩上全部都是这种草，密密麻麻不留一点空隙。不开花的时候，看着很像一把一把的沙葱，叶子修长修长的，从根部一直长上来，表面光光滑滑，非常厚实。到了正午，阳光照射上去，还能看到滩中的马莲泛出黑绿黑绿的光泽来。更有意思的是，每年春末夏初的日子，它就开出花来。花开在茎条间，纤细的紫蓝色的花瓣，淡雅而美丽。那清新的花香是一种绵绵的味道，非常吸引人。每当开花的时节，无论是周围的住户，城里的商人，还是游戏玩耍的孩童，都会来到这里，跑到滩中玩耍一番。采

20世纪80年代人民公园（今青城公园）

摘大把大把的马莲花放在鼻子间细细地闻着，感受着大自然的芬芳。

从这样的描述中可以感受到马莲滩当年的瑟瑟荒凉。马莲滩不仅仅是一片无人居住的荒地，同时也是一片花的海洋，植物的天堂。一位回族王姓居民说到了马莲滩："过去公园西门那边就是马莲滩了，马莲滩没什么人，东面挨着卧龙岗（今青城公园），西面就是吕祖庙。再往西就来到剪子巷，可以穿入大南街，因为剪子巷就在旧城北门附近，虽然和归化城相连，但也有所区分，一般外地来的回族会在这片地区定居。因为回族经常会饲养羊、牛、骆驼等牲畜，马莲的叶子是极好的饲料，住在马莲滩附近正好能够方便割草与放牧。马莲滩虽然开满鲜花，但很少有人问津。除了方便牲畜饲养，这里还成为回族宰牲的好地方。许多屠户会把牛羊拉到此处下刀，一来无人，不会使人惊慌，二来干净，留下的血水流入草间成为肥料。"

马莲花自生自长、耐寒耐旱，既可防止土地沙化，又可饲养牛羊，它是回民区境内特有的植物之一。曾经长满马莲的马莲滩早已消散在时光的交错中，失去了往日的风景与美丽，当然那个随地一铲便有清泉涌出的湿地也随着消失了。

大卜坑

"大卜坑"这个看似奇怪的名字，呼和浩特的老人却很熟悉。其实"大卜坑"就是一句方言式的形容词，意思是"大坑""凹陷"的意思。久而久之，"大卜坑"就成了一个地名。

要说大卜坑的具体位置，就要先说说归化城外的护城土围墙。因为归化城建城较早，那时候除了本身的城墙之外，在城市边缘还有一层外围的土围墙(也被称为寨子墙)，用来圈定范围。一般用黄土砌成，大约有2米高，底层3米厚，顶层1米多厚。这个土墙的北面就是人们熟悉的小校场，而大卜坑就紧挨着这座土围墙靠南。

那么，什么是"大卜坑"呢？其实"大卜坑"就是一大块低洼的荒地，每到下雨这里都会积水，过好几天，这些积水才能干掉，所以这里就像是一个"坑"，且坑底常年都有淤泥。人们刚开始建房，只是沿着大卜坑的周围建设，大卜坑的北面有一排民房，人们称之为"北院"，西面有一座修道院，住着比利时来的修女。

这一片居住的大多都是回族，大部分依靠拉骆驼为生，经常是一个大家族一起干这行。他们分工明确：有水草有空地的家庭负责照顾骆驼，有壮劳力的家庭负责照顾外地生意，剩下的亲戚照顾家里的孩子。大卜坑里总有淤泥杂草，不适合养骆驼、羊等大动物，但养鸡、兔子却很适合。人们把鸡、兔子放在坑里也不会跑丢，给它们搭好窝棚，不用怎么照顾，自己就会下蛋、繁衍。小孩子的主要任务就是掏鸡窝，拿鸡蛋，每天看到鸡下了蛋，就赶快拿回家储存起来。

大卜坑附近的房屋不算多，像是一个儿童游乐场。夏天，坑底总是有水，小孩子就在坑底玩水；冬天坑底干了，就成了孩子们打闹玩耍的操场。大卜坑旁边是修道院，里面种了各种各样的果蔬和花卉，有专门的人打理这些植物，所以长得非常茂盛。那时候到处都是土路，找块平地很难，而修道院里的砖地十分平整，人也和善，所以孩子们常到这里游戏玩耍。打弹珠、抓羊拐，在这种地面再合适不过了，每天一放学，这里总是聚集着很多很多的小朋友，一直玩到黄昏才肯回家。

大卜坑的西面连着扎达盖河，天然形成一处一米深的水渠，很适合游泳。因为距离扎达盖河太近，在1959年特大洪水的时候，大卜坑被洪水冲击，两边的房屋全部坍塌，居民也都疏散了，变成一片乱滩。

政府为了重建房屋，安置居民，就利用洪水刮来的淤泥把大卜坑填平，修建了新的房屋、商店。住的人多了，买卖也多了，大卜坑繁华热闹起来，不再是一个坑，成为人们对这片地方的称呼。随着时间的流逝，人们逐渐淡忘了"大卜坑"，年轻一代已经不知道这个地名了。

董家花园

董家花园在归化城有着举足轻重的地位。无论是公家的还是私家的，花园都成为有身份人士的品位象征。董家花园占地足足300亩，是归化城规模和影响最大的花园。

董家花园在今天的西龙王庙村东，县府街以北地区内，翟家花园就是当年董家衰败后卖出的一部分。董家原来是山西忻州人，乾隆年间，董国玺、董国英兄弟四人因为贫困

不得不"走西口"。途中，最小的弟弟不幸夭折，三兄弟忍痛含悲，来到归化城扎达盖河西岸的西龙王庙，落脚于西龙王庙村。那时，这附近是一片荒滩，没有人在那里种地。董家三兄弟开荒以后，生活渐渐富裕起来，又在归化城西购买了部分土地，还把远处的地调换到了近处，当时有300亩土地，每年的收成都很好。

董国玺、董国英兄弟二人年岁渐高，他们对董家的后事做了安排，老大董国玺力主家乡，董国英力主口外。董国英有两个儿子，大儿子董恩好吃懒做，不务正业，次子董义心胸宽广，想干出一番事业。道光年间，董义把300亩田地圈起来，精耕细作，使之方方正正连成了一大片，周围筑起5尺高的围墙，一

20世纪80年代呼和浩特市

20世纪30年代呼和浩特市

个庄园式的花园雏形就此形成。

当董家的小康生活逐步走入正轨的时候，公主府的王爷去世，家中的财产分割成为敏感话题。平时倍受宠爱的汉族小妾成为众多府内女眷们的眼中钉，出于身份地位的差距，他们生怕王爷走后会留给这位小妾一份儿财产。女眷们将屋内所有箱柜都贴上了封条，不准小妾碰一下。可谁想，面对这样的处境，这位小妾却从容不迫，四处打听再嫁的对象。她知道自己地位低微，一旦失去靠山，命运将很悲惨，所以在平日里就给自己留好了后路。她酷爱花草，在王爷的后花园内种植了各种美丽植物，并把王爷赏给她的金银珠宝埋入几盆钟爱的花下，无人知晓。待选好再嫁对象时，只带走了心爱的盆栽作为嫁妆，没有人会阻拦净身出户的小妾，但她无形中变成了一位财神娘娘。

可巧，她看上了既老实又能干的董国玺。她推掉媒婆举荐的官僚巨贾，带着几盆花卉走进了平民百姓家中，而她的到来，也促成了董家花园后来的发展壮大。董家利用娶亲获取的外财，购买了城西乌素图以南的大片土地，并且在归化城里开设店铺、饭馆，为筹建花园奠定了雄厚的物质基础。在这位爱花娘娘的授意指点下，大规模的私家花园就此落成。本就喜花爱花的董家夫人托人从中原花都洛阳购入大批珍贵花草，并让董义亲自带领长工从口里老家挑回果树苗，一次试种全部成活。短短几年，花灿撩人，香飘十里。墙里墙外的杨柳、松柏枝繁叶茂，云蒸霞蔚，三四十里外都能看见，整个花园就像镶嵌在归化城鬓角上的一颗巨大翡翠，美丽动人。

在这个过程中，董义受山西内地人的影响，除了在园子中种菜外，开始栽培果树，主要有桃子、李子、杏树等。经过几年的发展，董家园

内蒙古政府礼堂

子果树成林、郁郁葱葱。春夏之际，花枝招展，桃花吐艳，飘香数里。

董家花园里除了种菜、种果树外，还养花。董义请人从外地带回一些花种。为了让花园更具规模，董义引进了先进的马拉水车，代替了辘轳和桔槔，保证了花草树木的适时浇灌。同时修起一座假山、五间敞厅和一个让花草过冬的巨型花窖，据说花窖可容上千人。这就是归化城第一座私家园林，归化城内父老都称这座花园为董家花园。

归化城内有很多山西人，他们认为，活着的时候在外奔波，死后尸体要落叶归根回归故乡，所以为自己的尸体寻找一块风景优美的暂厝地，成为很多富商的愿望。因为有了暂厝地后就可以等到尸体变成干尸以后，方便往原籍搬运，回归故里。为了结交官吏和富商，已到暮年的董义决定将东南角的四亩地另圈围墙改造成寄厝地。那些官吏和富商尤其是晋籍人士纷纷选择这块宝地寄厝，于是董家花园的名望更大了。

董家花园繁盛百余年后，由于清朝末年后代分家逐渐衰落，及至后来，董家竟连树税也无力交纳，只好把好端端的花木连根刨起不再栽种。不到数年，除了部分变卖成为翟家花园外，闻名塞外的董家花园彻底成了荒滩。

翟家花园

说起植物园的前生今世，那里正是官府之家的私家花园，这座官府之家有一处院落叫翟家大院，植物园就是过去翟家的花园，所以人们称它为翟家花园。中华人民共和国成立后，翟家花园被政府征用，变成了今天的公共场所。1991年，经中央批准，自治区党委和政府在呼和浩特市植物园内修建了乌兰夫同志纪念馆，随后，植物园更名为"乌兰夫公园"，但呼和浩特人仍然习惯称它为植物园。

翟家花园的主人自然姓翟，据说很有文化底蕴，中华人民共和国成立后以画画为生。也是因为爱花喜草才会有如此的毅力和精力去修建这样一个规模庞大的花园。他的初衷必定是为了自己的爱好，为家人提供一处休闲的场所，可正是因为这一举动，才为后辈们留下了宝贵的财富，才能让我们这些普通百姓感受到官家花园的魅力。

翟家花园的创始人为翟凤林，山西省代县城南中解村人，家中排行老七。读完私塾后，弱冠孤身一人，于清代同治三年（1864年）来到归化城学徒，后考入归化城厅任掌案，虽无官职，但为政务要员。

据翟家后人介绍，光绪十二年

（1886年），已39岁的翟凤林才娶妻成家。翟凤林勤俭持家，艰苦创业，于光绪年间开始创建花园。当时的后沙滩是一块不毛之地，土地荒得没人种，更没有人在这里居住，许多无主的尸体被扔在这里。但是这里有一个好处，那就是水系发达，所以翟凤林相当看好这个地方，前前后后购买了四五顷土地。《归绥县志》中记载："翟家花园，在旧城外的北沙梁，广四五顷，植果树以入其园地。"

当时，翟凤林的家乡时兴种树、种花草，而归化城没有他家乡的树种。翟凤林用骆驼托运，用人力挑担子，硬是把这些稀罕的树和花从家乡带到了归化城。凡是北方土壤适宜种植的植物都有，其中有桃树、李子树、海棠树、丁香等等。园子后边住着雇工，牛犋、牛棚、农具一应俱全，果木之间还种植蔬菜。

翟家花园在祖辈们的精心经营下发展壮大，占地面积和树木品种都已经达到了一定规模，成林的果树一望无际，每种水果都是成片种植，这儿一大片是果子，那儿一大片是梅子、海棠、樱桃、桑葚……各种果实挂满枝头，别说吃了，看着就流口水。

中华人民共和国成立后，翟家花园收归国有。1957年这里改为呼和浩特市第一苗圃。1997年更名为呼和浩特市植物园。

营坊道

说起营坊道，必须先讲讲兵备道，兵备道全称叫"山西归绥兵备道"。道署的地址就是现在的呼和浩特市第一中学院内，大概在乾隆年间兴建，这个机构级别在省之下府之上，既是地方行政机构，又管绿营兵。传说慈禧的父亲在这里担任过官员，也有人说，是慈禧的父亲来呼和浩特修建的兵备道。是否如此，没有人能说得清楚，但是有一点可以肯定，这个兵备道真真实实地存在过，门前有照壁、旗杆、石狮子等等。

而当年的小校场（今内蒙古医科大学附属医院大院）是兵备道士兵操练的场地，官兵经常在兵备道与小校场之间来回穿梭。时间久了，在兵备道与小校场之间形成了路，久而久之，这里也开始有了人烟，人们叫这个地方为营坊道。

营坊道的周边还有营房，这里之所以被叫作营坊道，就是源于清初曾在这一带修建营房，驻屯护城兵。根据史料记载：土默特校场在归化城北门外二里许，内演武堂三间，火药库三间，看守兵住房二间，照壁一座。每年春、秋二季，土默特官员带领兵丁一千名操演一个月。

绿营校场在归化城北都司营侧，内演武厅三间，将令室一座，厅西火药局一所。每年春、秋二季，大同镇总兵来营校阅，都司率领兵丁在此操演，其平时操演都司主之。

根据地理位置推断，绿营校场应该就在一中附近，而现今医学院附近的小校场是指土默特校场。

后来傅作义将军的部队利用小校场原址操练兵马，在营坊道附近原有的兵营安营扎寨，但这时的营坊道已经没有以前那么正统了，因为周围居民区的出现，让营坊道这片不大不小的军营融入了市民的生活。一位名叫李瑞的市民讲述到："我小时侯还见过这片军营呢，只不过那时已经变得和居民区差不多了。只从营房中间走过一次，看到床铺上堆放着一些闲散的兵器，不过仅限于棍棒之类的，床铺下面放着很整齐的盆，没有见过士兵。床和床之间的距离也比较小，一列一列地很整齐，其他的印象就没有了。再往后怎么变迁怎么拆除的就什么都不记得了，我只知道这片确实有过一个营房，干什么的也不清楚。"

抗日战争刚刚打响不久，呼和浩特市被日本人占领，日军部队大批涌入城中，在归化城边缘驻扎下来。军官级别的日本军人有权力也有条件携带家眷入城，便把夫人和孩子安排在普通民房中居住。在营坊道中就夹杂着这样一位，"过去的房屋都是一排一排紧紧挨着的，也许你家墙外直接就是我家，多家公用都是常有的事情。记得当时家里很穷，住在几十平方米的小房子内就能稳定生活了，家家都有小院子，院子中间也有一个低矮的墙体作为分割线。这位日本人刚来时我们并不清楚她的身份，从不见人靠近她，也没有人会和她说话。直到一次下大雨，下得太久太猛，把本就低矮的院墙冲塌了，墙的这边正好是我家，于是两家的院子就合并在一起。这时我才知道我的邻居是个日本人，她已经居住在这里有五六年的时间了。"一位80余岁的王姓老太为我们讲述她在营坊道周围居住时的一段往事。

当时的居民区两边满满地都是高低错落的平民房屋，木梁的颜色或青或黑，房子的院墙或土坯或砖瓦，从道路两旁的房屋外形可以看出屋子主人的家境和身份。就在营坊道附近的一片民宅区域内，房子和房子之间推推嚷嚷，用一块砖一块土争夺着属于自己的地盘。很难想象这样一个最为普通的平民居住区中，竟然有位日本人悄无声息地与中国平民杂居在一起，共同生活。

再后来，随着街道改造和变更，

居民房、学校、商铺陆续出现，但依然抹不掉那些军人过往的身影和道路上的马蹄，于是"营坊道马上马下"的顺口溜成为这里最形象的描述。

新城道

在旧时，人们确定方位多喜欢以归化城为中心。当时回民区已经有许多人口聚集了，但因为这片地方位于归化城北门以北，所以常常被人称之为"北门外"。在北门外做买卖的人很多，大多都与牲畜有关，而绥远城里售卖马匹、饲养牛羊的人也有很多。大家集中起来好做买卖，于是在北门外与绥远城之间修了一条道路。

北门外与绥远城之间的道路不是中山路吗？现在看来的确如此，中山路确实是新旧两城的交通要道，但是中山路还未开发建设的时候，从北门外到新城的道路就被叫作"新城道"。原因也很简单，就是因为可以去新城，所以就有这样的名字。

在此处有两条通往新城的道路：一条靠南，离归化城较近，就被称作是"前新城道"；一条靠北，离归化城较远，就被称作是"后新城道"。两条新城道就像一个"人"字交织在一起。后新城道从通道街至文化宫街，前新城道则从现在的中山西路至后新城道。后新城道偏向于东西走向，前新城道偏向于南北走向，两条斜向不规则的道路在东边交织，看起来就像是躺倒的"人"字。

后新城道原本有一条河流，是扎达盖河的分支，河水并不深，人们随便搭个木桥就能过去。河道两边都是湿地，长满了青草。前新城道相对干燥，地势开阔，建起了不少房屋和大院，许多回族居民都在这里聚居。据载，前新城道长516米，

1968年新华广场

20世纪50年代新华大街

宽6米，有居民762户，2879人。这么多的住户和居民，到底又有什么样的故事呢？

据《归绥商业志》记载：呼和浩特奶业发展历史悠久，从明末清初就开始了。晚清时呼和浩特地区奶牛养殖户主要是部分回族居民，采取家庭养殖方式。其中水渠巷的韩家三兄弟、通道街的邸二、前新城道白家巷的白明家族饲养奶牛都很有名气。1956年1月，在私营工商业和手工业社会主义改造中，个体奶牛户组织起来，成立了呼和浩特奶牛业全体合作小组。1958年改为回民区牛奶场。1985年11月改为呼和浩特市回民奶食品加工厂，这个厂子就是内蒙古伊利集团的前身。

前文所说的白明算是本地养奶牛、卖牛奶的代表人物，他家住在前新城道。由于他勤劳努力，奶牛数量逐渐变多，儿孙们也都继承了养牛的行业，渐渐把养奶牛、卖牛奶做成了家族企业，人们把白家居住的巷子称为"白家巷"。随着白家开创的先河，在民国中后期，掀起了一股养殖奶牛的热潮，而白家也从原来的卖牛奶变成了卖奶牛。

相传归化城的回族中，最早的富户要数经营养马生意的"中和店"掌柜白维礼。那时候因为战乱、天灾等原因，逃生到塞北的回族同胞很多，他们刚刚来到归化城里自然毫无根基，生活贫困，白明就是其中一位。白维礼看到这些初来乍到的回族同胞心生不忍，就把自家的一头奶牛交给白明来饲养。对养牛完全不懂的白明，经过自己的努力和虚心请教，渐渐地可以让奶牛日产四五十斤牛奶，之后他就靠出售这些牛奶维持生计。除了生活以外，白明努力攒钱，直到攒够买第一头奶牛的钱后，白家才算真正有了属于自己的产业。之后，白明的儿子白俊、孙子白兴宽、白兴玉等一代又一代继承着养奶牛、卖牛奶的活计，奶牛的养殖数量也越来越大，几辈人总结出的饲养经验让白家成为养殖奶牛的大户。因为白家住在前新城道，老人口中才有了"新城道能挤能下"的顺口溜。

"能挤"，当然是指挤牛奶。"能下"，则是指下牛犊。白家不仅在选择牛种、喂养、配种、治病等方面非常有经验，还能给母牛接生。遇到牛犊胎位不正无法顺利生产时，他们用手推正胎位，帮助母牛生产，既不损失老牛，又能顺利获得牛犊。那时候，人们普遍认为，白家的奶牛产奶量最高，因此每当白家有小牛犊诞生时，就会争相购买，于是白家就成为前新城道的代表。

吕祖庙街

吕祖庙街不长，也不宽阔。在石羊桥路西一侧有个巷口，正对着青城公园西门，这个巷口东西延伸，一直通过新民街、南顺城街与四眼井巷接壤。最早的归化城东门就在南顺城街，顺着南顺城街是一道城墙，而现在的吕祖庙街就在城墙外侧。为什么这条巷子要叫作吕祖庙街？自然也是因为原先有座庙宇叫作吕祖庙。据记载，吕祖庙在吕祖庙街13号，主持叫成俊，有僧徒4人，每年农历二月十一日和四月十四日有庙会活动，光绪年间始建，1923年重修。

在民国时期，吕祖庙处在马莲滩中央，将长满马莲花的马莲滩分为东马莲滩和西马莲滩两块。吕祖庙的庭院较长，坐北朝南，几乎囊括了现在吕祖庙街到大东街之间的范围。从归化城的老地图寻得，吕祖庙前的一条街巷叫作德胜街，与大东街相接，而现在的新民街就是东马莲滩的位置。现在地图上看到的新民街以西至大东街的这一部分，就是曾经吕祖庙的所在地，已经被居民小区楼所取代。

吕祖指的就是八仙之一的吕洞宾，庙内供奉的神灵画像自然也是风度翩翩的吕洞宾。据记载，吕洞宾原名吕嵒（"嵒"或作"岩""巖"），字洞宾，道号纯阳子，于唐德宗贞元十四年丙子（798年）农历四月十四生于永乐县招贤里（今山西省芮城县永乐镇），是著名的道教仙人，道教全真派北五祖之一，钟吕内丹派、三教合流思想代表人物。所以每到农历的四月十四，也就是吕洞宾生日这天，大家都会来到他的庙宇举行庆祝仪式。

说到三教合流，吕祖庙内的结构倒是很好地体现了这一点，既供奉佛家观音和达摩祖师，又有道家的八仙，还有儒家的关公，把"三教"（即儒教、道教、佛教）融合一体，所以至今庙宇不在而名常留。

旧时老百姓的业余生活较少，借着庙宇聚集人群，形成庙会、社戏等娱乐活动，而吕祖庙最为热闹的日子莫过于赶庙会和听社戏了。

说到庙会，人们总是在两个日子来到吕祖庙，那就是农历二月十一日和四月十四日。听老人们说，二月十一是花朝节的前一天，花朝节是纪念百花的节日。这一天，家家户户都会祭花神，祈求花神降福，保佑花木茂盛。吕祖庙中的吕祖与牡丹花神有一段神话故事，为了拯救百姓早日解脱病痛折磨，吕洞宾费尽周折请得牡丹花神下凡解救百姓，于是留下美名。为了纪念牡丹花神和吕洞宾的这段故事，人们会在二月十一来到吕祖庙祭祀。

除此之外，四月十四也是重要节日，相传每到这天吕洞宾都要化身叫花子、小贩，到人间点化世人。因此，市民和四乡农民都要来"轧神仙"，借此沾沾仙气，消灾防病，延年益寿。吕洞宾是道家较有影响的人物之一，重视炼丹，在医学上颇多贡献，所以被中医奉为祖师。每逢"轧神仙"这天，吕祖庙四周摊肆林立，出售花草树苗的最多，不少花草带有吉祥名称，如"万年青""吉祥草""神仙花"等等。旧时习俗，仙诞前夕，剪"千年运"老叶铺在路上，让各方来庆寿的仙人路过，可沾仙气。所以每到这两个日子，吕祖庙周围赶庙会的人就会特别多，商贩借此机会兜售各种应时的商品，给节日增添几分喜气和热闹。

社戏，是一种民间自发组织的娱乐活动，多由商业社团组织。明清时期，百姓喜欢把戏台建在庙宇的山门上，下层过人，上层演出，远看不失庙宇的威武气派，近看既方便又节省空间。后来随着戏台竞赛的出现，打破了一庙一台的形式，出现了连台、对台等，由多个戏班轮流或同时进行演出。

清代归化城商业极度繁荣，有众多的商业社团。每逢节日，酬神献戏活动蔚然成风，其中晋商扮演着重要角色。大约在乾隆年间，归化城的社戏演出发展繁荣起来。由于演出地点在"十八半座庙"，台口一律向北方，一般是位于街头巷尾、城边村口的孤庙，当地人称之为"野台子"，因此社戏也叫作"野台子戏"，当然，归化城东门外的吕祖庙也不例外地成为戏场。现在，一提到山西晋剧，许多年长的山西籍呼和浩特人显得意犹未尽，十分怀念当年在吕祖庙前搭台子免费听戏的场景。

南顺城街

南顺城街位于归化城内城城墙东侧，因为这条街道由北向南延伸，故而得此名字。街道南起剪子巷北口，北至中山西路，长约290米，宽约8米，中华人民共和国成立前这条街上就住着许多居民。

这条街道两边有很多小院子，商户很少，偶尔路上有一家或者两家焙子铺。傍晚，铺子内点着昏黄的煤油灯，甚是温暖；早上，焙子铺散发着浓浓的麦香味和油香味。

南顺城街在内城和外城之间，最初这条街是内城的护城河，后来有了外城，这条护城河失去了应有的作用。官府填平了护城河河槽，分成了一段一段，卖给了归化城内的市民。后来，这里就建起来各种各样的小房子、小院子，院子内住上了人家，烧起了灶火，呈现出一派祥和的景象。没有了护城河的隔

断，人们与这个城市好像更亲近了，曾经的官府逐渐演变成了一个具有现代意义的城市。

民国时期，南顺城街有一家"王成公炭店"繁华异常，是本城人张建功和山西忻县人丰守礼合资开办的。他们思想新潮，善于接受新鲜事物，与铁路方面乃至于官僚上层过往甚密。由于利用火车运输煤炭比传统煤炭店铺的骆驼运输省时、省力，还能节省不少运输费用，王成公炭店一时间取代了中规中矩、不懂变革的其他煤炭店，成为归化城卖炭行业的龙头之一。

东洪桥街

东洪桥街，原本叫作建筑巷，因为街道两边多以居民楼为主，且居住的百姓大多是来自建筑部门的家属，所以从1931年有了这条大街以后，人们就叫它"建筑巷"。建筑巷里有一条小巷叫作"东洪桥巷"。东洪桥巷从建筑巷开始，延伸至南马路，长约290米。后来随着居民楼的扩建，东洪桥巷消失了，剩下叫作建筑巷的大巷。再往后，建筑巷的名字被那条小巷取代，于是就变成了现在的"东洪桥街"。

为什么小巷可以吞并大街，脱颖而出呢？自然和东洪桥的历史有关，据《地名志》记载：东洪桥是清朝道光末年修建的一处木桥。清

朝时候的地理地形与现在有很大的差别，扎达盖河支流众多，其中一股河流便在东洪桥街附近，经过现在的锡林郭勒路流向绥远城，人们想要从小校场（今医学院）到公主府，就必须跨过河流，于是人们开始建桥。桥是用木板简单搭建而成的，一是因为河水并不湍急，只是小小的一股，二是人力物力所限，离归化城较为偏远的城外，也就没必要建一座石桥。

最早的东洪桥出现了，虽然简单，但很实用。过了一些年头，人们觉得还是不够方便，既然木桥成本不高，便又在河流的西面，建了一所西洪桥，位置在现在的通道北街。现在的东洪桥街正好位于东洪桥与西洪桥之间，而东洪桥东面的小巷就叫作东洪桥巷。

通道街附近有两座村庄，一个是东洪桥街上的红桥村，另一个是宽巷子附近的十间房村。这两座村庄有个共同的特点，就是人口不多，房屋偏少，村民以饲养骆驼为生。红桥村的历史并不长，当铁路通车以后，火车站吸引来的人流在附近建造房屋、粮仓、库房，又在此基础上扩展买卖，建起了商铺，红桥村一下子变得像城市一样热闹繁华，于是就变成了一条名副其实的大街。

太平街

有资料记载，太平街建有"太平召"，因此得名"太平召街"，1975年改为太平街。该街南起环城街，北至北茶坊，长390米，宽5米，沙土路。呼和浩特市第一中学、第八中学、太平街小学驻此街，这三所学校给太平街增添了无限的活力，每当上学放学的时候，街上满是学生，还有接送孩子的家长。可是，人们怎么也不会想到，太平街曾经并不太平。

现在的太平街，东边挨着扎达盖河，人们都能清晰地看到扎达盖河的河底防渗和堤防衬护工程。但是在过去，这里就是一个流水的河渠，北边大青山坝口子倾泻而下的雨水每年夏天都要流经这里。雨水少的时候，小桥流水人家，一派祥和的景象。但是雨水多的时候，从上游流下来的洪水如猛兽般冲刷着这里，水越来越多，河道越来越宽，人们生活的空间却越来越小。在八中和一中的中间方位，正是河道一个拐弯儿处，这里的房屋时常被淹没，人们无计可施，只能祈求今年是一个太平年。太平街的一头紧挨着牛桥和牛桥下面的扎达盖河，所以发起洪水来，太平街是第一个要遭殃的。为了让河流稳定，百姓能够安居乐业，人民就在河水的西侧，现在的太平街上修建了一座河神庙供奉河神，祈求平安。

太平街上最为重要的是太平召，青城八小召之一。清朝政府非常支持喇嘛教的发展，兴建了许多庙宇，著名的有七大召、八小召、七十二个免名召，走进这个城市以后，随处可见壮丽的召庙。当时的归化城大街小巷，召庙遍地，人们也把归化城叫作"召城"。有资料载：太平召是在清代后期建造的，为的是保卫这里的水土。当时，归化城内的喇嘛有学位的叫"扎萨克喇嘛"和"达喇嘛"，他们通晓经卷，宗教造诣比较高。有扎萨克喇嘛的庙是大召，有达喇嘛的召庙是小召，"达"是达到的意思。太平召执事的是达喇嘛。

百姓安居乐业，衣食丰盈就算得上太平了。随着清朝政府统治的不断加强，保证边塞太平的重中之重——粮仓建在了太平街上。这座与太平盛世息息相关的建筑有着与其十分匹配的名字，叫作"太平仓"，可能这座粮仓太过重要，所以不论是名字还是位置都与"太平"有关。

文化宫街

呼和浩特是一座有400多年历史的塞外名城，原分为新、旧两城：旧城原名"归化城"，也就是现在旧城北门往北的一带；新城叫作"绥远城"，范围是新世纪广场往东。为了方便交流与通行，两条连接两城的重要街道就此形成，一条是现在最为繁华的商业名街中山西路，另一条则是有着"呼和浩特市长安

20世纪80年代工人文化宫

85

20世纪80年代乌兰恰特剧场

街"之称的新华大街。在这两条街道的中部有一条小巷，也就是今天所讲述的文化宫街。

文化宫街的名字源自中山路的工人文化宫。工人文化宫是给工人提供文化休闲的场所，在20世纪60年代，算得上是一所较大规模的电影院，几乎每个单位在年中、年末的职工福利中，都会有在工人文化宫看电影的项目。除了当时位于新华广场附近的乌兰恰特之外，就数这个文化宫最为出名了。文化宫正好处在今日文化宫街的南口，从这里出发顺着文化宫街向北就可以来到新华大街的内蒙古体育场了，这条巷子在工人至上的年代是十分具有文娱特色的。当时的工会也在这个巷子内，各个单位给职工组织业余文化、体育、娱乐集体活动时，最常用的场所就是工人文化宫和内蒙古体育场，所以这条巷子成了工人的文化休闲聚集点。

20世纪70年代的中国，工人这个职业是最值得光荣的。大家为了这个荣誉而努力工作，不断提高自己的劳动技能，而这一切均在工人文化宫中得以印证。

20世纪60年代工人文化宫

20世纪60年代内蒙古广播电视大楼

对于文化宫街，人们印象最深刻的就是文化宫中举行的"工人技术大比武大赛"，能够参加这样的比拼是一种荣耀。比赛的内容涉及各行各业的服务技能，几乎每一个参加比赛的人都有绝活。比赛包括珠算、点钞、食品包装等各行业的技能。一位姓侯的女员工被大家一致评价为"活账本"，因为她在蒙着双眼的情况下，随便用双手揉搓衣服面料，就可以说出面料的生产厂家、材质，衣物的款式、批号、价格，甚至连这种衣服的库存数量都知道，让人佩服不已。有一位厨师，从杀鸡到菜品上桌只需要五分钟，可以完整地端出一道名叫"白斩鸡"的菜肴。还有珠算考核，每人有一百道包括加减乘除的复杂计算题，在几分钟甚至更短的时间内，仅用算盘就可以算出正确的结果。百货公司的售货员大多有一两个绝活："一手抓"，需要称重的货物基本上一次取货就可以准确无误；"捆酒瓶"，用一根不是很长的绳子，在很短的时间内，把12个酒瓶结实地捆绑到一起，方便顾客提拿，不会散落；"包饼干"，既不能压碎饼干，又不能留有空隙，还要保证快速和外形美观……各种各样的技能比拼让人看得眼花缭乱，惊叹不已。

县府街六道巷

在长约1290米的县府街北面，

有南北纵深的六条小巷，因为这个地方的标志性建筑较少，所以被统一了名字，那就是县府街一道巷、二道巷、三道巷、四道巷、五道巷和六道巷。

县府街一道巷

县府街一道巷位于县府街北，南起县府街木桥，北至后沙滩，巷的东侧是扎达盖河，巷长480米，宽14米。

因为沿河的关系，这条巷子并不笔直，如果说地理位置，估计很多人都会有似曾相识的感觉，但是提到名称却又有点陌生。确实，因为县府街一道巷最初的名字叫作"西河沿"，直到1975年时才改成现在这个名字。一说西河沿，大家一定有种豁然开朗的感觉，可要小心，千万不要把"西河沿"和"西河弯"相混淆，虽然只差一个字，也都紧挨着西河，但西河沿在西河的西面，西河弯则在西河的东侧。如果河流为弧形流淌，那么"弯"一定在这个弧形的内侧，而"沿"也一定在弧形的外侧，虽有一字之差，但也形象具体。

西河沿一直通向后沙滩，后沙滩也就是现在呼和浩特市第一中学所在地。这个地方有一个非常出名的花园，名字叫作怿园，这座花园附属归绥道尹公署。"怿园"的"怿"字，是"欢乐"二字的书面用语，既表现了花园的功能，也体现了花园主人的闲情，更加突出了几分隽永清秀的书卷气息。本来这座不大的花园并不是十分出名，只是因为道光年间，慈禧太后出现于此，才让这座花园的名字响彻塞外。慈禧父亲惠征来归化城当兵备道，官署就在现在呼和浩特市第一中学的地方，因为女眷不能随意抛头露面，此时的慈禧只能在怿园中游玩漫步。虽说怿园不大，但却紧挨着扎达盖河，园内的凉亭建筑别有一番风味，值得赏玩一番。

按照《绥远通志稿》的解释，"怿"字是取"既夷既怿"的祥和之义。早在清朝中叶，或者说慈禧父亲未及任所时，这怿园已在历任官员长期营建之后初具规模。有文献记载，兵备道所在地，包括公廨后的怿园，其地理形势得天独厚。园之左右并控溪流：其左（怿园之东）是迤南而去的扎达盖河，上浮归化一景，即"石桥晓月"；其右（怿园之西）为后沙滩西向的一条沙河，亦系归化一景，即"沙溪春涨"。由是，《绥远通志稿》称："园既为省城名胜之区，而其左右控引，又有如是清美之景，则园之胜，固亦以得胜地丽益彰矣。"

县府街二道巷和四道巷

因为西河沿的独特地理位置，

有如此美景也不为过。虽时过境迁，但想象之余更加让人憧憬。接着向西，便是县府街二道巷，这二道巷是个死胡同，长56米，宽3米，是个不大的巷子，之所以和四道巷放在一起讲述，是因为这两个巷子原先都被叫作"车马道巷"，也因为县府街四道巷比县府街二道巷更加靠西，于是四道巷又被叫作"西车马道巷"。顾名思义，这两条巷子是离不开车马了。

可县府街一带相对偏僻，有什么样的车马会经常行走在这两条街道上呢？查阅资料得知：这车马道巷，是归绥县运送征收粮草车马的必经之路。必经之路就是别无他选，既然每条街巷都四通八达，何必要偏偏挑选一条道路来走呢？进一步寻找资料才知道，就在这里原来有一座粮仓。据《绥远县志》记载：民国十九年（1930年），国民政府内政部颁发各地方仓储管理规则后，市政厅拟按照地方实际设立市仓。但是由于归绥一带在民国十六至十八年（1927—1929年）连续三年受灾，未办成。到民国二十二年（1933年），归绥县长郑植昌开始建新仓四所，县政府（今县府街）设一所，有廒3间。有了粮仓，运送粮食的马车必定要从此经过。马匹拉着吱吱作响的木头马车，车上粗

布麻袋装着满满当当的粮食，一批批地运送过来，放入大大的粮仓之中，久而久之，这条路就被称作"车马道巷"了。县府街四道巷里虽然没有大粮仓，却有一座车马大店，因为县府街离牛桥很近，不少拉着牛羊马匹来市场的外地人会来这里住宿，所以四道巷里也少不了车马，尤其是因为对称的原因，所以四道巷的名字才和二道巷一样。

县府街三道巷

县府街上，围绕归绥县政府四周的一些官办机构相对较多，除了刚才提到的粮仓，在县府街三道巷附近还有一座专门救济贫苦百姓的养济院。养济院是专门给孤寡老人提供帮助的场所，因为呼和浩特地处边塞，又是民族融合的地区，政府为了边疆稳定，多设立这样的机构。类似的机构还有育婴堂、济生院等等，不同的设施所救助的对象也各有不同。

育婴堂以救助孤儿为主，济生院以救济乞丐流民为主，而养济院则是专门服务于孤寡老人的，类似于现在的敬老院。这样的机构早在乾隆年间就已经陆续开设了，清政府以儒家思想为主，老有所养、老有所依才是百姓安居乐业的标准，为孤寡老人提供这样的政策，则体现了太平盛世的场景。

清朝后期，养济院里出现的不再是老人，而更多是灾民和流民。为了解决这些问题，这个慈善机构的分工也就不那么明确了，只要有穷人投靠，自然也会实施帮助。只是这样一来，越来越多的支出也成为政府的负担，清政府已经朝不保夕，哪还有多余的精力去照顾百姓呢？所以渐渐地，养济院也就消失了。

县府街五道巷

县府街五道巷是一个死胡同，宽只有3米，长110米，其中最出名的就属粉房大院了。这座院子很大，几乎占据了巷子的大半，很多人提到县府街五道巷时总是直接称呼"粉房院"。粉房大院是批量生产粉条、粉皮、粉丝等食品的作坊，妇女们用纯手工方法制作这些食品。

县府街六道巷

县府街的前五道巷都是南北方向的，而第六道巷则是东西方向。它东起扎达盖河，西至植物油厂，长285米，宽5米。和前几条巷子相比，这条巷子更加宽阔，也更加长更加大。这条巷子中的标志性建筑就是榨油厂和邮电工程公司，因为县府街附近距离市区有一段路程，再往西走就到了郊区和菜地，所以除了政府设施之外，普通居民很少，直到这两个工厂建立，才繁华热闹

起来。

当年，榨油厂后面有一个超级大的油罐子，里面能放下几百吨的食用油，铁皮大罐十分醒目，外面设有供人巡视的梯架，老百姓所吃的食用油几乎都是从这个罐子中出来的。

战备路

战备路在呼和浩特火车站西边斜对面，南起新华大街，北至南马路，长约600米，宽约8米，在中华人民共和国成立后形成。

清朝时期，归化城很小，旧城北门已经是城市的最北面。后来，由于军事的需要，在归化城东北2.5千米处修建了绥远城。随着城市的发展，新、旧两城之间慢慢地联系在了一起。此前，战备路一带是沼泽地，再加上冬天归化城居民在此地挖烧土，使得这个地方人烟罕至。下过雨之后，附近形成许多不知道深浅的水坑，没有人敢从这里经过。但是，谁也不会想到，几百年之后，这里车水马龙、人声鼎沸。

老呼和浩特人回忆说，当初战备路的西面就是小校场，那时候，归绥市有两个校场，一个是新城西门外的大校场，一个是旧城北门外的小校场。这两个校场，一个归将军衙署管理，一个由归绥兵备道管理，都是士兵练武的地方。所以，

这一带便注定要与战争联系在一起，日本人、国民党进到归绥，都曾经在这些地方进行过军事演练。直至中华人民共和国成立后，政府把小校场建成了医学院，这里才暂时归于平静。

战备路的北面便是火车站，火车通到归绥市后，给这个城市带来了前所未有、翻天覆地的变化。火车站前面的大街红火了起来，理发店、服装店、粮店如雨后春笋般建了起来，这里为呼和浩特的运输与商业建立起来一个崭新的地标。外来人口从这里来到呼和浩特，很多新鲜的东西也开始在这里流行。于是，火车站大街上开满了商业门市。火车站靠西斜对面有一个巷子，巷子没有名字，马路的两面开着各种各样的小店，虽然当时的房子又矮又小，但是足以吸引人们的眼球。继续往里走便是很多的空场子，渐渐地这里也迁进来一些单位。

由于火车站的缘故，汽车团也搬了进来，就在后来的战备路上。因为街道紧紧挨着车站，与南马路相对，文化宫还盖在了这条街道的南面，因此街道的名字很可能被命名为文化宫北街。但是1973年左右全国的大形势改变，进行战备。当时汽车团就在这条街上，不断有钢材和木材被源源不断地运进来运出

去，这是在为战争做准备，这里是物资准备指挥中心。在这种情况下，1975年，这条街道由此被命名为"战备路"。1980年左右，汽车团迁出了这条路，呼和浩特市物资局下属的几个公司搬迁进来，建成了砖木结构的房子，后来这里又建造了一些小区，越来越多的人住了进来。

如今，走进这条街道，道路两旁是各种小店面，路还是那条路，却早已物是人非。人们知道它的名字，但是对街道命名的详细情况却不甚了解，这个城市已经将这个小小的街道包容了进去，几经变迁，改变了原来的容貌。

四合兴村

在新华桥的北面有一条小巷，巷子里有一个站牌，名字叫作"四合兴村"。虽然有这样一个站牌，却找不到这样一个村子，因为四合兴村已经变成了四合兴居委会。就如同姑子板村一样，被城市淹没，再也看不到村庄的影子了。

要说"四合兴"这个名字的由来，就要从村子的历史讲起了。其实，刚开始时四合兴村也不算是村子，而是一家旅店，专门为拉骆驼的客商提供食宿的。根据《呼和浩特城镇乡村》一文中记载：清代康熙年间，呼和浩特地区养骆驼的人很多，有个叫吴殿亮的联合四家人办起一

个骆驼店。因为是四个老板合伙做生意，为取吉利之意起店名为"四合兴"，期盼四家人能够团结一致，互帮互助，生意越来越兴旺。

骆驼店为什么建在离归化城那么远的地方呢？这就要从四合兴村的地理位置来分析了。四合兴村的平面图是一个长方形，东临滨河北路，南至钢铁路，西至回民果园东路，北至光明路。也就是说，从新华桥向北至光明路，从通道北街向西至回民果园，这一大片地方全部是四合兴村的地盘。那时候人们只在靠路边的地方建房屋，也就是新华桥北面和光明路的南面，房屋后面是很大一片长满了野草的空地，人们把骆驼赶入后院的空地上吃草，驼户在前面的店铺吃饭和休息。

明清时期的光明路是驼运繁忙的驼道，回民果园再往西就是拉骆驼的大户人家曹家，四合兴几乎被骆驼商队包围起来了，生意自然红火。随着干这行的人越来越多，四合兴附近的人口也就越来越多，慢慢地变成了规模庞大的村庄。民国时四合兴被称作"四合社"，代表了其做买卖的性质。中华人民共和国成立后，驼运逐渐被其他的运输方式取代，也就没有人拉骆驼了，四合社改名叫"四合兴村"。

小府村

满蒙联姻政策是清朝重要的边疆政策之一，它贯穿于清王朝发展始终。清王朝以"指婚"形式，将皇族公主格格遣嫁蒙古，通过这一举措结成姻盟，维护边疆稳定。康熙三十六年（1697年），康熙皇帝将六女儿恪靖公主嫁给蒙古喀尔喀部土谢图汗的儿子敦多布多尔济为妻，便开始了公主下嫁的历史，也就有了公主府的存在。

在过去，人们对风水地理一说十分讲究，作为皇亲国戚，更是要挑选一处合心思的住宅。如果在地图上仔细观察，就会发现公主府的东西两侧分别是两条平行的河流，而公主府就建造在两条河流的正中间。两条平行的河流就像两把轿杆一样，把公主府抬在中间，突出了公主的高贵地位。同时也有"两龙戏珠"一说，东西两条河流像两条蜿蜒盘旋的巨龙，把公主这颗名贵的珍珠捧在手中。小府村与公主府分河而居，分布在河流的西侧，也表达了作为包衣、奴仆在轿乘两边侍奉左右的意思。

最早在小府村定居的村民是从山西省寿阳县来到这里的瓦工和木匠，因为寿阳县以擅出能工巧匠为名，所以公主特意选了出名的工匠来为自己修建府邸。没想到工匠把公主的府邸修建得如此华丽与完美，于是公主便将张、武两位工匠留在自己身边使唤，成为专门负责修缮和整理公主府第的御用工匠，并将河西侧的大片土地分给了两位工匠。工匠的亲属和家眷也随同迁来，成为小府村最原始的村民，代代生活在这里。在随后的日子里，公主的家奴队伍还在不断扩大，很多满蒙籍贯的包衣也被安排在小府村生活，于是小府村就成为以满蒙为主，山西人为辅的村落。

归化城这座公主府里，除恪靖公主外，随后又一连串下嫁过来10多位宗室格格，只不过品级都不及恪靖公主高，但是"海蚌"的作用却是一样的。"海蚌（勃）"是满语，意为"参谋""议事"，当年的恪靖公主权倾漠南、漠北、漠西。她的府第是归化城地区的独立王国，不但不受归化城将军、都统衙门的管辖，而且将军、都统还得给她跪安讨好。因为她有参政的权力，有替皇帝监国的义务，再加上当时北方形势非常严峻，所以不仅被人们称作"海蚌公主"，还被康熙破例封为固伦公主。

据有关资料考证，共有11位公主、郡主先后嫁给了土谢图汗的后代，即恪靖公主的子孙们。诸如恪靖公主于康熙三十六年（1697年）

下嫁土谢图汗的接班人敦多布多尔济；和硕郡主于康熙五十五年（1716年）九月下嫁敦多布多尔济的儿子根扎布多尔济……按清朝皇家规定，每下嫁一位公主、格格，都要按级别陪嫁一批随从，这批人身份复杂，有满、汉、蒙古各族民众。据传说，恪靖公主的随从下人多达千人。这么多人在归化城生存繁衍，就逐渐形成了现在的府兴营子村和小府村。这还不算散居在呼和浩特市东郊太平庄一带、后山马场周围的后勤生产人员，许多人后来成了当地的大地主。历代公主和格格的亲属们也多达几千人，已经完全融合在当地的民众中了。

随着下嫁的公主越来越多，小府村的村民数量急剧上涨，但这并不影响村民们的生活。同时公主的几个儿子也都有了自己的仆人和后代，于是公主府又被细分为八府，每府都拥有自己的区域划分。过去满族都吃俸禄，不管你是否有工作，或是年龄大小，只要是满族，国家就会定期发放俸禄。作为公主的奴仆，自然每个月都有固定的工钱，所以小府村的祖辈们并不需要为生计发愁。但随着清政府的倒台，这所谓的俸禄也就没有了，经济来源缺失，村民便开始自己想办法生活。好在虽然没了俸禄，但小府村的村民们都有属于自己的土地，利用这些土地，小府村的村民便过起了半农半牧的生活。

这些土地很大，光靠村民自己很难种得过来，于是村民就把土地一分为二，一份种粮食供给食用，一份种牧草用以租赁。当时的归化城中有很多骆驼养殖户，他们经常带着骆驼到周边放牧吃草。夏天，小府村的牧草长得分外茂盛，驼户们就拉着骆驼前来，先交草料钱，再带骆驼去吃草。村民们用租赁草地赚的钱雇佣劳力，在他们另一半土地上耕作，收获的粮食除自用外，还可以拿到城里卖钱，于是半农半牧的生活方式就出现在小府村中。中华人民共和国成立后，土地都收归集体所有。与以前相比，人们的

生活方式发生了很大的变化，但年长的人依旧记得村子中那棵几个人合抱不住的大榆树和半夜从大青山下来偷猪仔的狼嚎声。随着时间的推移，这些景观再难见到，砖瓦堆砌的小府村藏匿到了如今的城市当中。

坝口子村

坝口子村是古白道上的重要驿站，汉代、北魏都在这里筑城，名曰"白道城"。

魏晋南北朝时期，中国和波斯间的友好往来较频繁。《魏书》记载，波斯使臣来中国交聘达数十次之多，给北魏皇帝带来的各种礼品，有珍物、训象等。隋唐时期，中国和波斯间的友好往来更为频繁，从初唐时期的金银器造型到随葬的丝绸织

坝口子村古戏台

坝口子古戏台纪念碑

锦纹饰，均呈现出浓郁的波斯风格和前所未有的多样性。1970年，在甘肃省张掖大佛寺内金塔殿基下舍利石函内出土的波斯萨珊王朝银币，就是中原与波斯经济、文化交流的珍贵历史物证。

在草原丝绸之路上，民间贸易的市场一般都设在长城沿线和沿边城镇以及各条驿路上。这种民间自由的互市贸易是双方经济贸易交往中最为活跃的一种形式。在这种经常性的民间贸易中，交易方式多是以物易物的交换，也使用货币，主要是隋唐的铜钱，在古代民间贸易区曾出土为数不少的隋唐钱币。隋唐与突厥之间不同形式的贸易交换，为突厥统治者提供了商业贸易的机会。他们经常把从中原获得的大量

的丝绸织品转手粟特及西域胡商，运销到中亚，远至罗马等地。这在客观上既促进了草原丝绸之路商品经济的繁荣，又推动了欧亚大陆诸国货币直接参与东西方贸易的交换活动。

1965年在呼和浩特市西北坝口子村白道古城内，出土了四枚波斯萨珊王朝银币。其中一枚为卡瓦德一世（488—531年）银币，直径2.8厘米，重3.8克。正面是侧首的王者半身像，身着圆领大衣，头戴王冠，冠的前后各有一颗六角星，顶部边缘有一似日月圆形物，王者半身像前有钵罗婆文的铭文，王名"卡瓦德"，王像周边连珠纹，边缘饰四组新月抱星；背面中央有祭坛，坛上有熊熊火焰，左上角有一颗六

波斯萨珊王朝银币正面

波斯萨珊王朝银币背面

角星，右上角有一弯新月。此币是萨珊王朝第十九个国王卡瓦德一世（488—531 年）复位后所铸，出土的数量较少，仅见一枚。另外三枚纹饰基本上与这枚相似，仅形制略异，王者像前有"库斯老"王名铭文，这三枚银币属库斯老一世铸币。草原丝绸之路上的货币交易实物，证明了中伊两国经贸往来自古绵延不断的史实，也说明草原丝绸之路是非常繁荣鼎盛的。

回民区的桥

回民区境内有数不清的街道建筑，还有数不清的河流与桥梁。

西茶坊桥

想要跨过扎达盖河来到西茶坊，没有桥梁的帮助是不行的。在这里有两座桥，一座较大，是人们出城的主要桥梁，另一座偏小，是为了方便人们去召庙才修建的。大的那座桥叫作"利行桥"，小的那座桥叫作"无极桥"。

先说这座小桥，小桥的主要目的就是通往西茶坊的那座召庙。召庙比较官方的名字应该是"朋苏克召"，因为蒙古语的发音，很容易被听成"朋苏召""朋松召""朋松克召"等等。归化城的人们似乎总是对召庙十分喜爱，所以桥只要够人行走即可。这是一座简单的小木桥，几乎是年年架桥，年年被冲毁，但依旧阻止不了人们过桥拜佛的热情。

大桥的官方名称是"利行桥"，在老百姓口中被称作"西茶坊桥"。据《呼和浩特史料》记载：该桥在旧城敬老院南门口，通往托县、萨拉齐、包头西部的出入口，原为木桥，后来被坝口河冲毁，无数次重新修建。1959 年特大洪水，木桥被冲垮后，大约 1960 年左右，市建设局用新城城墙基的大石条，重新砌筑五个大石条桥墩，墩上架十字钢梁，在梁上铺木桥面，一直至今未毁。另据《归绥县志》载："利行桥民国十九年建，为萨包入境之道。"可见，这座大桥是进出城的主要桥梁，商品、货物、马匹几乎都要从桥上经过。

西茶坊附近除了有召庙、关帝庙外，还有呼和浩特最大的冰窖。西茶坊的地下是被掏空的地窖，里面主要存储的就是冰块。30多年前，市场还没有冰箱冰柜等制冷工具，于是人们冬天将冰块运进地窖积贮，夏天取出来防暑降温，为肉食品保鲜。

草桥

草桥下面流淌着扎达盖河，清澈的河水与草桥融合成美丽的景色。草桥的位置在庆凯桥（牛桥）以西，民国十九年（1930年）建，因东北处有草市街，故称"草桥"。桥址位于太平召街南口的典狱巡检衙门前，于是又有了"公安桥"这个名字。

草桥的东北处有一条专门出售草料的草市街，为什么会有草市街呢？因为归化城和绥远城里，饲养骆驼、牛羊的人家不胜枚举。饲养牲畜自然需要饲料，于是就有了专门出售饲料的草市街。而草市街的不远处就是十分出名的牛马交易市场，当然离草桥最近的那座桥，也就是"牛桥"。有了牲畜的交易集

散地，不远处的饲料出售地的生意也就自然而然地红火起来。

草市街里大多都是牲口草料，有粗料和细料之分。细料就是铡得很碎的麦秆，里面还拌着豆渣。磨豆腐剩下的豆渣，混合在草料中营养价值高，牲口吃了也好消化。而粗料大多是风干后的杂草，里面混合粗盐，牲口吃了有力气。粗料一般适合大型牲口食用，而生病的动物或者是名贵的马匹，则需要购买细料。另外，饲养牲口的人也会在特定时期里，把细料掺杂在粗料当中，给牲口增加营养，所以一个小小的草市当中也有不少学问。

除了占据主导的草料交易以外，草市街里还有一家大型煤炭店，名字叫作"义成局"，煤炭贩子从这里批发煤炭运到市面上零散出售，整日拉车运煤，也是草市街的一道风景。

甲子桥

甲子桥是六桥当中最为特殊的一座桥梁，也是最为普通的一座桥梁。它像其他桥梁一样，出现在扎达盖河之后，默默地为人们服务。它是人们谈论最少的一座桥，是最为孤僻骄傲的一座桥。

它是六桥之中唯一的砖桥。扎达盖河上的六座桥，大部分是木板建的，像庆凯桥这样的大桥则是由

石头建造的，但只有甲子桥是用砖盖的。据资料载："甲子桥为砖桥，此桥长三丈，宽丈许，以岁值甲子，故名。"虽然只言片语，但我们知道甲子桥不算小桥，而是一座又大又宽的大桥，用砖来建造，可见等级很高。在古代，砖是很难烧制的，只有官宦人家才会用砖盖房，也只有类似城墙这样的特别坚固的建筑物才会用到砖。而普通的百姓人家，通常都是以木头为主的土坯房或是泥瓦房。所以人们用砖建的桥，一定比较重要。

它是六桥当中河水最宽的地方。扎达盖河从大青山上流下，有很多条支流，支流越分越细，水流也就越来越缓。其中一支就是现在牛桥下方的河水，这条河水再次分支，向现在的宽巷子方向流淌。另外一支位于西面，紧挨着过去的翟家花园，从一中和衙门口后方流过。但这些河水无论怎样流淌，最终都在归化城的城门外汇合，组合成一条大河。甲子桥刚好位于两条支流汇合的地方，也刚好是水流最大、河面最宽的地方，位于归化城的城边处。资料中也有载："甲子桥正是西河与道署右侧的沙溪交汇的地方。"

它是六桥当中以建桥时间为名却时间最不详细的桥。甲子桥的名字是因为其建桥时间而得名的，自

然是甲子年，但具体是哪一年却没有详细记载。

甲子桥的奇妙之处，在于归绥"八景"之一的"沙溪春涨"。在归绥兵备道署的两侧，正是北来的坝口子溪流与东来的扎达盖河交汇的地方。这个地方也就是甲子桥的所在地，也正是欣赏"沙溪春涨"最佳的场所。《归化城厅志》对此有过描述："道署东西辕外，二水交流，桥木以通往来。春深冰泮，绿水粼粼，鹅鸭之群，游泳格磔于平沙浅涨间。遥望红墙隐隐，镗鞳闻钟声，则通顺古刹也。近城胜境，于此为最。"

这段话清楚地交代了"沙溪春涨"的地理位置，并且这里有座桥，也就是甲子桥。除了水中美景外，在这里可以清楚地看到远处的朋苏克召的屋顶和红墙，听到庙里传来的撞钟声，这一切配合到一起才是美轮美奂。

在桥附近是两股河水交汇的地方，也是离归化城北门最近的一座桥，所以每天来往行人总是最多的，加上桥梁宽阔，经常有人拉着马车、牵着骆驼过桥。也许正就是用砖建桥的缘故吧。桥下的河水平时并不是很多，有些地方没了河水会长满杂草，就有不少人牵着骆驼到此喂养，所以站在桥上常常能够看到桥

下河槽里面正在吃草骆驼。但是到了春天，雨水增多，河水上涨，这些吃草的动物就不见了，反之则是水鸟和鸭子。过去的河水非常清澈，在阳光明媚的时候，完全可以清晰地看到河水底部的水草，绿油油的一片，好像在镜中一般，非常漂亮。除了水面，岸边也有柳树，在河水上涨的时候，低垂的柳枝与河水连接起来，轻风一吹，摇曳婀娜。绿树的倒影配合蔚蓝的天空与朵朵白云，白、绿、蓝三种颜色浑然相交，与水底的绿草呼应，让人分不清哪个是地面哪个是水下。

这就是甲子桥，一座与美景融为一体的桥梁，一座默默付出的桥梁。

太平桥

草桥被冲毁后，新建的桥梁被称作"太平桥"，这里我们说一说与之相关的太平召。听老人们说，太平召开始叫宁祺寺。顺着桥口的街道往西一拐，是一个大院子，院子里便是宁祺寺召庙。为什么叫这个名字人们不得而知，但是，安宁的寓意能从这个名字里看出来。后来，这个召庙被改为太平召，估计当时的官府希望召庙能保卫这方水土，让人们在这里安居乐业，不受灾难的侵袭，所以给它改名为太平召。

和合桥

和合桥位于归化城北门外清真大寺北与水渠巷口处，大概位置就是现在通道南街与宽巷子交汇处。

在归化城北门外有很多人居住，从北茶坊、火车站这两个相对聚居的地点进入归化城时，必须通过桥梁。从北茶坊来的人想要进入归化城，走的第一座桥就是牛桥，第二座桥就是和合桥。当然，想从火车站进入归化城，就必须通过营坊道与和合桥。所以，和合桥是归化城以北居民进城的必经之路。据《呼和浩特史话》记载：刚刚修建此桥时，还没有正式名称。直到康熙六十一年（1722年）时，人们才给这座桥起了个名字叫"御公桥"。"御"字，一般指的是皇帝的称谓，而"御公"泛指王公大臣，这里应该有所指，也就是指康熙皇帝。"御公桥"这个名字一直使用至光绪初年，改称作"和合桥"，这个名称与蒙古、汉、回、满族各民族团结友好有关。

和合桥所在这条小河流与新城道平行，因为河流并不湍急，而是缓缓流淌的一小股水，所以和合桥远比不上牛桥那样壮观。最早的和合桥是用宽木板搭建而成的，整齐却不是特别结实，时间一长，由于河水冲刷，木头都腐败变坏了，于是人们改用石头建桥。但是石头建的桥容易松散，遇上水流湍急的时候，很容易冲散，于是人们又改用石条板建桥。最早用石条板建造的桥梁是拱形的，但弧度不大，日本人入侵之后，将桥改成平直的样式，与马路一样平平整整的。1959年呼和浩特发大洪水，牛桥被冲垮了，但和合桥被保存了下来。

"和合桥"称作"御公桥"的另一种来由，与公主府里的公主有关。因为公主住在城北面，到归化城内游玩有河流阻拦，于是为了方便出行，公主就修建了一条专门的通道，这就是通道街的来历。有了通道街，公主不用经过牛桥了，但还是要经过和合桥。这座桥太小，又没有名字，于是人们就给它起名为"御公桥"，意思是这座桥是为公主服务的，也像公主手下的一名官员一样。

民国十年（1921年），平绥铁路通车后，由此桥通过营坊道前往火车站的车辆增多，原本就已失修的和合桥不堪重负，出现破损，十分影响火车站与归化城直接的交通。于是由绥远商会会长、通盛源钱掌柜、山西人邢克让筹款建桥，扩大桥址，用洋灰石条砌筑，桥宽7米，长10米，用工料大洋2千余元，石桥的立柱扶手用铁栏横穿。当桥建成时，交通便利，于是更名为"大通桥"。1957年扩宽通道街时，路面西移20余米，桥被压在了路面以下。

庆凯桥

庆凯桥就是庆祝凯旋之意。这个名称和含义就要从这座桥的始建说起。清代康熙大帝曾于康熙

中华人民共和国成立前的庆凯桥（牛桥）

三十五年（1696年）和三十六年（1697年）两次亲征噶尔丹，大获全胜，率师由归化城北茶坊关帝庙东侧扎达盖河上的一座木桥渡河进入归化城驻扎。于是这座木桥就有了它的身份和地位，又有太仆寺卿范公子出资重建，并正式命名为"庆凯桥"，这才有了庆凯桥的历史。据《绥远通志》所记，有太仆寺卿范公子，为康熙大帝两次西征凯旋归化城，于雍正初年在北茶坊扎达盖河上（大约今天主堂大门西侧），重建祝捷大桥，特命名为"庆凯桥"。

太仆寺卿是清朝的一个官员名称，是主管皇帝马辇马匹的官员，这样的小官员为何在归化城为康熙皇帝兴建祝捷大石桥呢？可想这范公子可能是当年随从康熙大帝出征噶尔丹的侍从官员，为表示对康熙大帝的尊崇和敬仰，才建了这座桥。范公子建桥没有投入较多的资金，桥的质量不过关。不久，这座桥就被冲毁了。《归绥通志》有载：乾隆十四年（1749年），范公子所建之桥，首次被扎达盖河山洪冲毁，使"商贾安事，运粮之孔通"的马车往来受阻，履凉陷泥涉水数年，急需修桥。至此，庆凯桥的第一次修建和毁灭有了来历。

用来彰显衷心的功绩桥被山洪冲毁了，但仍然有人出资重建，不是因为百姓崇拜康熙皇帝的亲征之举，而是这座桥确实太重要了，不能没有。于是归化城赵子和等出面募捐建桥。当此桥建成后，并立《重建庆凯桥碑记》，但这次建造并没有十分成功。因桥位底下充满了滥泥伏水，长期侵蚀桥基，故桥建成后，又被水毁，仅在乾隆年间水毁三次，重建了三次，这三次是木桥还是石桥，由谁建造等，史料上记载的都比较模糊，但无论此桥被毁多少次，总被重新修建起来。

到了嘉庆十七年（1812年），又开始重新建桥，桥的位置向南旋至城隍街西口处。但好景不长，没过多久就又被河水冲垮，不过幸好又有贾店掌柜贾喜等挺身捐助。这次建桥总结了以前建桥的经验，并查找桥塌的原因，归结为桥基被河水搜根，桥基不稳。鉴于上述情况，于嘉庆二十年（1815年）由城隍庙移至太平街东口处建桥，也就是中华人民共和国成立前牛桥的位置，同时更名"太平桥"，祈望新建之桥太平永固。可是此桥就是不太平，嘉庆年间的新桥又于道光三十年（1850年）被洪水冲塌，于是只好又就地重建起来。至此庆凯桥从开始建桥到道光三十年（1850年）被冲毁的这次，一共毁坏了七次，重建了七次。

无论是因为年代的制约，还是技术资金的问题，庆凯桥总是多灾多难，总是在冲毁与重建的命运中轮回。可能是归化城的百姓实在厌恶了这种毁桥建桥的局面，于是决定在第八次重建时，拿出最好的石料和最好的设计，建一座真正结实的大桥。咸丰六年（1856年），归化城大雨，河水猛涨，桥被洪水冲得半塌，又有太原人李茂材，募捐建桥未果，又有西龙王庙忻州人董义善施义举承建，西茶坊关帝庙主持巨庆和尚化缘助资，经过二年施工完成。桥长6丈，宽2丈余，拱高丈余，石砌涵洞3孔，桥体用青砖白灰砌成，桥铺石条，石栏杆立柱24根，柱头雕琢狮子踞形24个，桥栏为石条相接，桥栏外南北两侧嵌汉白玉龙首各一，为吸水状。桥主拱两端相嵌"庆凯桥"长方形匾各一块，主拱高，两端低，桥呈拱形。新桥较以前所建之桥典雅高大，雄浑壮观，是归化城历史上最好的砖石大桥，虽不能与京城"卢沟晓月"相比，亦不失为归化城"石桥晓月"一大景观。这就是许多老人在20世纪50年代前后目睹过的著名的庆凯桥大观。

至此，归化城历史上最为壮观和美丽的石桥诞生了，那雕刻精美的石狮子，精致俏丽的石拱洞，整齐划一的青石条，留给了归化城人民最美好的回忆，不少老照片中展现的牛桥便是这次建造后的产物。于是第八次修建的庆凯桥终于成功地屹立在扎达盖河上，陪伴两岸人民经历风霜。

光绪十一年（1885年），归化城又是大雨，庆凯桥不负所望，两岸被毁，大桥却岿然未动。洪水冲坏的护堤很快被修好，因桥面为拱形，部分桥面石条断裂下陷，桥面高低不平，马车行走不便。民国二十年左右，有人提议再建桥面，延长引道，以利马车行驶方便，但因资金不足，没有开工。

可惜的是，这第八次修建堪称经典的石桥还是没有躲过最终的厄运，1959年7月27日，百年不遇的特大暴雨将城区变成一片汪洋。坝口子河向南直奔厂汉板村以西，铁路十孔桥被冲毁，水淹后沙滩、一中西、县府街被冲垮，西茶坊桥被洪水夺走。而红山口河及小哈拉沁的山洪，直奔市区，汇流扎达盖河，大府河桥、小府河桥、铁路三孔桥及新华大街水漫桥全部被洪水冲毁。顺河流下来的树木、房屋倒塌的材料等，聚积在庆凯桥下，堵住桥孔泄洪。水越积越高，中山路、北门外、通道街、大南街、太平街水深齐腰，河水溢出扎达盖河两岸，重建百余年的庆凯桥，约在午前被洪水推倒冲没。这次呼和浩特历史上最为严重的水灾将著名的庆凯桥彻底冲毁，消失在扎达盖河中。

虽然石桥被彻底毁灭，但它的佳名仍然留在青城父老的心中，怀念之情不断。于是，响应百姓们的呼声，完全按照原来石桥样貌恢复的新桥又出现在扎达盖河上，新的石条，新的石狮，加上新的景观，又一座美丽的桥梁出现了。这是庆凯桥的第九次重建，也将是多灾多难的庆凯桥的最后一次重建，我们相信这座代表归化城历史变幻的石桥将永远屹立不倒。

桥伢行业

当年，回民区境内有专门走草地的人，他们买回来牲畜后，卖出时需要找到中间人。还有一些需要买马匹或者牲畜的人也需要找到中间人。于是久而久之便出现了一个行业，这就是桥伢行业，帮助卖主和买主牵线搭桥介绍生意的人就是"桥伢子"。

人们提起桥伢，首先想到的是买卖牲畜的中间人，但是，人们却不知道这名字的来源。原来，在很早以前，"桥"是牲畜交易市场的别名。人们买卖牲畜都要到桥上，卖主把牲畜拉到桥下，买家在桥上看牲口，因为这样才能把市场上所

有的牲畜都看清楚，然后挑拣中意的买下来。每天黎明，农牧民赶着牲畜从四面八方来到桥头，桥上桥下顿时热闹起来，马的嘶鸣声、牛的"哞哞"声、驴刺耳的吼叫声，此起彼伏，夹杂着主人吆喝驱赶牲畜的声音，打破了黎明前的寂静。太阳升起以后，买牲畜的商人和桥牙们也陆续进入这个市场，一天繁忙的交易开始了。那里，从早到晚，人声嘈杂，熙熙攘攘，混杂着各种牲畜来回走动的蹄踏声、呼叫声，热闹非凡。于是，专门跑"桥"的中间人便俗称桥伢子，名字中带着一个"桥"字，其实这桥伢子就是牲畜市场的经纪人。

当一名合格的、信誉好的桥伢，并不是一件简单的事，他们需要掌握识别和鉴定牲畜的基本功。高明的桥伢看牲畜的口齿、毛色、长相、骨架和走路的架势，通过用手摸牲畜的要害部位、问出生季节，就可以判断牲畜的优劣，知道它的特性，适宜何种用途，这些都与牲畜的价格有关。其中，看牲畜的牙口是重要的一环，买卖牲畜的时候，大部分桥伢和商家都要掰开牲畜的嘴看一看牙口，判断老幼，不管这牲口是卖肉还是在地里劳作。于是，买卖牲畜的中间人的名字中便有了"伢"这么一个字，"伢"通"牙"，

同时，"伢"也是一种自谦的说法，表示这个职业是由小人物来做。

桥伢行业中最高档的应该算是马店，这种店面当时已经成为一种中间商。远近的客商，他们来到归化城，先到这个马店，告诉马店的东家，他们需要多少牲畜，价格控制在多少钱，然后顺便就住在了这个马店。为了安全，他们会把带来的钱放在柜房上，然后放心地去归化城街上领略塞外风土人情。马店的伙计开始给客商四处购买，或者第二天带着客商上桥买牲畜。如果购买的数量很大的话，他们一起去后山召河购买，因为当时从蒙古买回来的牲畜一般不进城内，他们把牲畜赶到召河等待商家，顺便在那里放牧。客商在那里买牲畜，不是一个一个看，而是远远地观察赶来的马群、羊群等，然后随机抓一只看牲畜的成色，以此来断定这群牲畜的优劣。商量价钱的时候，也是"一捏子"，其实就是一起购买，这就是大宗买卖牲畜的方法。

还有一种就是小打小闹，人们也叫牲口贩子。这种人也不用多少本钱，看到便宜的牲畜，然后买下来，转手倒卖给买家，或者把牲口拉回家，自己做一点小手脚——给牲畜梳毛，修剪鬃毛，再喂几天饲料。等到牲口好看一点的时候，拉出去

卖了，这时候便能卖一个更好的价钱，从中谋取利益。

桥伢中，还有一种不买卖牲畜，他们专门做中间人来赚钱。但是，为什么要中间人来介绍买卖呢？这是因为，买卖牲畜的时候，卖方使劲要高价，只怕自己的东西卖亏了，而买方一直压低价，害怕自己给了高价，这样，双发都向自己有利的价钱要，很难做成买卖。每天流连桥头的桥伢给买卖双方做一个中间人，中间人在其中周旋，卖家压低价，买家抬高价，买卖做成之后，双方给中间人一些口水费。而且，买卖双方也让中间人做一个证人，因为买卖牲畜双方不认识，牲口买卖成交，如果以后出什么问题，他们都能找到中间人进行协商处理。

桥伢子在代代相传中形成一些鉴别牲畜的口头语，是许多老桥伢多年经验的总结。如"先买一张皮，后看四只蹄，槽口摸一把，再揣膀头齐不齐"，这是瞧牲畜的主要部位；单看腿部也有，"腿细蹄大快如飞，粗腿笨蹄压油墩，宽膛挺胸有力气，后挡狭窄跌跤多"等说法。

牲畜桥伢子每天上桥工作、介绍交易，他们为了促成交易，从中赚取佣金，有时候使用说假话、吹捧、拉拢、利诱的手段，但是这不是欺骗，而是做买卖一种独特的方式。当一

个好桥伢，要使牲畜交易成交率高，除了需要一双锐利的能一眼识别牲畜优劣的眼睛外，还要腿勤，在"桥"上多走动，主动寻求商机，脑勤，善于留心观察和琢磨买卖双方的心理，想出对策，嘴勤，要练得一张好嘴皮子，能说合双方按照可以接受的价格成交买卖。

那时，牲畜交易有一套行规和行话，比如从"一"到"十"的数字，都有他们的叫法，外人听起来好像黑话，根本听不懂。人们逛牲畜市场，爱看那些桥伢和买卖牲畜的人在袖筒里"捏手"，听他们说些听不懂的黑话，观他们脸上表情的变化，觉得很有意思。

提吼行当

在商品经济中，每一种商品或者行当的出现，都是源于需求。同时，这种商品或者行当的消失，也说明了需求的消失。民国后期到中华人民共和国成立初期，在旧城曾经出现了一种叫"提吼"的行当，这种行当只持续很短的时间便消失了，以至于人们对它的印象极其模糊，但是，这个行当真真实实地存在过。

旧时，"提吼"是旧城老百姓给沿街行商的生意人起的别名。旧城人说话的时候，喜欢带儿化音，所以，也有人叫提吼为"提吼儿"，叫着叫着，这提吼儿就变成了"提猴儿"。"提吼儿"是商家在手背上搭件旧衣服，或者手提一些旧衣服，或火铲子、火钩子、勺子等日用品，在通顺东街及人市一带沿街走窜去销售他们手中的旧物品。

提吼的人手背上挂着即将买卖的东西沿街叫卖，需要的人上前搭讪，有趣的是，旧时提吼的商家买卖商品的时候，形成了自己独有的一套买卖方式，叫捏价。捏价是在商业较为发达而文化不够发达的历史条件下形成的议价方式，与之相关的是几百年的商业规矩和习惯，这也是归化城的一种特征。买卖双方谈价钱的时候，提吼的人先将较长的袖子放下来，再和买家右手相握，左手相扶，并用衣袖遮挡住右手，用右手出价位和价格。为了不产生歧义，同时用行话说出来，从一到十的口诀分别是：一喜，二到，三听，四风，五口，六抓，七晃，八登，九宽，十喜。为什么这么表示，不得而知，或者是人们口口相传而来，或者只是因为这样说得久了就这样表示，无从得出结论。手法则用手指来表示：一到五伸手指，六用食指挠推对方手掌心，七为食指、中指和拇指成一点捏紧，八为食指、拇指分叉，九为食指弯曲成钩状，十是将五指捏紧。这是旧有的交易方式，如今早已不见。

需要强调的是，提吆买卖的东西大部分是旧的或者是人们买回来没有使用过的东西，又进行了倒卖。这种旧商品只是在社会最下层的人之间进行交易的商品，提吆的生意人集收购和销售为一体。

提吆这一行业之所以在呼和浩特市旧城转瞬即逝，是因为在民国十八年（1929年），呼和浩特市周边地区发生地震，紧接着先后出现了旱灾、水灾、冻灾，周边大量灾民为生存纷纷涌入归化城，迫于无奈，就在通顺街中段的十字路口形成了出卖人口的市场，居民们俗称"人市"。同时，这给周边的环境带来了一定的影响。随后几年，原来街道上的商号撤走，迁往他处。于是，以人市为中心的周围街道成了穷苦居民的集中地，在这一带也出现了许多服务这些穷人的行业，提吆就在这样的环境下产生了。直至人们生活渐渐好起来，这种行业也自然而然消失在人们的视线中。

驼铃唱响茶商路

呼和浩特历史悠久，2000多年来，伴随朝代的兴替和建制的变更，呼和浩特有过许多美丽动听的名称。从众多文史资料和民间口传可以发现，呼和浩特有云中、定襄、盛乐、丰州、归化、三娘子城、绥远、归绥、召城、驼城等多种称谓。

每一座城市的每一个名称都有它的历史由来，呼和浩特之所以被称为"驼城"，是与归绥地区运输业和骆驼交易兴盛分不开的。呼和浩特自古就是西北地区经商必经的交通要塞，随着畜牧业的发达和对外贸易的繁荣，被誉为"沙漠之舟""草原大力士"的骆驼善于在戈壁大漠上行走且又耐力惊人，自然成为驮运货物的最佳运输工具。可以说，骆驼在呼和浩特地区的商贸运输史中起着举足轻重的作用，它担负起了各种物资的长短途运输任务。据文献记载，在驼行里，驼的计量单位是"房子"，二百峰骆驼编为一队，叫作"一顶房子"。呼和浩特运输业在其鼎盛时期进出城的骆驼至少有七八万峰，"驼城"之名由此而来。

明朝隆庆年间，隆庆皇帝封土默特蒙古部阿拉坦汗为"顺义王"，封三娘子为"忠顺夫人"，明朝与蒙古人在长城沿线十几个边塞开关互市。从此，明蒙化干戈为玉帛，结束了长达200多年的交战状态，几十年没有发生过战争。长城不再成为隔断蒙古人与汉人的屏障和藩篱，蒙古人用牧区和大青山盛产的牛羊马匹、裘皮鬃毛、盐碱木材，换回了生活必需的粮食茶叶、绸缎布匹、锅釜农具。同时大批牛马进

20世纪50年代初北门外的驼商

入内地，解决了中原农田耕力不足的问题，大大增强了明朝的农业生产力。更重要的是，开关互市不仅促进了经济发展，更促进了蒙汉两族百姓相互了解和友好往来。史料记载，三娘子常常亲自骑马去边关贸易集市上视察，有时还与明朝守将饮酒唱歌，表演蒙古族歌舞，增进蒙汉互信和友谊。

在1724年，即清朝雍正年间，最大的旅蒙商号大盛魁成立以来，其货物运输主要依靠骆驼。驼队运输路线是以呼和浩特为中心，东到张家口，南达太原，西至乌鲁木齐、伊犁，北去库伦（乌兰巴托）、乌里雅苏台，横贯东西，通达南北，把西北、华北、蒙古等地紧密地联系在一起。

历史上，回族驼运业是呼和浩特运输业的一支重要力量，在一段时期曾占有主要的地位，为繁荣呼和浩特的经济作出了重要贡献。呼和浩特的回族驼运业远在清初旅蒙商（在蒙古族地区经商的内地商人）出现时即存在了。回族驼运业初期，只以短途运输为主，多数驼户都是自备几峰骆驼，贩运日用杂货，跑前山后山（即武川、四子王旗一带），出售或换回山货、农副产品，当时并不是贸易主力。但是在大盛魁等大型旅蒙商号里，回族驼工却很多。回族由于宗教信仰和历史的原因，对骆驼怀着特殊的感情。骆驼逐水草而开拓前进，回族先民把养骆驼视为劳动谋生的"干净财帛"，所以有相当一部分穆斯林从事骆驼运输行业，他们以自己的汗水谱写着北疆的"茶驼之路"。

随着市场对骆驼需求量不断增大，因呼和浩特地区草美水清，人们开始大量养殖骆驼，骆驼养殖和交易产业迅速地发展起来。在归化城北门外，骆驼是许多以贸易为生的回族人民的生活依靠，成为集市贸易中富有民族特色的又一"亮点"行业。据有关资料记载，那时的呼和浩特有30多家骆驼养殖大户，这些人家靠养驼经商。辛亥革命以后，归绥回族的驼运行业快速发展，回族中五大驼户逐渐形成，德兴和、德厚堂、万有堂、源生和等字号都是回族大驼户开设的。他们在京津、武汉、长沙等地都有分号，并在新疆、甘肃、宁夏等地派有坐庄人员，专门推销和收购货物、组织运输业务。

1921年平绥铁路（北平至绥远）开通，呼和浩特与大同、北平、天津等内地城市铁路连接起来。呼和浩特作为内地与新疆之间货物贸易的重要通道和集散地，其经济地位越来越重要。1929—1937年呼和浩特回族驼运业迎来了它的鼎盛时期，据统计每年转运皮张170万张，羊绒、驼绒、羊毛、驼毛达2000万斤，各种药材达422万斤。

直到中华人民共和国成立前，还有零散的驼队经常出现在归绥街头。旧时代的驼铃声留给人们辛酸的记忆，驼商不论是去蒙古国，还是到新疆、甘肃，都要经过数千里的戈壁、荒漠地带，要忍耐严寒酷暑、狂风暴雨、饥饿焦渴。不仅道路十分艰难、生活异常艰苦，而且还常常遭到土匪的袭击，甚至有生命危险，但是这恰恰体现了回族穆斯林坚毅、自信的大无畏精神。

扎达盖河有人家

HUASHUONEIMENGGUhuiminqu

扎达盖河有人家

ZHADAGAIHEYOURENJIA

回民区是全国最早建立的城市民族区,区内五大宗教并存。回族在我国多民族大家庭中,保持了独具特色的民族文化特质。现在的回民区,民族团结、宗教和顺已经成为其特色。

手足情

是根,

我们同扎在一片土壤;

是茎,

我们同呼吸一缕阳光;

是叶,

我们同装点绿荫的清凉;

是花,

我们同绽放美丽和芬芳;

是果,

我们团结在一条藤上。

我们是血肉相连的同一生命的

——根茎叶花果实,

我们是同胞兄弟姐妹手足情长!

呵,

五十六个民族五十六朵花,

呵,

五十六个兄弟姐妹一起成长!

不能忘——

我们同在一个祖国怀抱里生长!

不能忘——

是同一个母亲把我们抚养!

不能忘啊不能忘——

我们是兄弟姐妹!

我们是同胞手足情深意长!

民族团结宣传

青城回族来源与风俗

在呼和浩特市的少数民族中，回族的人数仅次于蒙古族，大部分集中居住在回民区。呼和浩特市回民区是全国城市中第一个以少数民族命名的城区，其名称的由来主要是因为回族群众长期以来一直聚居和活动在这一区域。据2016年统计，在回民区居住的回族有2.2万人，占呼和浩特市回族总人口的70%。呼和浩特市回民区成立于1950年12月28日，当时称为"归绥市回民自治区"。1956年依照宪法的规定改为"呼和浩特市回民区"，1966年"文化大革命"开始后曾经更名为"红旗区"，1980年恢复原名至今。

回族的先民早在唐宋时期就从中亚地区来到中国。800年前成吉思汗西征时，大批的中亚人、阿拉伯人和波斯人随着迁徙过来。他们在与当地民族相互融合过程中，逐步形成一个新的民族共同体，并且分散居住在全国各个地区。目前，回族总人口数在全国少数民族中仅次于壮族，排位第二。

呼和浩特市回族的渊源最早可以追溯到辽、金、元时期，当时的丰州城内就居住着许多回族。明朝末年，阿拉坦汗与明朝互市，率领蒙古土默特部驻牧于土默川，允许山西、陕西、河北等地的农民前来开发土默川，其中就有一些回族也来到这里经商做生意。清朝康熙年间，漠西蒙古准噶尔部首领噶尔丹率军征服天山南北地区，派遣回族商队来到归化城进行互市贸易。不

清真大寺夜景

久，清朝政府与噶尔丹开战，康熙皇帝下令遣送回族商人还乡，有170名回族不愿离开，请示清政府同意后，从此留居在归化城。

清朝乾隆年间，清政府再次派兵征讨准噶尔部，新疆有数千名穆斯林青年自愿跟随清军作战，屡建奇功，胜利后随八旗兵来到归化城，在归化城南的八拜村定居下来建起回回营。这一时期，又有许多北京、天津、河南、山东、宁夏、甘肃的回族也来到归化城落籍定居，他们以经商为主，并且逐步发展起皮毛、屠宰、饮食、牲畜交易、驼队运输等行业。

伊斯兰教是回族人民信奉的宗教，清真寺是穆斯林做礼拜和举行宗教仪式的场所。呼和浩特市区共有清真寺11座，有8座集中在回民区，其中的清真大寺不但历史悠久，规模宏大，保存完整，风格独特，而且居于回族聚居区的中心位置，清真大寺的周围是呼和浩特回族人民进行各种社会活动和经济交流的区域，也是回民区最繁华热闹的地带。清真大寺门前的通道街是一条直接通向大青山和广袤草原的通衢大道。

回族人民在语言文字和服装穿戴方面，完全可以适应所居住的具体环境，但是在宗教信仰、生活习俗和婚丧嫁娶方面，始终严格保持着本民族的鲜明特点。

呼和浩特回族在饮食方面严格遵守《古兰经》的规定，《古兰经》中多次强调："只禁戒你们吃自死物、血液、猪肉以及诵非真主之名而宰的动物……"伊斯兰教禁止穆斯林吸烟喝酒，认为其对身体有害无益，回族人家从不用烟酒招待客人。回族非常讲究卫生，用餐前后和大小便后都要洗手，水井水缸都要加盖防尘，自用的餐具不允许外人使用，也不会用外人的餐具吃饭。回族即使出门在外，也要去有清真标志的饭店用餐。长期以来，呼和浩特回族人民在继承传统饮食的基础上，结合青城人的口味，制作出很多花样齐全、口感独特、经济实惠、干净卫生的风味食品，如烧麦、油香、酥馍、馓子、油旋、麻花、麻叶、麻团、凉糕、粽子、元宵和焙子。炎炎夏日还有那清凉解暑的酸梅汤、酿皮子、拌凉粉、冰镇大碗酪和稀果子干。

呼和浩特回族早年在服装方面带有明显的阿拉伯风格，颜色以白、绿、黑为主，白色表示纯洁，绿色显示活力，黑色象征庄重，整体上给人一种素雅端庄的感觉。回族的男人们一般都头戴一顶白色圆顶礼拜帽，妇女们都围着遮住头发、耳朵和脖子的盖头。近现代以来，呼和浩特回族的穿戴基本与汉族相同，但是不论男女都衣着朴素，干净整洁，不穿艳丽服装或者奇装异服，妇女们也不会浓妆艳抹，披红挂彩。呼和浩特回族的房屋样式与汉族基本相同，只是在装饰和摆设上明显体现出本民族的特色。

回族信仰的宗教是伊斯兰教。呼和浩特回族非常注重每星期五的"主麻日"（聚礼日）和本民族的三大传统节日。一是开斋节，这是穆斯林封斋一个月后庆祝斋功圆满的日子，也是回族最隆重的节日。斋月期间，穆斯林在日出之后和日落以前不吃不喝，目的是磨炼身体和意志，体验穷人疾苦，培养吃苦耐劳和宽厚仁爱之心。开斋节这一天，穆斯林们汇聚在张灯结彩的清真寺里，举行隆重的聚礼和团拜。二是宰牲节，这是开斋节后70天举行的庆典，回族习惯称为"尔代"。如果没有特殊情况，回族都要参加两个尔代节的聚礼，因而有着"十里赶主麻，千里赶尔代"的说法。三是圣纪节，是为纪念伊斯兰教先知穆罕默德而举行的集会。这一天穆斯林们要齐聚各个清真寺，聆听和吟诵《古兰经》。

回族是个崇尚礼节、热爱和平的民族，从呼和浩特回族的问候语中就可以感受和体会到，他们相遇时要互致"赛俩目"，这是阿拉伯语的音译短语，意思是"求真主赐你和平与安宁"。回族之间如果有了隔阂，只要互道一声"赛俩目"就表示尽弃前嫌，和好如初。回族不论走到哪里，互道一声"赛

宗教人士座谈

俩目",就表明了自己的穆斯林身份,一定会得到同族人的真诚帮助和热情款待。

回族也是一个关爱弱者和乐善好施的民族。凡是经济条件较好的人家,都会自觉自愿地捐助和施舍那些贫困、无依无靠、家有危难和流落外乡的人。即使对于外族的乞讨和借贷者,回族也尽力接济不让其失望。每年到了斋月期间,回族的施舍和馈赠更为慷慨隆重,穆斯林认为,真主安拉时刻在观望着每个穆斯林的品行。

呼和浩特是一个多民族聚居的友爱和谐的美丽城市。回族和蒙古、满、汉等各个民族长期相处,礼尚往来,感情深厚,肝胆相照,他们的宗教信仰一直得到其他民族的理解和尊重,他们的生活习俗也一向得到其他民族的推崇和赞赏。长期以来,呼和浩特各个民族在宗教信仰和生活方式不尽相同的情况下,彼此尊重,相互理解,齐心协力,共谋发展,这在中华民族历史上和中国城市发展史中是难能可贵的。众多民族水乳交融,使塞外青城充满了生机活力和生活情趣。

通道街——多民族杂居的回族聚居社区

呼和浩特市是蒙古族、汉族、回族和满族等多民族共建的城市。15世纪末到16世纪,蒙古达延汗短暂统一漠南蒙古,将漠南蒙古划为左右两翼,每翼各3万户。达延汗之孙阿拉坦汗统领呼和浩特地区,其所率部众称土默特部,从此,呼

通道街

和浩特地区的政治局势趋于稳定。在阿拉坦汗时期（1507—1582年），呼和浩特的农牧业、手工业、工商业逐步恢复并有了很大发展，其间为了维持明蒙的和平局面修建了呼和浩特城，蒙语名为"青色之城"，1580年被明廷赐名"归化城"。明亡清兴，为加强内蒙古地区的军事控制力量，清廷于1739年（乾隆四年）在呼和浩特城东北五里建起一座新城，称为"绥远城"，呼和浩特居民一般称其为"新城"，而老的"归化城"则被称为旧城。绥远城兴建后，现代呼和浩特市区的格局基本形成。在历史过程中形成了呼和浩特市回族与多民族杂居又相对聚居的格局。呼和浩特回族最晚是从清康熙初年开始逐步迁来。一部分回族随军征

战，落籍呼和浩特，聚居在归化城北门外。清乾隆二十五年（1760年），于归化城北设"归化营"，营中有不少回族官兵，在此形成一个聚居点。乾隆以后至辛亥革命的一百余年，内地和西北回族陆续迁入呼和浩特，尤其是同治年间陕甘回民起义后，不少回族先人避居呼和浩特。到光绪初年，呼和浩特市回族大约有三四千人。民国到呼和浩特落籍的多为宁夏、甘肃回族。至1950年，呼和浩特市旧城东北角一带（今通道街附近）形成了一定规模的回族聚居区。

　　20世纪50年代以后，经过数次大的社会变革，呼和浩特市居民的居住格局有了很大的变化。回族人口增加的同时，居住日趋分散，聚

居已经不如过去突出。1990年时，呼和浩特市回民区下属通道街和环河街两个街道办所管辖的区域与20世纪50年代形成的回民聚居区基本重合，虽然回族人口所占比例与40年前相比明显下降，但保持"多民族杂居，回族相对聚居"的形态。1996年开始，回民区大规模进行拆迁改造，先后建成55个居民住宅小区。2000年呼和浩特市调整市辖区行政区划，区划调整后，回民区辖通道街、中山西路、环河街、新华西路、光明路、海拉尔西路6个街道办事处和攸攸板镇。较1990年，回民区所辖区域有所变化，但回民区通道街街道办辖区仍是呼和浩特市最重要的回族聚居区。至2004年，通道街街道办辖区辖滨河路、义和巷、友谊巷、宽巷子4个社区居委会，人口结构较1990年没有太大变化。

尽管经历了行政区划的改变和大规模的城市改造，今天呼和浩特市回民区通道街仍保持"多民族杂居、回族相对聚居"的格局。虽然从人口比例上看，回族在通道街并不占多数，却保持着浓郁的伊斯兰信仰氛围。通道街穆斯林"清真"的生活方式也给他们的非穆斯林邻居留下了深刻印象。

2006年，回民区政府对通道南、北路进行装饰改造。该街南起旧城北门中山西路西端，北至新华大街，全长约1150米。改造总投资6500万元，其中土建工程5000万元，电

通道街

义乌市场

力工程1500万元。在设计理念上，"以中亚、伊斯兰建筑风格为主，融合不同时期、不同地域的伊斯兰文化特色，同时对清真大寺前三角广场及周边建筑、清真北寺、通道南路北口、呼和浩特市回民中学等重点地段两侧沿街建筑立面进行全方位改造"。"建筑造型注重街景设计的序列性和连续性，在风格处理上注重营造浓郁的伊斯兰建筑特色"。经过改造，通道街两侧风格各异的楼房被改造成了一片阿拉伯式建筑群。在通道街西侧，原来唯一的阿拉伯式建筑——清真北寺在重新装修改建之后，与周围的新"阿拉伯建筑"融为一体，更加抢眼。而街东侧的清真大寺却成了通道街上唯一的"中式建筑"。这种以政府为主导的对回族文化的展演，强化了通道街作为回族聚居区的特殊性。

回族人民的绿色情结

色彩是美的重要构成因素，它可以代表人的某种思想倾向或者反映出对事物的某种情调。一个民族眷恋、崇尚、追求某种色彩，实际代表着该民族的某种文化素质，是其民族心理的深层反应。

回族在几百年的风云变幻中，对绿色情有独钟。这种心理情节确实有其特殊的文化内涵。

回族热爱绿色，这无疑受阿拉伯伊斯兰文化的影响。可以讲，崇绿是全世界穆斯林共同的文化心理。绿色连接起了几大洲的穆斯林，使他们的心愿融汇在一个色彩里。

伊斯兰教，7世纪初兴起于阿

回民区相关领导慰问辖区清真大寺

拉伯半岛。生活在大漠风沙中的阿拉伯人，向往着森林、庄稼、草原。因此，他们对绿色一往情深。在这种严酷的自然环境和地理环境下诞生、发展和壮大起来的伊斯兰文化，绿色就必然要进入其文化系统中。随着伊斯兰文化的完善及广泛传播，绿色也就进入其信仰系统中了。

唐高宗永徽二年（651年），伊斯兰教传入中国。伊斯兰的绿色文化、绿色意识也带到了华夏大地回族的文化信仰中，使他们倾心于绿，向往于绿。绿色融入了他们的思想，印在了他们的心中。这种情节，世世渗透，代代相传。

只要你留意就不难发现，在清真寺里绿色是主色调。无论在回族穆斯林的居室中，还是在清真饭馆、清真小吃摊前挂的清真牌、汤瓶牌，都以绿色为主要装饰色彩，由绿色来衬托着其他颜色。回族穆斯林戴着绿色的无檐帽，戴着绿色的盖头，昂首行走于大街小巷。凡清真寺为新荣任的教长举行庆典时，一般都要郑重地赠送一个

清真大寺礼拜堂

绿袍。在这里，绿色代表着一种庄重、崇敬和希望。

回族人民热爱和平，眷恋春天。绿色正是春天的象征。生活里充满绿色，便充满盎然诗意，充满对美好愿望的追寻。

快乐的回族婚礼

回族的婚姻习俗源于伊斯兰教的婚姻制度，但在一些仪式和做法中又受到中国汉文化和儒家思想的影响。可谓是植根华夏，融合中西，婚规成套，情韵盎然，相传百代，延续至今。而今婚姻习俗基本保留完好，在回族青年喜结良缘时，媒人穿梭奔走于男女双方之间，不图名利，任劳任怨，千方百计，成人之美。在男女成婚过程中，媒人担当着十分重要的角色。

在中国封建社会，青年男女要遵循"父母之命，媒妁之言"。媒人一般是由女人来充当。她们在人们心目中往往留下了摇唇鼓舌、乱点鸳鸯的形象。而在回族婚嫁中，媒人却由德高望重的老人来充当。

在回族中有这样一种认识："成全一门亲事，胜过盖座礼拜寺"，也有"一辈子说成七对亲事，无常（死亡）了必定进天堂"的说法，所以，老年人乐于担当此任。

回族一般由男方家出面请媒人。选择媒人的标准有几个，他应当清楚男方家情况，也了解女方家情况。媒人牵线搭桥成功后，回族婚姻大致要经以下几个程序，除相亲、自由恋爱外，还有订婚、下茶、催妆、写"伊扎布"（婚书）、娶亲、回门、

穆斯林新娘

穆斯林婚礼

会亲。

订婚：一般要选择伊斯兰教的节庆日，或"主麻日"（星期五）进行。

下茶：这是个正式择定结婚日期和交换聘礼的仪式。中华人民共和国成立后，这种仪式基本不再进行。

催妆：这是结婚典礼的序曲，一般在典礼之前进行。男方派人去女方家搬取陪嫁的物品，女方家也派人跟嫁妆。嫁妆搬到男方家，男方父母要给跟嫁妆的人喜钱。

写"伊扎布"：这是回族婚礼中最重要的仪式。这一天，女方家的父兄、叔伯，姑舅、姨表亲戚中的男子，要随同二至四位阿訇到男方家中去，有时新娘也一同前往。在男方家，新郎和父兄等人早就侧立门外迎候亲家，见面时互道"色俩目"。他们受到最热情、最高贵的接待。入室后，阿訇坐居正中，媒人居其旁，他们面前桌子上的盘里

伊斯兰婚约

123

穆斯林婚礼

摆放着红枣、核桃、糖果等，新郎跪坐在阿訇对面，阿訇的周围跪坐着男女双方的男亲戚。大家跪坐定，阿訇开始诵读《古兰经》的有关章节，并用汉语进行婚前教育。接着，阿訇让新郎、新娘宣读"清真言""作证言"，赞主赞圣，表示自己是在安拉的允许下结婚，最后，阿訇诵读"证婚贺词"。"证婚贺词"念毕，阿訇将红枣、核桃、糖果投向新郎身上，孩子们蜂拥上前哄抢，婚礼掀起第一个欢乐的高潮。

娶亲：呼和浩特回族娶亲一般在中午。男方派出几名未婚女子到女方家中迎接新娘，新郎不去迎娶。女方家也派几名未婚女子担任伴娘。中华人民共和国成立前，新娘是坐花轿，而今已改坐小轿车，她在众

少女的簇拥下来到婆家。这里的回族逢喜事有"三天没大小"之说。男方家喜欢笑闹的青年男女早已恭候多时，新娘下车后的"入婆家门"

穆斯林新娘

就是第一道难关，不给喜糖、喜钱是休想"破关入门"的。这天，新郎新娘家都要大宴亲朋，到处是欢声笑语。回族结婚不拜天地，不请鼓乐鸣奏，不放鞭炮，不选路径。

回门：一般在娶亲的第二天进行。这天上午，吃过早饭的新娘在婆婆的带领下，按辈分挨个儿认婆家大小。之后，新郎要陪着新娘去见岳父母大人。这一天，新娘家的亲朋也要"耍笑"新女婿，新郎要"过五关斩六将"，方能进入岳父母家。新郎在岳父母家吃饭喝茶时，要格外小心，稍不注意，吃饺子也许会吃出大青盐，喝茶会喝上碱水。当然，这只是为了"耍笑"新女婿，引逗众人的欢笑。

穆斯林新郎新娘

会亲：回门以后，男女双方亲家都要选择日子，相邀对方的女亲戚来家做客，这标志着婚礼的结束。从此，亲家双方联姻亲善的关系开始，一对新人迈向了新的生活。

特色食品风味小吃
焙子

焙子是呼和浩特特有的小吃，是回族面点名品。它喷香耐饥，便于携带，易于消化又经济实惠。焙子的种类很多：白焙子、牛舌头、油旋、千层、油酥、豆沙焙子、糖焙子、咸焙子等，形状各异，口味有别。当然，不同的烙法、烙具做出的焙子各有特色，烤箱烤出来的油酥焙子会更松软。焙子不止可以单吃，还可以配上其他美食：焙子羊杂碎、焙子夹烧麦、焙子夹辣串、焙子夹咸菜、焙子夹老干妈、焙子夹酱牛肉、焙子夹粽子、焙子夹雪糕……花样众多。

茶汤

茶汤作为保留至今为数不多的传统小吃之一，相传源于明代。因用热水冲食，如沏茶一般，故名茶汤。茶汤味甜香醇，色泽杏黄，味道细腻耐品。清嘉庆年间的《都门竹枝词》中有"清晨一碗甜浆粥，才吃茶汤又面茶"。

传统茶汤在北京、河北、山东一带也有制作，原料以蒸熟的糜子面也就是俗称的小米面、黄米面为主,卖时以滚水沏成糊状,再加上红糖、白糖、桂花、果脯、芝麻、花生碎等辅料。茶汤是一道甜品,入口后,先是红糖、白糖的甜蜜,随后而来的便是小米面的清香滋味,吃起来香甜可口。

早年,街上的茶汤铺子屋里有座儿,门外放置一把大铜壶,还兼卖油茶。《故都食物百咏》中有诗为证:"大铜壶里炽煤柴,白水清汤滚滚开。一碗冲来能果腹,香甜最好饱婴孩。"并附注称:"茶汤有摆摊者,有挑担者,其唯一之标识,则大铜壶是也。"

大盘鸡

呼和浩特的大盘鸡不仅传承了新疆大盘鸡的主要用料和做法,更在适合本地大众口味上进行了改良。大盘鸡的主料是鸡块和土豆,配上洋葱、葱、姜、蒜、辣椒、大料、盐、糖、番茄酱、食用油等辅料。正宗风味大盘鸡一般是由主料鸡块和土豆,配上辣椒辅料和调料烹制而成,菜品色彩鲜艳,鸡肉鲜嫩爽滑绝不腻口,带着淡淡的啤酒香,又有着够劲的辣椒香,土豆外皮焦脆,辣中有香,中芯入唇即化,绵而甜润,汤汁更是鲜美难抵。值得一提的是,在呼和浩特还可以品尝到加了板栗和其他配料的大盘鸡,别具风味,

深得顾客喜爱。

干佃

干佃是塞外青城有着近百年历史的传统小吃,是一种包着红糖馅的焙子,它香甜酥脆的口感深受人们喜爱,目前会做干佃的焙子铺已经不多了。干佃的外观像焙子,但却圆鼓鼓的,轻飘飘的。吃上一口你会发现,皮非常薄,里面竟是空心的,红糖馅料均匀地粘在内壁上,麦粉香伴着红糖的香味飘散。干佃还有一个非常有意思而且十分形象的名字,叫作"闪塌嘴"。之所以得名,则是因为干佃看着很厚,所以第一次吃的人很容易大口咬下去,结果往往会闪了嘴。

酱牛肉

提起酱牛肉,不少上年纪的呼和浩特人都一定知道"万胜永"。传统的手工做法,多年不变的纯正口味,让人吃后念念不忘。

"万胜永"酱牛肉老店创始于清朝同治年间,距今已有百余年历史,现在的经营者已经是第五代传人。老店是其先祖刘宽创立的,起源于刘宽的祖籍河北省沧州地区,从最初经营屠宰牛羊肉开始,逐步发展成经营熟肉食品。在20世纪30年代,刘家二代传人刘国梁认为在绥远发展酱牛肉有广阔的市场,便举家搬迁到呼和浩特,在旧城巷口

肉食店

开设了"万胜永"清真商号，经营自家配方煮制的酱牛肉，开张后即以其独特的口味誉满青城。

好吃的酱牛肉只选牛腱子肉，这部分牛肉有筋，口感好，不塞牙，有嚼劲，还好看。调味品都是纯天然植物配制加工而成，茴香、桂皮、花椒、大料、干姜是通用的，独特的秘制调料不仅使味道更香，还有健脾、开胃、降脂的功效。据说炖肉的老汤有上百年历史，老汤炖肉入味快，味醇香，对于店家来说，这老汤可是无价之宝。

清真面点

说到回民区的特色面点和小点心，那可真是不胜枚举，有许多的品类都没听过、没见过，更不要说是一饱口福了。

在这里，我们只讲一讲脆皮无水蛋糕。脆皮无水蛋糕的主要原料是面粉、鸡蛋、白砂糖、小苏打、植物油。将原料放到盆子里，迅速地搅拌，20分钟后，把搅拌均匀的蛋糕浆装盘送进烤箱，一会儿就能吃到喷香松软的脆皮无水蛋糕了。出炉后要一个一个地翻开凉凉，这样才能达到脆皮的效果。

此外，还有江米条、桃酥、蜜麻叶、马蹄酥、糖枣、油香、麻花、酥馍、馓子。每家都有自己的秘方绝招，因此制作工艺是保密的，面点师傅们常常是半夜起来工作。作为穆斯林的传统美食，每逢开斋节、古尔邦节等节庆时家家户户都要制作，除自己食用外，还可以招待亲朋好友、相互馈赠。

烧麦

呼和浩特的美食品类繁多，而传统的呼和浩特美食又多集中于老城区，如果到呼和浩特出差或旅游，一定要来品尝回民区的烧麦。

烧麦是一种小笼包大小的主食。正宗的烧麦馅由羊肉、生姜、大葱组成。烧麦主要是吃肉馅，所以大多采购锡林郭勒盟、四子王旗等地的羊肉，这里的羊以草原上的沙葱、野韭菜为食，因此肉质鲜美、口感鲜香、多汁不膻，味道浓郁。加之纯手工剁馅，肉馅的口感非常好。老师傅包烧麦不仅快，而且多褶好看，出锅后烧麦饱满不散，肉馅松软。烧麦的做法也有不同，可蒸可煎，口感各有千秋：蒸制的，晶莹透明，鲜香四溢；油煎的，色泽金黄，香脆可口。

据说烧麦起源于明末清初归化城北门附近的茶馆，清代时通过晋商传到京津等地，称为"捎卖""稍美"。归化城的烧麦名气非常大，在京津地区，食店打出"归化城烧麦"的招牌，往往会顾客盈门。

呼和浩特的烧麦一两是8个，基本上够一个人的饭量。一两的概念是一两"干面粉"，所以一斤烧麦按正规的标准有四斤四两重，因此在呼和浩特有"二两烧麦憋死汉"的说法。

水晶包子

大家对好吃又好看的水晶包子绝对不会陌生，但是，回民区特有的回族水晶包子却是别有一番风味。

包子馅决定着包子的味道，回族的水晶包子在选材上有着严格、独特的标准：新鲜、上好的牛精瘦肉是首选。将牛肉做馅，配上葱、花椒面、胡椒粉、茴香面、牛油、味精、盐等搅拌均匀，放上个把小时，俗称"醒一醒"，让肉充分入味。面粉要尽可能揉得均匀，再加酵母"醒"上一夜，这样的面柔软、易消化。师傅把包子捏成独特的褶，开水蒸七八分钟至熟，然后在平锅上加油煎至面皮金黄，出锅即可。回族水晶包子味道独特，香飘四溢。

稀果羹

稀果羹，又称"稀果干儿"是一道传统回族特色饮品，也是不少回族同胞从小就喜欢的零食。稀果羹的起源，是早年间家里长辈给孩子们自制的零食、甜品。它酸酸甜甜、既消食又解暑，很多七八十岁年纪的老人儿时都吃过。

稀果羹的主料是杏干、柿饼、黑枣、苹果、梨等水果榨汁或果泥，将这些主料用凉白开泡软，尽量捣碎成泥状，待水果泥变黏稠后冷藏备用。传统的稀果子羹是放在花瓷坛子里现吃现盛，现如今为方便销售，都会装进包装好的杯子里冷藏起来备用。食用时依据个人喜好，加入适量冰糖、白砂糖、凉白开或矿泉水，搅拌至融化即可饮用。夏日炎炎，喝上一杯，生津解暑，消食开胃，打凉下火，风味绝佳！据说，呼和浩特这道夏日特饮已经流传到许多城市。

杏干糖

说起杏干糖，想必人们并不陌生。可口的杏干外面包裹着白色的糖霜，入口酸甜味美，是很多呼和浩特人儿时最美味的记忆之一。

杏干糖在呼和浩特有着近百年的历史，早年由于物资匮乏，杏干糖多是由糖稀制作而成。如今早已经用白糖取代了糖稀，制作出的杏干糖不仅香脆，而且不粘牙，颜色

也更加透亮好看。

随着食品加工业的不断发展，很多食品已经由人工制作变为机器生产，但传统的杏干糖、酸枣糕仍然需要纯手工加工制作。制作杏干糖最关键的步骤是熬糖环节，观察熬糖的火候尤为重要。虽然现在熬糖用的还是传统手法，但因为有了温控显示设备，就更容易掌控火候。另外，制作杏干糖的杏干也很有讲究，一般选用山西的杏干，这样做出来的成品才会酸中带甜，美味可口。

为了保证杏干糖的美味口感，制糖师傅要在凌晨五点左右起床制作，白天放在玻璃罩中售卖。杏干糖勾起了人们的食欲，每天都有不少市民慕名而来，为的就是专程品

清真食品

尝这记忆中的味道。

羊杂碎

传说早年间北门外有个财主，看见一个乞丐在其院外倚墙盖茅屋度日，顿生恼怒，命家人宰羊后将羊蹄五脏抛出墙外，砸塌茅屋。乞丐一看，正愁没吃的呢。于是将羊蹄五脏投入锅中，熬了个肉香醉人。财主嗅到香味，上墙一看："你吃什么呢？"答："吃全羊。你吃外全羊，就那么一个味；我吃内全羊，五脏五味哟！"财主怒返家中，嗅嗅刚开锅的羊肉味，又到院外嗅嗅墙那边飘过来的味道，吼道："再杀一只，把羊肚子里杂七杂八的都给我剁碎，今天吃内羊肉。"从那以后，呼和浩特就有了羊杂碎这道美食小吃。

羊杂碎是青城人民熟悉的早点，全市到底有多少家羊杂碎店，恐怕谁也说不清楚，反正横街竖巷到处都有。呼和浩特的羊杂碎从用料、制作和食用搭配都有严格的标准，讲究"三红、三白、三汤、三味"。"三红"是心、肝、肺，下锅的时候切成碎丁或薄片。"三白"是肠、肚、头蹄肉，下锅时要切成细丝和长条。"三汤"是原汤、清汤、老汤三种口味各异的汤，顾客可以自由选择喜欢的汤味。"三味"是香菜末儿、辣椒面儿、食盐，这是吃羊杂碎万万不能少的三味调料，可

根据个人口味自行调兑碗中的汤。只这么简单讲讲，你就能感受到羊杂碎的喷香味道。每天早晨，一碗羊杂碎，一个白焙子，是很多呼和浩特人抹不去的早点情结。

工业商业并蒂花

GONGYESHANGYEBINGDIHUA

回民区在呼和浩特市工商业发展史上占有重要地位，辖区内曾经聚集了多家大中型企业和商场——钢铁厂、热电厂、化工厂、制药厂、联营商店等，为呼和浩特市的经济发展做出了重大贡献。

地名手册

一

沿着大庆路、钢铁路……
便来到了工人村。
工人村住着工人，
他们上班的工厂，
遍布在青山脚下的回民区。

二

炼铁厂、铸锻厂、锅炉厂、
化工厂、化纤厂、电机厂、
煤机厂、焦化厂、橡塑厂、
阀门厂、附件厂、印刷厂，
发电、热力、天燃、汽修厂，
还有糖厂，
还有肉联，
还有蛋厂，
还有……

三

穿着劳动服，骑着自行车，
上班的人群像潮水一样。
从清晨到傍晚，
从傍晚到黎明。
机器隆隆，马达声声，
"咱们工人有力量，
白天黑夜工作忙……"
歌声笑语在车间回响。

四

我在2016年"工人村"站下车，
站在新修的钢铁路上，
有多少往事涌上心头，
有多少朋友熟悉的脸庞？
如今还是新世纪改革追梦的年代，
再不是当年的愣小伙傻姑娘。
把你们的青春记忆，
留作纪念，
留下无境的念想！

从手工作坊到毛纺织厂

早在归化城建立前后，这里就有很多手工业式毛纺作坊。当时全市的各类小毛制业，包括毛纺、地毯、织带、毛毡等小工厂、小作坊十分兴盛。19世纪末，归绥的毛织手工作坊约有20到30家，制作的毛毡每年约有1.5万余条，地毯曾经闻名全国，但是到了1946年，地毯制造店铺全部关闭。

在呼和浩特地区，作为近代工业产业的第一个标志性事件，是归绥毛纺工艺局的出现。1905年，归绥兵备道胡孚宸在归绥兴办了毛纺工艺局，这是官商合办的工业企业。招募和训练工人50名，专门从事纺织毛布（毛纺混纺）和织染毛布，产品在当时深受欢迎。后因历任督办委员经营不得法，于1918年停办。虽然其工艺手段仍然是手工操作，规模只是稍大于一般作坊，经营效果也不太显著，但开创了呼和浩特地区使用机器织毛染布的先河，给地处偏远的归绥带来了先进的近代工业，标志着呼和浩特的近代工业和近代工人开始产生。

1933年，绥远省政府决定在呼和浩特市创建绥远毛织有限公司，以及酱油厂、甘草膏厂、铁工厂、被服厂等9家工厂，产业工人690人，工业产值4141万元。其中绥远毛织厂1934年6月20日奠基动工，厂址建在归化城和绥远城之间的大马路北和火车站南。1935年1月试产，工人150余人，工程师、技师6人。1935年3月正式投产，主要产品有粗床毯、细床毯、粗呢、地毯线、毛衣、围巾等。有纺锭360枚，每年生产毛毯1万条，粗纺毛呢1万码，年总产值20万元左右。各种产品均以"飞羊"为商标，意寓超越洋货。"七七事变"后，日本接管毛纺厂，改为满蒙毛织株式会社蒙疆部厚和毛纺厂。1945年日本投降后，于8月27日由十二战区长官司令部临时政务处派员管理，筹备复工。1949年工人队伍已发展到108人，职员18人。

中华人民共和国成立后，绥远毛纺厂被人民政府接管并全面恢复生产，后改称为"内蒙古第四毛纺织厂"，以生产毛毯为主，山丹牌毛毯进入了寻常百姓家，成了家喻户晓的品牌。当时人们结婚时的陪嫁品山丹毛毯是必备的，其品种有M6530外毛西色提花毯、山羊毛提花毯、毛粘混纺提花毛毯，是内蒙古自治区的"优秀新产品"。

从畜力人力到机动车

民国初年，归绥市（今呼和浩特市）民间运输虽有汽车出现，但畜力、人力仍是民间运输的主力，且大部分集中在旧城和北门外（今

20 世纪 30 年代的公交车

回民区、玉泉区）。中华人民共和国成立后，呼和浩特地区的畜力运输方式逐步被机动车取代，二十世纪六七十年代初已形成了几个颇具规模的现代化运输企业，主要集中在回民区，如一运、二运、大运等。

呼和浩特民营汽车运输创始于民国八年（1919年），是全国开办较早的地区之一。西北汽车公司是绥远省最早的一家车行。西北汽车公司是由大盛魁、漠南公司等商号创办的，公司地址设在归化城西菜坊（今回民区境内），招商集股50万元，以发展西北商运。西北汽车公司在归绥至丰镇路段麦胡图北的两处坝路，购汽车十余辆，以租房为站开办业务。营运路线：归绥—丰镇，14站，计程210千米；归绥—包头，12站，计程160千米。包头以西至新疆的运输未能开通，发展西北商运的愿望未能实现。

新绥长途汽车股份有限公司绥远总站（以下简称新绥公司）1930年由新疆大商人朱炳筹办，1933年正式成立，总部设在天津法租界。绥远总站设在归化城北门外宽巷子2号（今回民区宽巷子）。1933年8月30日新绥公司以5辆汽车，从归绥发车，开赴新疆，10月10日达迪化（今乌鲁木齐），这是从绥远省府归绥市开往新疆省会迪化的第一辆长途营运汽车。1933年9月和

1934年5月又分别进行了第二次、第三次试运行，发车10辆次，其中货车9辆，客车1辆。1934年秋，新绥公司开始正式营运。营运线路由原定的归绥至迪化缩短至哈密，计程2190千米，有60个站。11月，

20世纪60年代的公交车

国民党政府交通部决定，原经苏联西伯利亚铁路运送新疆和从新疆发往内地的邮件、物资一律改用新绥长途汽车公司运送。"七七事变"日军入侵归绥后，新疆汽车运输停运。

归绥公共汽车管理所，民国三十五年（1946年）6月成立，由绥远省建设厅管辖，所址在旧城北门外（中华人民共和国成立后曾是呼和浩特市公交公司所在地）。下设业务组、总务、机务组，计17人，拥有客车5辆，营运路线3条：自旧城北门外经毛纺厂（原第四毛坊厂今维多利商厦）、公教医院（今新华广场东）至火车站，自新城鼓楼经公教医院至火车站，新旧城往返线。从公共汽车营运起，始终处于亏损状态。由于国民党当局持续奉行的内战政策，无票乘车伤病员极多，物价猛涨，一桶汽油卖到一亿元，而且有币无货。至1948年7月，归绥市公共汽车管理所被迫停运。

从驼运社到第二运输公司

中华人民共和国成立前，呼和浩特与新疆、库伦间的长途运输主要以骆驼为运输工具。中华人民共和国成立之初，有驼3200余峰，计512家养驼户。

1950年6月，组建回民区生产供应社，有150多户带驼1000余峰参加民间自办组织。自养自拉，往来于武川、百灵庙、乌兰花和牧区。1951年7月回民区政府组建回民区托运联合货栈，驼户153家，驼600余峰参加。自1954年7月，在内蒙

20世纪70年代的运输公司

20世纪60年代的公交车

古交通局、呼和浩特市运管处主持下，组建回民区驼运站，分独立劳动者和资本家两个队。1959年底，回民区驼运合作社自制第一台骆驼胶轮车，至1961年驼车发展为47辆。

1969年，驼运社派员赴南京学习制造柴油板车技术，当年试制成功第一台柴油板车。11月改回民区驼运社为"呼和浩特市合作运输第二公司"，以26辆汽车，51辆柴油板车取代了骆驼车。1977年呼和浩特市合作运输第二公司改为"呼和浩特市第二运输公司"，有汽车65辆，柴油板车86辆。1989年底，第二运输公司拥有汽车107辆，成为以国产汽车为主体的中小型运输企业，1992年合并到呼和浩特市大型物资运输公司。

从排子车社到第四运输公司

中华人民共和国成立前，全市有9家养排子车的运输户，既没有组织，也没有人管理，更没有固定的营运地点。一般多在新城鼓楼、旧城北门、小南街、火车站货场一带兜揽生意，有时也承揽客运、上下火车旅客、出入医院病号、产妇等。1957年7月在马车搬运工会领导下，组成排子车搬运小组，负责市区的短距离搬运。1953年随着排子车增加到69辆，成立排子车业务委员会（群众自发组织）。1954年改称"呼和浩特市装卸搬运公司排子车站"，有排子车136辆，运输总站设在回民区庆凯桥街81号，统一管理各站点和街摊。1956年全市排子车达900多辆，承担全市各大商店、公司、粮库及煤炭、木材等物资搬运任务。9月组建呼和浩特市排子车搬运合作社，有排子车726辆。

1958年，市政府决定贷款给排子车合作社，9月购毛驴306头，开始以畜力取代人力拉车。1959—1961年三年自然灾害时期，草料奇缺，毛驴死亡150多头，现役驴普遍落膘，给合作社造成重大打击。"文化大革命"时期，社员们排除一切困难和干扰，畜力运输逐步得到恢复发展，并开始试制柴油板车和摩托车，可谓运输生产与摩托车制造双丰收。

1970年元月，草原牌摩托车正式投产。1976年后，由于原材料、配件缺乏，资金短缺，技术不过关，批量上不去，销路又不佳，面临亏损。1979年8月，市政府决定转产，恢复运输，"呼和浩特市摩托车制造厂"改称"呼和浩特市第四运输公司"，毛驴车全部被柴油板车和汽车取代。1982年呼和浩特市第四运输公司在交通系统首家推行经济承包责任制，对交通系统影响很大。1983年汽车保有量为61辆，挂车20辆，取代了柴油板车，成为以汽车为运输工具的集体运输企业。1987年，呼和浩特市第四运输公司有汽车87辆，

挂车28辆。在全市推行承包经营责任制进程中，7月16日由呼和浩特市客货运联合运输公司承包，即后来内蒙古通达实业股份有限公司的一个组成部分。

骆驼车·嘟嘟车·摩托车

20世纪50年代内蒙古铸锻厂有一个车队，车队又分为汽车队和马车队。

人们对汽车马车习以为常了，最吸引人和令人难忘的是，马车队里还养着一峰骆驼。骆驼拉着一辆胶轮车，由于骆驼比较高大，所以这辆胶轮车的车座做得比马车底盘还要高，但骆驼车的倾斜度还是很大。马拉的车叫"马车"，赶马车的人叫"车倌"。骆驼拉的车叫"骆驼胶轮车"，赶车的人叫"驼倌"。汽车队里还有几辆本地人称为"嘟嘟车"的柴油板车，因为发动机的"嘟嘟"声很大，人们叫它"嘟嘟车"，驾车的司机就叫"嘟嘟车司机"。另外，车队还有一辆草原牌摩托车。

先说"骆驼胶轮车"吧。1959年底，回民区驼运合作社自制了第一台骆驼胶轮车，至1961年发展为47辆。每辆车可以拉3吨货物，是驮载运量的7至8倍。骆驼胶轮车是以双辕双轮带马槽的平板车试制，成功填补了自清代以来长城以北骆驼拉车失传的空白，这些驼车走在

嘟嘟车

青城街头成了一道独特的风景。

　　再说"嘟嘟车"。1969 年，驼运社派员赴南京学习制造柴油板车技术，当年试制成功第一台。1971年 9 月试制成功 17 辆，国庆节拉骆驼的工人驾驶着自制的三轮柴油板车，在节日游行的队列里，成了引人注目的新事物。1972 年回民区小车合作社的 60 名脚踏排车队工人，成了掌握机械化运输工具的驾驶员。11 月改"回民区驼运社"为"呼和浩特市合作第二运输公司"，以 26辆汽车和 51 辆柴油板车取代了骆驼车。1980 年时，柴油板车在呼和浩特地区已达 300 多辆，其特点是灵活机动，适用于城市短距离运输，但是噪音大，冒黑烟，污染环境。20 世纪 80 年代末市政府下令停止

发展柴油板车。

　　"文化大革命"时期，排子车社的社员们克服一切困难，试制柴油板车和摩托车，至 1969 年 10 月，试制成功三辆柴油板车和两种摩托车，并参加了国庆 20 周年献礼游行。1970 年元月草原牌摩托车正式投产，4 月排子车社改称"呼和浩特市摩托车制造厂"，有职工 69 人，设有车、钳、铆、锻、铸、钣金等生产组。草原牌摩托车参照引进国外的图纸，全车图纸达 1303 件。根据具体条件，采用单缸、链式传动结构，与北京牌摩托车相似，又与上海幸福牌摩托车配件有互换性。当年生产 10 辆，是呼和浩特交通系统在交通工业方面的一个新突破，得到了内蒙古自治区、呼和浩特市两级政府（革委会）

的表彰，在摩托车制造业上为自治区填补了一项空白。

最早的电灯公司

电灯，我们再熟悉不过了，偶尔停电的时候，我们总会抱怨："黑灯瞎火的，真难受，真不知道古时候人们没灯是怎么过来的。"那么，呼和浩特是什么时候有第一盏电灯的，又是何人、何时创办的电灯公司？

呼和浩特市的电灯公司创建于1921年（民国十年）9月，由归绥交通蔚丰公司与土默特旗总管署联合筹办电灯事业。在此之前，一个天津买办商人与一个日本商人也准备合办电灯公司，他们抢先设计线路，在郊区农田及市区居民院内栽埋电线杆子。由于采取强行方式，加上人们对电灯不了解，因而在栽埋电线杆子的时候激起了民愤。一些年轻人带领学生锯倒了电线杆子，赶跑了天津人和日本人，创办电灯公司的事情遇到了阻力。第二年，绥远省当时最大的贸易行"大盛魁"看到了商机，知道这项事业不仅能赚钱，而且会改变整个城市的面貌，是一个很好的项目。于是他们在现在的火车站西侧面粉厂原址动工修建了归绥第一家电灯股份有限公司。但是，他们的事业也没有成功，由于上马太仓促，资金不充裕，技术

不过关，机器被烧坏，电灯没有亮起来，人们依然用煤油灯。然而他们的努力没有白费，这个项目也没有止于此，5年后，旅蒙商"大盛魁"的段敬斋经理联合了绥远省建设厅厅长，那时最有实力的银行绥远平市官钱局和归绥市商会会长等多人筹集40万元，并邀请南柴火市街义和面庄经理，重新创办了归绥电灯公司。当年下半年电灯公司在面粉厂原址兴建了厂房，这些人给呼和浩特带来了第一盏电灯。

建厂初期，电灯公司的工程师花了23万元从上海买回一台WTA512型发电机，由上海的技术人员负责安装。这台发电机，一年用煤将近4000吨，煤炭大部分是从山西大同运过来的。机器发的电全部用来照明，虽然年发电量仅100余万度，却在呼和浩特地区开创了使用现代化动力和机器生产的先例。第二年秋天，绥远省第一家电灯公司正式开业。

追忆地方工业

呼和浩特市回民区工业的兴起和发展是在1949年绥远和平解放之后的50余年中。

1950年中共归绥市委员会派出回民工作组到回族聚居区帮助回族群众成立归绥市回民生产供应社。回民生产供应社动员20余户比较富

裕的回族集资兴办驼运商贸业，开展由归绥向周围牧区和包头市、伊克昭盟、宁夏回族自治区、甘肃省等地区的长途运输和商贸业务，并开展回族群众的劳动就业，协助政府安置私人屠宰从业人员的生活出路，逐步组建起回民驼运社、回民榨油厂、骨血生产合作社。

1958年，回民区人民委员会以街道居民委员会为基础，先后创办刺绣厂、棉毯厂、云母加工厂、童鞋厂。之后，又办起炼铁厂、砖瓦厂工程队。同年7月，中共呼和浩特市委和呼和浩特市人民委员会决定将市属地方国营回民植物油厂、公私合营熟皮厂、毛制皮胶厂和集体所有制的日用化工厂、青年文化用品厂、笼箩生产合作社、刻字生产合作社7个企业下放回民区管理。1959年，回民区接收呼和浩特市毛纺厂的针织车间，组建呼和浩特国营针织厂，同年建起回民区木器厂、回民区打井队。

1960年，回民植物油厂利用胡麻榨油后的下脚料研制成酚醛塑料，并在厂内兴建塑料车间。至1960年底，全区共有公交企业21个，职工2622人，年产值947万元，主要产品有食用植物油、工业用油、裘皮制品、毛毡、木制家具、童装、布鞋、笼箩、皮胶、骨粉、手工砖等100余个品种。

20世纪50年代末和60年代初掀起生产大跃进，工业企业内大力试制新产品和开展技术革新。技术革命的"双革"运动，使各厂社生产机械化和半机械化程度不断提高，广大工人开始摆脱笨重的体力劳动。如公私合营熟皮厂、毛制皮胶厂先后制成洗皮转鼓、制毡机等，减轻了生产工人的劳动强度，生产效率大幅提高。日用化工厂试制投产肥皂、草原牌香皂、花露水，铜网笼箩厂生产草原牌水泥铜网，雕刻丝印厂生产苏式高压电闸，青年文化用品厂生产草原牌铱金笔，熟皮厂批量生产出口苏联的剪绒革、獭兔皮帽和山羊皮裤等产品。为满足呼和浩特市轻工市场的需要，提高轻工产品自给率，填补自治区缺门产品的空白和出口创汇做出了贡献。

新钢与工农兵路

呼和浩特市北部城郊结合处有一条近千米的路，叫工农兵路。有些人也许很陌生，但说起"新钢"，恐怕不知道的人就很少了，这条路就是新钢最重要的组成部分，也可以说工农兵路也代表着新钢。

新钢是"新生铁工厂"的简称。叫钢铁厂，其实它是所监狱。它的前身就是今天位于小黑河的呼和浩特第一监狱，最初是绥远省人民政府监狱，于1949年8月1日在绥东解放区丰镇县东门外土唐街1号成立，是绥远省人民政府在解放区建立的第一所监狱，隶属省人民法院管辖，各县判处一年以上有期徒刑的犯人一律送这里服刑。同年9月19日绥远和平解放，12月国民党绥远省"模范监狱"属绥远省管辖，并迁到归绥市（今呼和浩特市）。1954年内蒙古自治区和绥远省合并，绥远省建制撤销后，国民党绥远省"模范监狱"改称为内蒙古自治区监狱。

1953年监狱建立了呼和浩特新生铁工厂，当时只有一座小化铁炉、3个小锻炉、2台车床，从事步犁、水车、取暖火炉等简单生产。到1957年，主要产品年产量达到暖气片24万多片、工业锅炉32台、马拉水车25950台、矿车279辆、铸铁管630吨。1958年3月，经自行设计制造安装，新上马的6.25立方米小高炉出铁，这是自治区地方工业生产的第一炉生铁。当时的自治区领导杨植霖亲临现场祝贺，当日《内蒙古日报》发表了《学习新生铁工厂的苦干精神》社论。

从1958年8月开始，根据自治区党委的决定，又在呼和浩特市北郊的荒野上筹建了呼和浩特新生钢铁厂，简称新钢，新钢这个名称在呼和浩特市至今仍是家喻户晓。钢铁厂规模主要包括炼铁、炼钢、轧钢、焦化等车间。在建设过程中，陆续集中了1000多名干部和工程技术人员及几千名犯人，开展了以钢铁厂为主的工业建设。在那个火红的年代，人们以艰苦奋斗、战天斗地和蚂蚁啃骨头的精神，土洋结合的办法，所需的全部耐火材料和高炉、转炉、平炉、烧结、焦化、麻纺等全套机械设备，厂房设计、施工和设备安装都是以自制自建的方式完成的。仅仅两个多月的时间，10月7日呼和浩特新生钢铁厂一号55立方米高炉就正式点火投产。到1961年共投资3367万元，年产钢10万吨，铁16万吨，钢材6万吨，薄板、无缝管各1.5万吨，焦炭23万吨。基本建成以钢铁为主，集机械、化工、铸造、锅炉、麻纺为一体的内蒙古监狱工业生产基地，关押改造犯人超过一万名，成为自治区最大的劳动改造罪犯的场所。当时它的年产值近4000万元，占到呼和浩特市工业总产值的40%以上。1959年12月15日，时任全国人大常委会副委员长、西藏自治区筹备委员会代理主任班禅额尔德尼·确吉坚赞和全国政协副主席、西藏自治区筹备委员会副主任帕巴拉·格列朗杰，在中共中央统战部副部长汪锋陪同下，视察了呼和浩特新生钢铁厂。

1962年8月9日在国家遭受自然灾害期间，为贯彻"压缩城市人口，加强农业"的精神，经自治区计经委批准，呼和浩特新生钢铁厂停止生产，由呼和浩特新生铁工厂、机械厂等单位调出犯人2400人，监狱干部110人到东部的保安沼农场。1965年，借国家对机械工业定点的有利时机，按照自治区计经委调整规划的要求，将新生机械厂一分为三。在原机械化工、锅炉和铸锻车间的基础上，利用新生机械厂停产后的部分厂房和设备，分别扩建为新生橡塑机械厂、新生锅炉厂和新生铸锻厂。在化工厂机金车间基础上，利用麻纺厂厂房(1964年11月新生亚麻纺织厂撤销，2200纱锭及全部设备移交自治区轻化工业厅)扩建为新生高中压阀门厂。经过调整，加上原有的化工厂和被服厂，监狱就有了七个工厂。

1970年2月20日至3月6日，为了进一步加强战备，北京军区内蒙古前线指挥所决定将在押犯人迁调山西和河北关押改造，随之撤销了内蒙古自治区监狱。监狱所属的呼和浩特新生橡塑机械厂、锅炉厂、高中压阀门厂、汽车修配厂、铸锻厂、麻纺厂等的在押犯人，除刑期将满、保外就医、重病犯不迁外，其余全

部迁调山西、河北。监狱干部移交地方，工厂由当地的革委会组织工人进驻接收，从此形成了呼和浩特市的一大工业区，集聚了内蒙古汽车修造厂(现飞鹰集团)，内蒙古第二铸锻厂(后迁到乌海市)，呼和浩特市锅炉厂、阀门厂、橡塑机械厂、焦化厂、炼铁厂、耐火材料厂。

工农兵路就得有工，有农，还得有兵。工，自不必说，有那么多的工厂和职工宿舍区；农，路西是水泉村，路东是小府村，路尽头的北面是塔布板村；兵，当时在水泉和塔布板驻有解放军，再加上也被称为"兵"的监狱警察，就一应俱全了。这条路逐渐繁华起来后，就被正式取名为"工农兵路"，象征着团结、和睦，军民一家亲。这在全国的城市街道命名中恐怕也是绝无仅有的。这条路至今仍叫工农兵路，笔直宽敞，直通北二环路，街道两边是商业网点，高层住宅拔地而起。

工农兵路上最具特色的工厂就是耐火材料厂了，不是它的产品有特色，而是它的职工有特色。在划归地方管理前是民政局系统的企业，职工以残疾人为主，肢残、智残的都有。后来随着残疾人的日益减少，又划归机械局管理。二十世纪八九十年代耐火材料厂破产后，一

143

些销售人员自谋职业，从事商业经营，把新钢这一带的耐火材料、锅炉配件一条街搞得风生水起。

经过几十年的变迁，那些曾经辉煌的工厂多数已经破产转制了，但许多老建筑很好地留存着，老电影院、老住宅楼、老办公楼，还有那炼铁厂的老高炉、锅炉厂的老车间、焦化厂的老储气罐以及铁路专用线……每当人们走进这里，看着熟悉的景物，不仅有对往日的怀念，更希望这些留存下来的建筑不要被拆除，把它建成一个"工业主题公园区"。

大庆路上的"工业园区"

说起大庆路，呼和浩特市人尤其居住在市区西部的人，可以说没有几个不知晓的。那时的大庆路聚集了呼和浩特地区的几家重量级企业，它们见证了内蒙古地方工业的发展，用今天的眼光看，那就是一个"工业园区"。

大庆路全长千余米，夹在流经市区的两条河之间，北面紧挨着京包铁路，距火车站一里多。大庆路上的内蒙古铸锻厂和内蒙古动力机械厂均建有能容纳千余人的大礼堂（20世纪80年代末90年代初，动力礼堂还被改造成红极青城的歌舞厅——星之座）。节假日礼堂要放电影，那时看电影真是一种享受，

本单位的职工家属免费看，外面的人花一毛两毛的也能看。当时住在附近的居民，甚至什拉门更等地的村民们是这里的常客。那时市内的公共浴池极小，而这里的工厂都有自己的大澡堂子，能痛痛快快地洗个热水澡。夏季炎热的天气里，铸锻厂要为生产一线的工人配送自制的汽水，父母们舍不得多喝，总要带点回去给儿女们喝，能常喝上汽水的小朋友在同龄人当中是很牛气的。

20世纪50年代建立的内蒙古农牧业机械厂，1958年改为内蒙古冶金矿山机械厂，1965年重组为内蒙古铸锻厂，有许多上了年纪的人，习惯地称它为老农机。铸锻厂生产的链轨机和剪板机那时行销全国各地，一些铸铁件远销海外。

内蒙古动力机械厂是当年国家为了支援边疆、建设边疆，从天津市整体迁来的，厂里的工人绝大多数是天津人和河北人，因为他们的口头语是"嘛玩意"，当地人就亲切地称他们为"天津嘛玩"。他们为内蒙古的工业发展贡献了青春，至今他们当中的许多人还生活在大庆路，他们的后代早已融入了当地，基本本地化了。

呼和浩特市电子设备厂、内蒙古探矿机械厂、内蒙古邮电器材公

下班的工人

司、铁路信号厂，这些都是国字号，大的职工有2000多人，小的也有上百人。此外，还有"五七厂"——呼和浩特市知青泡花碱厂，一个街办企业——呼和浩特市毛纺布厂。街道上供应人们日常生活的粮站、煤站、副食蔬菜店、肉铺一应俱全。还有供孩子们上学的两所厂办职工子弟学校，现如今的大庆路小学前身就是铸锻厂子弟学校，校址仍在原址，平房已经变成楼房了。

再说两个民用产品吧，呼和浩特市人肯定不陌生。20世纪80年代末90年代初，呼和浩特市电子设备厂生产的迎春牌洗衣机（先是单桶的，后生产双缸）质优价廉，供不应求，人们提前几个月预订才可以买到。随着炼油厂的建成投产，液化石油气逐步取代炭火，液化气钢瓶，俗称的煤气罐也进入了寻常百姓家，内蒙古铸锻厂与时俱进投产了宝泉牌钢瓶，自销点和代销点遍布市区，来厂提货拉罐的汽车络绎不绝。

老农机

内蒙古铸锻厂是呼和浩特市境内最早建立的大型国营企业，其前身是建于1952年的内蒙古农牧业机械厂，至今人们还亲切地称它老农机。当时呼和浩特市境内全民所有制职工有 2700 多人，它就占了近一半。1958 年，改称内蒙古冶金矿山机械厂。1965 年正式称内蒙古铸锻厂。1982 年又称内蒙古锻压机床厂。这时，该厂产品已不再单一，除铸钢铸铁件，还有剪板机、棒剪机、压力容器、螺纹钢、液化石油气钢瓶、防盗门。该厂处于繁荣期的时候，可谓广播有声、电视有影、报纸有字，知名度非常高，上门求购的人络绎不绝。20 世纪 90 年代，内蒙古铸锻厂为吉兰泰盐场生产的采盐驳船，填补了自治区该项技术的空白。

1997 年以后，在市场经济大潮的不断冲击下，内蒙古铸锻厂经营惨淡，再没发展起来。如今，曾经的厂房已变成一幢幢住宅楼，工厂也变成了小区。

西化纤

呼和浩特市西郊孔家营村有一座曾经辉煌的企业——内蒙古化学纤维厂，人们习惯称它"西化纤"。因为在南郊的大台村还有一个内蒙古棉纺厂，人们又叫它"东化纤"。

这两个工厂曾经是同一个企业——内蒙古生产建设兵团化纤纺织厂，1975 年后交给了地方，分别组建了两个各自独立的工厂——化纤厂和棉纺厂。之所以说"西化纤"曾经辉煌，是因为在 1990 年它的工业总产值突破 1 亿元，利税 1500 万元，独占呼和浩特市企业之鳌头。更辉煌的是，它的建成填补了内蒙古化学纤维纺织品的空白，那可是盛行涤卡、涤纶、的确良的时代。

1969 年 4 月，内蒙古生产建设兵团为自力更生解决兵团战士的被褥、服装用料，同时填补内蒙古化纤纺织工业的空白，满足内蒙古广大群众的生活需求，决定组建内蒙古生产建设兵团化纤纺织厂。内蒙古轻化设计院经过一个多月的勘察、选择，决定在西郊孔家营村的菜地上新建化纤车间，在南郊大台村新建纺织车间。从 1970 年 1 月 1 日动工，8 月 1 日就正式投产，也可谓创造了个奇迹。

20 世纪 80 年代末，西化纤是呼和浩特市扭亏增盈先进企业、节能企业、自治区经济效益先进企业、全国节水先进企业等等。1987 年厂里盖了一栋四层楼的职工宿舍，又在市区买了一栋六层楼，一年后又盖了一栋五层楼和一栋三层的幼教楼。这在当时呼和浩特市的企业里是不多见的。西化纤的成就与厂里的一位有能力、有魄力、甘于奉献的当家人分不开，她就是优秀的女企业家——岳玉荣。

1979 年 2 月，岳玉荣担任厂技术科副科长，承担了工厂总体规划一期改造的设计任务。1982 年改造了纺织机、精炼机，使粘胶纤维的生产能力由原来的150吨提高到3000吨。

1984年3月岳玉荣被上级任命为厂长，她经过多次的调研和反复探讨，在职代会上讨论出台了以奖惩责任制为主体的《经济承包责任制》等规章制度，将生产与管理权限下放到车间，这在呼和浩特市的企业中开了先河。改革措施落实的当年，胶粘纤维产量达到2855吨，创利25万元，创造了历史最高水平，扭转了企业的亏损局面。

1985年，西化纤投资180万元对酸站进行了大规模改造，新建了厂房，更新了全部设备。

1987年，西化纤在涤纶项目施工的同时，又投资80万元对粘胶纺织机再次进行改造，使年生产能力达到5000吨。从无锡化工研究设计院引进了舒纶生产技术，投资51万元建成了年产300吨的舒纶生产线并试产成功，填补了国内空白。为降低能源消耗，投资1000万元，更新旧式锅炉，增设了发电机组，利用余热发电，缓解了工厂电力紧张的局面。

岳玉荣率领全厂职工不断地进行技术改造和新产品开发的同时，对职工的冷暖也时刻挂在心上，用现在的话说就是"以人为本"。自建和购买了住宅楼、幼教楼，解决了职工的住房和孩子教育问题。化纤生产毒气较大，长期在生产一线的工人受毒害更大，严重影响健康，厂里给他们增加保健品和保健费，还定期到北戴河等地疗养，并对在生产一线工作15年以上的工人，颁发荣誉证书，每年给半个月的休假。

街办"五七"工厂

回民区街办工业是伴随着大办地方"小土群"（小高炉、土法炼钢铁、群众运动）工业与解放妇女劳动力，走"五七"道路而兴起和逐步发展壮大起来的。1958年，在大办地方工业群众运动影响下，各街道纷纷办工厂、上产品。中山西路、东沙梁居委会办起刺绣厂、棉毯厂、车辆修配厂、云母厂、童鞋厂和文印厂。至1958年底，由居委会办起的街道工厂和一些生产自救性质的生产小组共十余家，有200余人，其中妇女约占80%以上。这些企业除童鞋厂、刺绣厂给各百货公司加工儿童服装等定型产品外，其余均为修理和服务行业。街办工业大部分是白手起家，生产设备简陋。除刺绣厂由办厂群众自带缝纫机入厂外，其他企业只有一些简单的修理工具，全部为手工操作，生产力十分低下。由于群众自发组建，企业生产和经营管理无从谈起，产量小、质量低，盈利微薄，但是在当时大办街道工业的形势下，群众热情较高，虽无盈利，为工厂做贡献少赚工资或者无偿为企业劳动毫无怨言。

1970年，为贯彻毛泽东主席"五七"指示，号召街道妇女走出家门干革命，以街道办事处和居委会牵头组建街办"五七"工厂，职工队伍以驻区大中型企业的职工家属和街道妇女为主。各街道办事处先后兴办汽车配件厂、废油提炼厂、综合粉笔厂、机床电器厂、工业配件厂等30余个"五七"工厂。至1976年，街办"五七"工厂达到39个，职工250余人，工业总产值154万元。主要产品有汽车及拖拉机配件、高压汞灯镇流器、皮鞋油、蜡烛、卫生香、服装等40余个品种。

1971年6月，红旗区（今回民区）革命委员会将内蒙古动力机厂组建的家属"五七"厂接管后改为集体所有制的合作工厂，定名为红旗区机械修造厂，后改为呼和浩特市水箱厂。1974年，将呼和浩特机床附件厂组建的"五七"厂接收为区属企业，定名为红旗卡具厂，主要产品有卡头及部分汽车配件。将新华办事处所属"五七"机床电器厂、机床配件厂，中山西路办事处所属工业配件厂，通道街办事处所属汽车配件厂等接收为区属企业，

相应变更企业名称为呼和浩特市汽车配件厂、汽车零件厂、汽车附件厂、无纺织布厂。1978年7月，上述企业经市委批准，由街办"五七"企业转为区属集体所有制企业，即大集体企业，700余名"五七"工人转为集体企业职工。

迎春牌洗衣机

1984年，呼和浩特市电子设备厂生产的迎春牌3型洗衣机和双缸洗衣机上市，满足了首府市场及自治区市场的需求。它是金色外壳，不锈钢或铝合金滚筒，经久耐用。

工厂在门口设有一个经销部，每天前来购买洗衣机的人络绎不绝。厂门口还有个知青餐厅，有些排队买洗衣机的人中午在餐厅就餐，等着下午出货。

说起洗衣机，就得说说它的厂家，它也是呼和浩特市工业发展的一个缩影和见证。

呼和浩特市电子设备厂建于1965年，主要生产电子计算机外部设备。1965年1月按照华北地区工业调整会议的决定，将已经开始研制五单位光电机和十五行打印机的天津红星工厂的一个车间40多人连同家属迁到呼和浩特市，与呼和浩特市通用机械厂共同组建呼和浩特市电子设备厂。

通用机械厂是由一个叫钧盛永

的小作坊逐步演变而来的。1943年，庞钧昌、庞庚荣、庞庚盛弟兄三人在旧城开设钧盛永，取老大的"钧"和老三的"盛"而得名。经理是老大，有工人三五个，有一台钢磨和一台石磨，自进粮食，加工后对外出售，日产千斤。1944年7月，钧盛永扩大了经营范围，在旧城开了盛记铁工厂，修理电碾、电磨、马车等。该厂有一台皮带车床，一台小手摇铝床，工人5名。后来迁到西尚义街2号，直到1949年和平解放。

1950年，钧盛永面铺被卖掉，其店铺人员合并，全部从事铁业生产，创建了同生铁工厂。1951年4月15日，原经理庞钧昌的表弟燕金利当了经理。当时，有工人26人，除搞维修外，开始制造钢磨、马车轴、炉子、炉盘等。1953年3月，该厂与另一家资金比较雄厚的天义公铁工厂联营，当时有工人57名。1954年2月15日，该厂与志诚铁工厂合营，7月1日与源武货栈合营，9月1日作为呼和浩特市公私合营试点单位开始进行公私合营，合营后政府拨给资金10500万，共有资金45099万，工人75名。公方代表戴升阳和私方代表燕金利同时任厂长，建立了党团支部，成立了工会。1955年，该厂又先后同吉祥铁工厂、志兴铁工厂、红丰铁工厂、敬记纸庄和庆祥五金行合营。1956年，又与同远长铁工厂和勇茂铁铺合营。当时，工人有170多人，工厂由西尚义街迁到了上栅子街18号。公私合营后，同生铁工厂成为呼和浩特市机械修理加工的主要企业，生产的铁锅很受本地人欢迎，生产的电磨大批销往内蒙古中西部地区，并远销新疆等地。

公私合营后，同生铁工厂就叫通用机械厂了。1959年7月曾与机床厂、轴承厂合并。合并半年后轴承厂下马，机床厂和通用机械厂正式分开。工厂从上栅子街18号搬到了现果园西路与大庆路交汇处。当时，全厂职工有370人，五级工以上工人有21人。1960年至1964年，该厂在通顺西街和大北街设有两个农业机械修理部。1961年至1962年，该厂的主要产品有畜力胶轮车底盘、手摇水车、减速机、磨刀机、农用泵、矿车、铁簸箕、菜刀、烟囱、马车磨锅、鼠夹子、铸铁件、铸铜件等，其中畜力胶轮车底盘年生产能力360辆。

如今，迎春牌洗衣机早已退出市场，但并未被人们淡忘，还有人把它作为收藏品放在藏室中。

宝泉牌煤气罐

煤气罐的正规名称叫液化石油气钢瓶，是以加入特种材料的钢板拉伸、压制、焊接制成的，有2公斤装、15公斤装、50公斤装三种，家庭普遍用15公斤装。

20世纪80年代，呼和浩特市各个单位都在改善职工的住房条件，利用自有的土地新建住宅楼，一批人搬进楼房，逐步告别烟熏火燎烧煤的日子。进入20世纪90年代呼和浩特炼油厂建成投产，使用煤气灶具成为一种时尚。1992年内蒙古铸锻总厂与时俱进地投资新建了钢瓶车间，同时注册了呼和浩特液化石油气钢瓶厂，产品商标名为"宝泉"。那时呼和浩特市钢瓶市场竞争比较激烈，因为有了炼油厂，谁都想占领这个市场。包头市有几家生产煤气罐的，北京、河北等地的产品也要进军呼和浩特市场。为了牢牢占领本土市场，厂里在市区设立几家门市部，并委托了多级代理商。

顺便说一下，当时呼和浩特市也有煤气用具厂，是制锁公司的企业，在新城区聚隆昌街，生产的是凯轮牌煤气灶，与内蒙古铸锻总厂是经营合作伙伴关系，互补有无。为了开拓区外市场，工厂派出营销人员赴陕西西安、延安、宝鸡，山西运城等地。在运城市销售得最好，那里比较富裕，人们拿煤气罐灶具当陪嫁品。宝泉牌煤气罐向南销售

到广东省汕头市，向西销售到甘肃省天水市，产品颇受欢迎。

后来，随着呼和浩特市焦化厂变成煤气化总公司，呼和浩特人开始真正用上了煤气，再后来又有了电磁炉等厨房电器。进入21世纪，天然气逐渐普及，煤气罐开始淡出人们的生活，液化石油气钢瓶厂历经半个多世纪后，在市场经济大潮的冲击下破产倒闭了，"宝泉"从此成为一个记忆。

金海工业园区及驻区企业

2001年3月，回民区人民政府正式接收呼和浩特市钢铁厂厂区，成立呼和浩特金海工业园区。5月，在原呼和浩特钢铁厂厂区开始招商引资工作。2002年1月，根据《呼和浩特市人民政府关于同意设立呼和浩特金海工业园区的批复》，呼和浩特金海工业园区正式成立。5月，回民区人民政府成立呼和浩特金海工业园区管理委员会，管理委员会内设综合办公室、招商局、经济发展局、动力处、财务处。金海工业园区建成后成功引进多家具有市场竞争力的企业。

内蒙古蒙霸服饰有限责任公司，建于1995年，是一家集生产、销售蒙霸牌系列高档男女西服、西裤、衬衫、夹克衫、T恤、领带、羊绒制品、内衣等的大型服饰企业，拥有员工

呼钢自备机车

500 余人。2000 年，获得"中华人民共和国 500 家大型私营服饰企业"称号，被国家服装质量检验中心审定为"质量达标企业"。2001 年，被内蒙古自治区认定为重点保护私营企业，同时蒙霸产品被评为"内蒙古自治区名牌产品"。

内蒙古华夏万通专用汽车制造有限公司，建于 2005 年 5 月，注册资金 5100 万元，占地面积 7 万平方米，公司员工 350 余人，其中工程技术人员和具有中级以上职称的专业技术管理人员 50 余人，有生产设备 260 台（套）。2005 年，通过 ISO 9001-2000 国际质量管理体系认证。

内蒙古东方变压器有限责任公司，前身是呼和浩特市东方变压器厂。2002 年 8 月，入驻金海工业园区，是生产电力变压器的专业化企业。公司通过 ISO 9001-2000 国际质量管理体系认证，具备中国进出口

产品资格证书，产品取得国家变压器质量检测中心颁发的产品合格证书，是国家经济贸易委员会城乡电网改造推荐企业。主要产品是低损耗节能电力变压器，有 6 个系列，200 余种规格，远销蒙古、俄罗斯。拥有先进的真空干燥设备，硅钢片纵剪、横剪生产线，完备的变压器检测试验设备和仪器。

内蒙古科达铝业装饰工程有限公司，建于 2000 年，是内蒙古中部地区最大的铝塑型材销售加工企业。总资产 4000 万元，占地 4 万余平方米。下设铝门窗生产厂、塑钢门窗生产厂、幕墙生产厂、玻璃深加工制造厂、钢结构生产厂、铝塑板及不锈钢装饰装潢公司。有员工 300 余人。全部产品通过国家有关标准，已获得国家技术监督局颁发的生产许可证和自治区建设厅颁发的建筑幕墙二级、金属门窗二级、建筑装修装饰二级、钢结构三级及自治区经贸委颁发的室内装饰设计乙级、施工乙级资质，是中国金属结构协会会员单位，获得中国建筑材料流通协会颁发的产品质量、诚信经营双保障单位荣誉证书。

内蒙古沃绿康高科技生物肥有

呼钢自备机车

限公司，建于2000年12月，开办初期以生产销售农用微生物肥料为主。2002年，公司经资产重组后迁入金海工业园区，占地面积3.34万平方米，有员工85人，自备铁路专用线及装车货台，年产3万吨复混肥生产线一条。

内蒙古富渊包装制品有限责任公司，建于2000年6月，注册资金3283万元，总资产8100万元，是一家集研发、生产、销售各类瓦楞纸包装制品的大型民营企业。拥有国内外领先水平的瓦楞纸箱生产成型成套设备。产品以水印、胶印包装箱、包装盒及礼品袋为主，是中国包装行业200强，通过内蒙古自治区产

品质量监督所I类包装用瓦楞纸箱检验，取得出口包装材料许可证，在内蒙古包装制品行业率先通过ISO 9001-2000国际质量管理体系认证。

内蒙古丰蒂妮羊绒制品有限公司，建于1992年，固定资产5000万元，员工1000余人，是内蒙古较大的生产梭织羊绒系列产品的专业生产企业。年生产力为羊绒披肩120万条，羊绒粗纺围巾180万条，羊绒纱200吨。具有分梳、染色、纺纱、织造、整理的全套设备，公司在全国设有五个办事处。

内蒙古蒙旺达羊绒制品有限责任公司，建于1996年，有纺纱厂、羊绒制造厂，设备300余台，员工400余人，总资产2000余万元。产品有羊绒衫、羊绒裤、羊绒围巾、羊绒披肩、羊绒毯等。

呼和浩特市纳顺设备制造有限公司，建于1958年，是在原呼和浩特市钢铁厂机修厂的基础上，实施转制后成立的具有独立法人资格的股份制企业，占地面积约4万平方米。拥有资产总额5000余万元，固定资产1000余万元，有管理人员56人，其中高、中级职称技术人员35人，主要机械设备150余台（套）。下设矿热炉制作安装、环保除尘设备制作安装、非标准设备制作安装、钢结构制作安装、机械设备制造安装

等分公司。2004年，通过ISO 9001-2000质量管理体系认证。

呼和浩特市源鑫隆彩印包装有限责任公司，建于2002年，是一家民有民营的股份制企业。

呼和浩特市什拉门更钢结构有限公司，建于1968年5月，是以原呼和浩特市网架制造总厂为基础，经过改革发展成为集设计、生产、安装和检验的专业化钢结构生产企业，是中国建筑金属结构协会会员单位，具有二级资质的专业企业。生产各种类型的网架、网壳、轻钢、彩色复合板和产品设计安装。

内蒙古华立水泥有限公司呼和浩特市第二分公司，建于2003年8月，主导产品为环保型水泥。

2015年，金海工业园区成功转型，成为自治区首家电子商务示范基地，引进甲骨文、百度推广、苏宁易购等37家知名电商企业，目前年交易额达到10亿元。

"民贸之星"民族商场

作为中山西路上的标志性建筑之一——民族商场，早些年在百姓口中则称之为"三层楼"，随着历史的变迁和时间的推移，民族商场也在不断变化和发展着。

一位76岁的老人刘秀珍回忆起当年上下班经常走过的这段道路时，关于民族商场的所见所闻便历历在目。"我在1953年年底第一次来到中山西路，当时刚刚参加工作，每天上下班都经过这里。当时的中山路就被称作'大马路'，两边基本上没什么建筑物，只有旧城的北城门比较显眼。出了城门往东走就来到了中山西路，中山西路的马路两

在联营商店购买年货

在联营商店购买年货

边也没有什么建筑。直到1955年，呼和浩特最高的建筑物出现了，那就是现在的民族商场，当时它还被称作'联营商店'，确切地说应该是呼和浩特市百货公司的联营商店。联营商店就是联合经营的商店，以销售的产品种类多为特点，当时人们有句俗语叫作'上至绸缎，下至葱蒜'，描述的就是联营商店内商品种类齐全。年轻时最高兴的事情，莫过于去联营商店购物。女孩子最

喜欢的就是新潮的东西，而联营商店中的商品算得上当时最时髦最流行的，当然价格也不会便宜。很多时候，为了可以逛一次联营商店，要准备好几个月积攒下来的零花钱。加上那会儿大部分呼和浩特人还聚集在旧城城内生活，很少会出城逛街。所以去一次联营商店也是极为隆重的事情，就好比现在出国旅游一样的心情。"

对于民族商场，相关资料也有记载：民族集团前身成立于1954年，隶属于呼和浩特市百货公司的联营商店，当时仅有职工300余人，经营面积2400平方米，年销售额200万元。1984年，投资200万元，扩建联营商店，新增营业面积3000平方米，改名为中山路百货商店。1987年，再投资1360万元，将中

内蒙古民族商场

山路百货商店改造为民族商场，增加营业面积 12700 平方米，同时与百货公司脱钩，隶属呼和浩特市商业局领导。1991 年，内蒙古民族商场又投入资金 3473 万元，相继建成全区最大的集贸市场满达商城和二星级涉外酒店云中大酒店。建成后的满达商城、云中大酒店在地理位置上与民族商场连成一体，占据了呼和浩特市商业黄金地段，形成呼和浩特地区最具规模、最有影响的综合性、多功能、现代化的商业服务和购物娱乐中心。1992 年，以民族商场为核心层，以满达商城、云中大酒店为紧密层的内蒙古民族商场（集团）总公司正式成立，直接隶属呼和浩特市人民政府领导。

民族商场的出现，不仅代表着一个时代的飞跃，更是促进了中山西路成为呼和浩特市商业中心的基础。那句"上至绸缎，下至葱蒜"的俗语凸显了民族商场对呼和浩特经济发展的贡献。其实民族商场已经成为一个标志，一个呼和浩特人心中不能忘记的坐标。

特色商业街

呼和浩特市回民区属于较典型的城镇街区型的经济社区，因而商贸业一直是这一地区经济的主要成分。改革开放后，回民区的商贸业又有新的发展，经营辐射面进一步

买电视机

扩大，带动了一批专业市场、商业网点的建立。如今已形成了具有特色的几条商业街。

一、中山西路商业街。这是呼和浩特市最主要的商业街，总长 1.8 千米，是连接呼和浩特市东西南北的要道。回民区的商业形成较早，从 1954 年建立联营商店起，中山西路在发展过程中逐渐形成商业中心的雏形，后经回民区人民政府的规划建设，引进香港铜锣湾、北京王府井、假日酒店、国美电器、苏宁电器、海亮广场、维多利商厦、天元商厦、必胜客等著名商贸、餐饮企业，同时引进保险业、银行业等。经营建筑面积近百万平方米。

二、温州商业步行街。毗邻中山西路，是呼和浩特市第一条集商贸、旅游、文化传播、休闲娱乐于

年画柜台

一体的首府步行街。由长350米、宽18米的主街道和五条支街道组成，主街两侧为二层框架结构商业用房。2003年，温州商业步行街被回民区确定为两个文明建设经验交流会的献礼项目。

三、清真食品一条街——牛街。呼和浩特市第一个以名优清真食品为主的集观光、旅游、购物、休闲、娱乐为一体的清真饮食一条街，长638米，宽30米。云集回民区各种清真食品，有金火炉、重庆德庄、一岁羊等清真餐饮进驻。

四、海西汽车产品商业街。位于海拉尔西路，2003年，奥迪A6内蒙古地区销售服务中心建成，是呼和浩特市唯一一家奥迪4S店。2004年，呼和浩特市利丰汽车文化广场投入使用，拥有别克、福特、标致等20余家著名汽车品牌的4S店。

五、通道机电产品商业街。位于通道北街，长约2千米。2004年，回民区引进温州机电城，基本形成以温州机电城建设为龙头，百余家

国营理发店

机电产品专营店为网络的具有较强辐射能力的机电产品集散地。

六、肉食品经营一条街。位于鄂尔多斯西街，长约 2 千米。1954年呼和浩特市食品公司在此建立并成为呼和浩特地区最大的肉食品加工贸易集散地，使这里形成了呼和浩特地区最大的活畜交易、屠宰加工、冷冻储存及市场销售为一体的肉食品交易中心。目前有内蒙古北亚清真肉食品有限公司、呼和浩特市瑞天隆食品有限公司、呼和浩特市昌隆食品有限公司、草原食品城、万惠农贸市场等大中型企业和市场。

回族商贸

与其他经济相比，呼和浩特市回民区的商贸业从业人数多，且历史悠久，商贸业中几乎所有行业都有回族参与。其中主要有皮毛业、畜牧交易、牙纪（经纪人）、饮食业、屠宰业、牛奶业、商行、通事行等。

中华人民共和国成立后，回族商贸业逐渐发生变化，走上国营和集体化道路。一些行业逐渐被淘汰，如牙纪、通事行；一些行业归并调整后，先后组建回民饮食合作商店，如国营国民食堂、糖业合作商店、食品公司国营肉食加工厂和清真肉食店、国营回民牛奶厂等。

专门从事屠宰牛羊驼、经营清真牛羊肉，是呼和浩特市回族的一种主要行业。回族群众自宰自销，经营牛羊肉业，出售熟生牛羊肉。自清末到民国年间，回族屠家肉户由于连年军阀混战，时局动荡不安，再加上乡间的兵痞土匪横行霸道，使得牧民在后山草地的牛羊赶不过大青山来，而且遇连年灾荒，牛羊减产，因此归化城回族屠户及肉业倍受影响。进入 20 世纪 30 年代后，情况稍有好转。日寇侵占归绥后，对全市的各行业实行"组合"，如饮食业组合、肉业组合、盐业组合等，用"组合"的名目，对当时归绥市内涉及国计民生的各行业，进行严格的控制，以达到配合侵占绥蒙的目的。抗日战争胜利后，国民政府发动内战，商业凋敝，牛羊肉业也面临绝境。

中华人民共和国成立初，回民

生产供应社摸底调查，全区范围内屠户、卖肉、烤货、煮货、肉贩子总共只有72户，其中只有两户汉族。这些屠家肉户主要集中在马莲滩（今新民街）一带，包括东寺巷，原来的大马路南巷子、剪子巷、丁菜馆巷等。1951年，为保护耕畜，发展农业生产，国家在全国范围内，下达不准私人买卖和随意屠宰大畜的牧畜统购统销政策。归绥市人民政府遂安排回族屠户转业改行，一是对屠户中的年轻从业人员，安排他们去食品公司和百货公司等商业部门就业；二是集中过去卖肉和下货人员，成立牛羊下货小组，把牛羊的头蹄下水加工煮成熟食品卖出；三是组织尚未安排工作的人员，成立一个骨血肠衣合作社，包括骨血制成农用肥料、肠衣收购加工和肥皂制作，后发展成呼和浩特市日用化工厂和呼和浩特市洗涤剂厂。

牛奶业是专门养殖奶牛，生产和出售牛奶及加工奶食品的行业。牛奶业兼有养殖业、商业和服务业的功能，是回民区回族经济的重要成分。过去牛奶业很艰苦，从业人员一年四季起早贪黑认真辛苦劳作。挤奶、喂养、放牧、卖奶、简单奶食品加工等各种工作既不能马虎，又不能贻误时机，同时还必须具备一定的专业知识，尤其是奶牛、种

牛的选择及普通牛病的诊断和一些简单常见病的治疗等等。回民区回族的牛奶业始于晚清，民国时期已比较发达。1958年，个体牛奶户合作成立回民牛奶厂，后逐步归口过渡为国营回民奶食品加工厂。1993年，呼和浩特市回民奶食品加工厂改制成为内蒙古伊利实业股份有限公司，目前已成为中国最大的奶业龙头企业。

青城肉食品集散地

说起呼和浩特市的冷冻肉食行业，领头羊当属回民区境内的呼和浩特市食品公司。

过去，人们一说起买肉食，无不知晓一个名词——西口子。20世纪80年代前，西口子往西走就是呼和浩特市唯一集养牧、宰杀、贮藏、冷冻、批发、销售一条龙的肉食基地，俗称"食品一条街"，后又称"食品公司"，雅号为"大冷库"，一直延续至今。自治区成立40周年前后，相继建起了西口子肉类批发市场和草原食品城。

中华人民共和国成立前，呼和浩特市称归绥市。旧城的北门外与西门外皆属现在的回民区管辖。那时城内外的街头，除卖牛羊肉的万盛永、刘宗义，卖猪肉的二合公、三义成几家肉店外，几乎没有多少家像样的肉铺，且这些肉铺以家庭

20世纪30年代呼和浩特市

经营居多，也不乏几家合伙联手经营。肉铺一般都兼营熟肉食品销售，宰杀后的动物副产品以及到下午两三点钟没卖出去的肉食，就得酱熟，晚上继续出售。除此以外，还有一些经营驴、马、驼等杂畜肉、下货，以及鸡、鸭、鹅、蛋等肉食作坊。

中华人民共和国成立后，1956年国家对个体工商业者进行改造，这些行业都变成公私合营性质的企业，1965年过渡到国营企业。这就要着重说说呼和浩特市肉食批发的领头羊——呼和浩特市食品公司。公司成立于1954年，它的前身是中国食品进出口公司天津分公司绥远办事处。绥远省合并为内蒙古自治区后，撤销了办事处，成立了呼和浩特市食品支公司，1955年更名为呼和浩特市食品公司。

食品公司位于呼和浩特市西郊鄂尔多斯西大街，刚成立时，职工共计156名，两个屠宰加工厂共有600多平方米的屠宰车间。加工设备主要就是屠宰用的刀具、水泥台，褪毛用的大锅，剥皮用的木架等，一切均为手工操作，工人劳动强度大，生产效率低，产品卫生质量差。经过30多年的建设和发展，到1986年，该公司逐步发展为集活畜收购、组织调运、饲养、屠宰加工、冷冻储存、市场销售以及熟肉制品加工、生化制药等为一体的中型国营企业。除满足市场需求外，也承担了部分出口任务，为国家换取外汇。

到1986年，公司有固定职工2700多名，下设了饲养厂、肉类加工厂、冷冻厂、两家熟肉制品厂、蛋厂、汽车队、劳动服务公司及四家肉食商店等12家下属单位。80多家肉食销售门市部遍布全市大中街区，保证了各环节的顺利变革，为确保市场繁荣和肉食供应奠定了良好的基础。

党的十一届三中全会后，肉食品逐步由国家调控转为市场调节。随着城市人口的不断增加，城乡人民生活水平不断提高，肉食需求急剧上升，在二十世纪八九十年代出现过几次全国性供不应求的情况，但该食品公司出手快、信息准、行动早，抓货源，为平抑肉价、保证供应做出了较大的贡献。

食品公司的沿革和发展，从过程和时间可分为四个阶段：一是创建阶段（1954—1958年），二是发展阶段（1959—1986年），三是放开搞活阶段（1986—2000年），四是转制阶段（2000年至今）。到2005年，呼和浩特市食品公司进行转制重组，成立呼和浩特市昌隆食品有限公司(原来的批发经销公司)、瑞天隆食品有限公司（第二肉类加工厂）和北亚清真肉联厂（第一肉类加工厂），其他部门在转制后破产。

近些年，昌隆食品公司周边相继建起了开泰海产品肉类批发市场、万惠农贸副食蔬菜批发市场、金泉食品冷库、广博食品冷库，新迁建北亚清真肉食品厂和瑞天隆肉食品厂。呼和浩特市鄂尔多斯西大街成了呼和浩特市最大的活畜交易、屠宰加工、冷冻储存及市场销售为一体的肉食品交易中心。交通便利，地理位置优越，客商云集人气旺。各公司和批发市场以市场为导向，以服务为宗旨，建立了全新的经营体系。他们奉行"顾客至上、信誉第一"的服务宗旨和诚信、求实、创新、发展的理念，与社会各界和同仁精诚合作，共图发展，打造了一个让百姓放心、让政府满意、为自治区成立70周年贡献厚礼的肉食品基地。

和谐西城好风光

和谐西城好风光

HEXIEXICHENGHAOFENGGUANG

美丽的自然风光、优美的生态环境、厚重的文化底蕴、丰富的乡村旅游资源，给游客留下了深刻的印象。回民区正以迅速崛起的绿色旅游生态新格局，为城市发展描绘出一幅秀美画卷。

杏花节抒怀

一

云裳羽霓仙女游，
游到此处频回眸。
疑似瑶池蟠桃宴，
不见当年偷酒猴。

二

但见杏黄李子熟，
百杏节上百姓游。
农家院里特色菜，
压赛瑶池王母羞。

三

山泉流水喜相逢，
知音知己垅上行；
百杏节上话百杏，
百年古杏今逢春！

四

白道岭下白道川，
回民区里笑声欢；
今年杏节情未了，
相约再会大庆年。

注解："大庆年"指 2017 年庆祝内蒙古自治区成立七十周年。

井尔梁高山草原

美丽神奇的攸攸板

攸攸板镇因镇党政机关驻地村名而得名。攸攸板镇所辖村（19个行政村和1个居委会）多为明代、清代建村。

攸攸板镇位于回民区西北部，北与武川县大青山分水岭为界，西与土默特左旗台阁牧镇毗邻，南与玉泉区西菜园办事处接壤，东与新城区成吉思汗办事处为邻，全镇占地面积170平方千米。其中山地及冲击扇面积150平方千米，平原面积20平方千米。

攸攸板镇辖地主要由山地、山前丘陵、沟壑及平原构成。山地属阴山山地，为东西走向，大青山脚下为山前不明显丘陵过渡带。向南延展为大青山冲积扇倾斜平原地，主要由乌素图沟、毫赖沟、坝口子沟等冲积洪积扇群组成，并向南延伸，是攸攸板镇农业主要工作区。

攸攸板镇内水资源较为丰富，是呼和浩特市地下水重要涵养源之一，但地下水位较深。境内有乌素图水库，乌素图、坝口子联合灌区枢纽工程和截伏流工程。

攸攸板镇有蔬菜种植的历史。东乌素图、攸攸板、厂汉板、塔布板、什拉门更、西龙王庙等村在人民公

林间小道

毫赖沟永安寺遗址

社时期就是蔬菜大队，种植白菜、黄瓜、番茄、柿子、豆角等。实行家庭联产承包责任制后，逐渐有农民建起蔬菜大棚，进行稀有蔬菜和反季节无公害蔬菜的种植。今东乌素图、坝口子等村有规模较大的蔬菜大棚，还有花卉种植基地，产品全部在当地销售。

全镇林地面积13750公顷，山地和平原地带都有林木分布。东、西乌素图村是呼和浩特地区的杏李之乡，有杏树3000余亩，上百年的杏树200多棵，历史上有"杏坞番红"之誉，是呼和浩特市旧"八景"之一。杏在坝口子、毫赖沟、元山子等村也有种植，呼和浩特市当地有"哈拉沁蛐蛐大，乌素图杏多"的说法。沿山各村大力发展经济林，调整种植结构，对杏树李子树进行嫁接改良，引进种植"123"、葡萄等新品种果树。全镇年产水果5020吨。如今经过多年生态建设，大青山前坡攸攸板辖区地段已绿树丛丛，有油松、樟子松、沙棘等耐干旱树种及灌木。经济林有1万多亩，生态林及农田防护林达10万余亩，生态林木公园有乌素图国家森林公园、内蒙古自治区团委青少年生态园，呼和浩特野生动物园也坐落在这里。

攸攸板镇境内古迹主要有白道岭长城和乌素图召。白道岭长城，位于大青山白道岭上，北魏时已经坍塌。白道岭长城遗迹高为1.5—2米，宽10米左右。土丘式的烽燧骑墙而筑，向外突出，烽燧遗迹高1.7米，周长60米。边墙梁村3座烽燧，中间的一座距东台340米，据西台170米。乌素图召，"乌素图"为蒙古语，意思是"有水的地方"。乌素图召坐落在大青山南麓，西乌素图村西沟口的台地上，由庆缘寺、长寿寺、法禧寺、广寿寺、罗汉寺五个寺院组成，总称乌素图召。庆缘寺规模最大，在"文化大革命"中遭到破坏。毫赖沟村西北有永安寺遗址。关帝庙位于大青山东段，白道岭之巅，坝顶村西300米，是供奉关羽的庙。庙宇建筑工艺灵巧，外有廊檐，十分精巧。该庙建于清乾隆年间，毁于1967年，今仅存残垣，还有一株高15米、粗1.36米的古柏，庙宇所在山沟呈东西向，风景佳丽。民国十五年（1926年），曾任绥远警务处处长的吉鸿昌所提"化险为夷"四字岩刻就在关帝庙西侧的北山峰脚下。

乌素图召的由来

乌素图召位于呼和浩特市区西北13千米大青山南麓，辖区所在地为回民区攸攸板镇西乌素图村。乌素图召是呼和浩特市八小召之一，

20世纪50年代乌素图召

寺庙群占地35.5亩，总建筑面积3790平方米。它是由庆缘寺、长寿寺、法禧寺、罗汉寺、药王寺、察哈尔寺、法成广寿寺七座毗邻寺院组成的寺庙群，乌素图召为其总称。由于年久失修，察哈尔寺、法成广寿寺分别于民国时期和"文化大革命"时期被拆除。

庆缘寺是主寺，规模最大，位居乌素图召中心。由第一代活佛察哈尔迪彦齐（迪彦齐意为禅师）创建于明代1583—1606年，清乾隆皇帝赐汉名为"庆缘寺"。

法禧寺在庆缘寺的东北，寺内建筑别致，内外装饰华丽，是五座寺庙中最富特色的一座寺院。据考证，该寺是乌素图召第三代活佛罗布桑旺扎勒于1725年所建，清廷于1785年命汉名为"法禧寺"。

罗汉寺在庆缘寺的正北，是第三代活佛罗布桑旺扎勒于1725年与法禧寺同时修建的寺院，不过规模较小。

长寿寺在庆缘寺的东面，1697年达赖扎木苏绰尔济大喇嘛所创建。寺院在清代前后修葺六次，寺中殿堂彩画和泥像雕塑比较完整。殿前的东西两侧矗立两块石碑，西为蒙古文，东为汉文，碑文的内容相同，记载建寺和历次修葺的年代。

广寿寺又在罗汉寺北的山坡

上，原名叫察哈尔速木寺，由察哈尔禅师呼图克图建于明代隆庆年间（1567—1572年），是呼和浩特地区最早修建的一座寺院。1690年康熙皇帝赐名"法成广寿寺"，简称"广寿寺"。

传说在明朝晚期，西藏走方喇嘛萨木腾敖斯尔曾来到呼和浩特一带寻山访胜，并在大青山乌素图西北的山洞坐禅修行。他擅长医术，常常治病救人，人称"察哈尔迪彦齐"。万历年间鞑靼首领三娘子与明廷修好，丰州安宁繁荣，藏传佛教日益兴盛。1606年，萨木腾敖斯尔在土默特贵族和当地百姓的支持下，在今西乌素图村的大青山高岗上修建了法成广寿寺。

在第一代活佛察哈尔迪彦齐面壁修禅的乌素图召庙西北方的石洞里，墙上刻有古藏文，据说至今无人能译。

乌素图召的第八代活佛明珠尔济1930年圆寂后，便没有再寻访呼毕勒罕（蒙古语音译，意为转世或化身），从此这个寺院的活佛停止"转世"。

乌素图召依山傍水，风景优美，因独具八大特色而名扬塞外。

第一，乌素图召始建于1567年，是呼和浩特地区最早修建的一座寺庙。

第二，乌素图召是呼和浩特地区唯一的一座由蒙古族工匠自行设计并施工的寺庙，集蒙、藏、汉三种建筑风格于一体。汉式风格的顶、藏式风格的墙、再加上具有蒙古族特色的装饰，浑然天成，巧夺天工。

第三，庆缘寺佛殿内的两幅壁画绘制年代最早，是明朝万历年间绘制的。壁画的天然颜料至今依然保持着鲜艳的色彩和清晰的线条，栩栩如生地向我们展示了400多年前当地百姓的生活状态。

第四，曾经珍藏有《松巴堪布著经》雕版，闻名于世。《松巴堪布著经》共有3455块雕版，内容包括经、律、论、医、算五个方面，是一部具有很高科学价值的藏文著作。据说，乌素图召几代活佛都有很高的医术，与学习《著经》有着密切的关系。可惜，现在这些雕版已经全部散失。

第五，法禧寺门前竖立着一对整石雕成的旗杆，刻工精美。

第六，曾经拥有众多精美的明清铜铸佛像、大拇指般大的白玛瑙念珠等，民间还传说有一尊"青牛白娘子"铜像。

第七，寺院内有华北地区唯一的菩提树。法禧寺内有一棵树龄近300年的菩提树，历经风雨雷电，至今仍郁郁葱葱，枝繁叶茂。

第八，绿树红墙、幽幽古刹，召庙群与杏树林相互掩映，形成了呼和浩特旧"八景"中著名的"杏坞番红"一景，几百年来一直为世人津津乐道。

2014年4月，为了挖掘整理乌素图召的历史宗教和旅游文化资源，恢复其几百年前的繁荣兴盛景象，进一步推动商贸旅游和休闲观光产业发展，回民区政府启动了乌素图召保护性修缮项目。项目区总占地1800亩，建设园林景区、绿化景观和生活服务设施，对庆缘寺、长寿寺、法禧寺、罗汉寺、药王寺等寺庙按照原貌进行修缮，全新的乌素图召生态旅游区已经呈现在世人的面前。

百年菩提花依旧

法禧寺院内有一株菩提树，是

菩提花开

乌素图召的喇嘛从西藏移植回来的，栽植于1725年，树龄已经有近300年，据说在华北地区只此一棵菩提树。树身粗壮，根深叶茂，树上系着五颜六色的哈达，树身上依稀还有伤痕，它见证了乌素图召的沉浮荣辱、寂寞繁华。

菩提树原产印度，因此通称印度菩提树，别名思维树。属于热带雨林植物，在北方能够成活实属罕见。《梵书》中称菩提树为觉树，

乌素图召舍利塔

百年菩提树

传说佛祖释迦牟尼是在菩提树下修成正果的，因此虔诚的佛教徒视其为圣树，万分敬仰。

这是一棵神奇的树，树叶有四种叶形，形状略有不同。仔细看来，树叶大多数是一种椭圆而且较大的心形叶，周围是锯齿状，前端有细长的尖。有的树叶在左侧开一个天然的叉，还有一种是在右侧开叉，更有一种树叶在叶片两侧各分开两个叉，与枫叶相似。远远看去叶子摇摇曳曳，像一尊尊倒挂着的坐佛。

每年"五一"节前后，一般是在上午时，菩提树饱满的蓓蕾会突然喷出一股清烟，然后便会看到一个新嫩的叶尖冒出来，古树发新芽了。有的喇嘛说得更神奇：春天，菩提树的叶柄会被挤出牛奶一样的汁液，菩提树发新芽的时候，静心屏气站在树下，会听到菩提花开的声音……

古树光阴的故事

2014年6月，呼和浩特市绿化委员会办公室通过实地普查，确认呼和浩特市现存百年以上的古树名木有115株，其中有4株被确定为一级古树，它们的平均树龄都在500年以上。

在呼和浩特市现存的4株一级古树中，3株树龄在500年的一级古油松就在广化寺（又名喇嘛洞召）内。喇嘛洞召位于土左旗毕克齐镇境内的大青山深处。500多年来，古老的松树在召庙前聆听着晨钟暮鼓，寒来暑往，画出一道道坚硬的生命

169

乌素图老榆树

的年轮。

在东乌素图三道营子路东也有一株古榆，村民们说，这株古榆是村内郭氏家族早年从山西迁往东乌素图村时种下的。郭氏家族在村中的后人郭召河说："我们家从老家山西忻州搬到这里，现在算起来已有八代人了，这株古榆以前就生长在我们家的院子中。三年前房子拆除后古榆留在了原址，后来又被保护了起来。这棵树上的枯枝从不在白天掉，只在夜里掉，而且声音很轻。即便是粗重的树杈掉下，也只是落在院子里，从不砸屋伤人。家里人也对这株古榆很重视，把它作为家族兴旺的象征，我们也自发地在对这棵树进行保护，让它更好地生长。"

阴山上的赵长城

长城又称"万里长城"，是中国古代在不同时期为抵御北方游牧部落侵袭而修筑的规模浩大的军事工程的统称。长城始建于春秋战国时期，始修于燕王，历史长达2000多年。今天所指的万里长城多指明

代修建的长城，而在呼和浩特地区的阴山上，不仅有明长城，还有赵长城、秦长城、汉长城、魏长城等不同历史时期的长城。

万里长城绵延万里，并不是随便哪个皇帝哪个朝代就能随意完成的，从第一座长城出现至今已经有2000多年的历史，而这最早的长城也是大青山的第一道长城，是战国时期赵国赵武灵王修建的，所以也被称作"赵长城"。据《史记》载："赵武灵王变俗，穿胡服，习骑射，北破林胡、楼烦，筑长城，自代并阴山下，至高阙为塞。"

从上述资料可见赵武灵王是多么重视边疆地区，据相关资料记载：赵长城大约在赵武灵王二十至二十六年（前306—前300年）修筑。赵长城从河北宣化开始，经山西北部，西北折入阴山，一直延伸到河套狼山山脉的高阙塞（今石兰计），经包头段长达130千米，高约5米，下宽约5米左右。保留比较好的一段在包头至石拐公路10千米处。站在这段保存较为完整的土筑长城之上眺望，可隐约看到这段从大庙起，东向边墙壕村，西向昆区的古迹。登上高山，可以清晰地看到蜿蜒盘绕、跨山越水的赵长城和长城烽火台的遗址。这一长城用土夯筑，层次清晰，残存城基宽约3.5—4米，

高出地面1—1.8米。沿长城遗址，可以发现大量战国时代的陶片等遗物，还可采集到"半两"钱、板瓦、陶罐、四月复碗、铜链等，为今人研究历史、了解文物、进行古文化教育留下了较为珍贵的实物资料。

今大青山乌素图村西北也有赵长城的遗址，并且还有烽火台。这段长城应该由几座烽火台一直连接到云中城，可是遗迹难寻。因为在赵国时期，托县的云中城是赵王的新领土，并设有云中、雁门、代三郡。赵王首次在阴山地区设立地区行政管理机构，且云中城又在大青山南的平原上，所以必须要修建长城以保证军事防御。

段家窑有座影视城

群山环抱，苍松翠柏，溪水潺潺，百年农宅，清代驿站，世外桃源。大青山深处，这里有个村子叫段家窑。

早在20世纪80年代初，就有人相中了这块风水宝地，作为外景地之一拍摄了一部影片叫《塞外夺宝》。此后许多影视剧组蜂拥而至，搭景建屋，修城筑墙，形成了颇具规模的影视城。驼铃叮当，闻名于世的"茶叶之路"，走出了近代商业史上的奇迹"大盛魁"，浩浩驼队，漫漫驼道，这里已是进出归化城的第一个也是最后一个驿站。为了更好地展现呼和浩特历史上这一伟大传奇，电视连续剧《大盛魁》选择了这里，并把这里建成了一座"商业城"，一个"驿站村"。如今来这里的游客络绎不绝，段家窑影视

段家窑影视城

171

段家窑影视城

城现已成为呼和浩特独具特色的旅游景点。

清咸丰年间，山西一户段氏人家逃荒来此挖窑洞而居，由此得名"段家窑"。该村位于回民区北部大青山中，共有9个自然村，分别为沙湾子、红土窑、焦赞坟、班定营、段家窑、毛忽洞、西梁、移民新村、坝底，分布于大青山呼武公路西侧的山湾里。全村总面积40余平方千米，耕地3029亩，林地30000亩，总人口905人，378户。近年来，段家窑村以种养、餐饮服务业、交通运输业和外出务工为主导产业，引进了半亩地莜面大王、园外园等餐饮企业。通过影视基地建设、宇生乐丰园等项目带动旅游休闲观光业发展。目前全村农家院已达24家，

村民收入稳步增长，2014年村民人均收入11720元。

2014年实施"十个全覆盖"工程以来，累计投资4090万元，新打水源井3处，新建饮水管网14.5千米，改造管网7.9千米，解决了全村的安全饮水问题。还完成了标准卫生室、文化室、便民连锁超市改造等。修建通村公路6条，全长10.3千米，硬化街巷10.25千米，建成各自然村的护村堤13.4千米。在104省道

段家窑影视城

的段家窑段西侧栽油松6000余株，在各自然村栽植油松10500株，完成影视城西侧500米灌木绿化工作。在104省道段家窑村西侧进行街景亮化，亮化户数38户44栋，安装路灯1千米共计60盏。

如今的段家窑已成为了呼和浩特市名副其实的后花园。

卧龙冈上建公园

青城公园位于呼和浩特市回民区中山西路以南，老体育场路以西，占地面积48公顷，园内杨柳参天，繁花似锦，百鸟啼鸣，是市民主要的休闲和游览地之一。青城公园最初时名叫"龙泉公园"，始建于1931年，是呼和浩特乃至整个内蒙古地区最早建立的公园。

据《归绥县志》记载，"冈在归绥市东，积土而成，高阔数丈……"青城公园里有一座龙形的大土山，民国时老百姓称这个土阜为"卧龙冈"。在卧龙冈之南，有一清泉潺潺流出，成为给周围农家提供浇灌庄稼和果蔬的源头，老百姓亲切地叫这个给他们带来丰收的泉水为"龙泉"。在卧龙冈的东南，有一座"先农坛庙"，庙之右侧也有一清泉涌出，并汇集成天然湖泊，老百姓称其为"老龙潭"。每当仲春时节，归化城和绥远城官员在先农坛庙举行"耕藉"典礼，祈求风调雨顺，五谷丰登。到夏秋庄稼成熟之时，先农坛庙四周，麦浪滚滚，果蔬飘香，充满了田园风光的诗情画意。

绥远省政府主席李培基认为："归绥两城之职官市民，当工作之暇，

青城公园

尚少一合理游娱调和身心之所"，决定在归化和绥远两城之间的卧龙冈建立公园。1931年4月，正式动工兴建龙泉公园，三个多月后完工。

公园初建时在卧龙冈顶有一个凉亭，四周遍植杨柳树，纵横疏密，恰到好处，凭栏远眺，远山近景尽收眼底。在卧龙冈的南面利用龙泉修建人工湖，依泉凿池，浇树灌田，皆可饮用。湖中还放养大量鲫鱼、鲤鱼、泥鳅等鱼苗供游人垂钓。湖的南面修垄筑堤，迤逦如阡，人们俗称为"青龙背"。公园内除大量种植树木和花草外，园西设运动场，安放秋千等体育设备，园内还有茶社，游人可在湖光水色和绿荫花丛中尽情品茗、欣赏景色。在公园的南面，利用龙泉的水源，试种水稻，"又如江南风味，宛在城中"。公园建成后基本达到了设计之初的"夹道绿槐，阴堪消夏，绿堤碧柳，爽可宜人"的设想。

1931年7月，龙泉公园竣工并举行了隆重的开园大典，刻石立碑，上书："夫名其园曰'龙泉'，以其冈号卧龙，泉出其右，且与老龙潭、青龙背壤地相接，盖纪实也……"遗憾的是石碑已经遗失。

1937年10月，日寇侵占绥远。在龙泉公园内砍树铺沙，建立日本神社，规定过往行人必须向靖国神社方向脱帽鞠躬致敬，否则就受罚挨打。20世纪40年代末龙泉公园已经破败不堪面目全非。中华人民共和国成立后，经过多年的修整建设，公园再次焕发生机，恢复了往日的"绿堤碧柳，爽可宜人"，龙泉公园亦更名为"人民公园"。20世纪90年代，公园几经扩修，更名为"青城公园"。更可喜的是，近年来呼和浩特市又陆续建成了满都海公园、公主府公园、湿地公园、成吉思汗公园、乌素图森林公园等一批大型公园，为青城百姓工作之余增添了新的色彩。

乌素图国家森林公园

乌素图国家森林公园是国家AAA级旅游景区。2000年4月由呼和浩特市人民政府决定规划建设，其主导产业为森林旅游。位于呼和浩特市西9千米，110国道574千米处的大青山脚下，这里有涓涓的乌素图"神泉"、波光粼粼的"五一"水库、天工绝妙的"天池"以及秀美的红领巾水库。

明清时期的乌素图通过《归绥识略》可见一斑，"百余里内产松柏林木；远近望之，风光翠霭，一带青葱，如画屏森列"。再加上地貌变化千姿百态，山势雄奇，鬼斧神工，真可谓风景如画。

1992年9月19日，国家林业

部将乌素图国家森林公园批准为77个国家森林公园之一。它方圆120.6万亩，大致相当于整个呼和浩特市总面积的七分之一。这里青山环抱，溪流潺潺，农田片片，绿树行行，风光自然，令人陶醉。

乌素图国家森林公园核心区位于回民区境内，行政区域包括西乌素图、东乌素图、毫赖沟、元山子、坝口子五个村，南面以乌素图森林旅游娱乐开发区规划红线为界，西至大白山，北到红土窑子、段家窑村。

这里山上松柏常青，松涛阵阵；沟坳杨柳叠翠，泉水潺潺；平川草绿树荫，桃李果香。春季有花，风和日丽；夏季有荫，暑而不热；秋季有果，气爽宜人；冬季有绿，银装素裹。核心区内有著名古迹遗址——战国时的赵长城，汉通漠北的古白道，宋、元、明、清的"老爷庙""焦赞坟""乌素图召"。整个森林公园在青山的衬托下，加上雅致的田园风光、豪华的别墅群落、成荫的杏树、果树、梨树，以及远处朦胧的城区，是旅游观光的好去处。

站在乌素图国家森林公园门口，首先映入我们眼帘的是森林公园的大门。紫红的瓷砖给人以典雅、庄重的感觉。门很宽大，旨在展示大自然向人类展开的宽阔胸怀。大门

这样设计一是为了方便游客车辆进出，另一个原因是，乌素图常年刮西北风，旅游季节走进大门便可闻到阵阵花香，仿佛置身于天国仙境之中。大门和两侧的房子不同，尤其是上面的大圆球，象征着这里是内蒙古大草原上的一颗璀璨明珠。

走进这如诗如画的公园，通道两侧最引人注目的便是苍翠的杜松、侧柏以及高大的杨树。森林公园里的植物种类极为丰富，有丁香、玫瑰、榆叶梅、冻青草等。

前方是人工湖，面积66亩，芦苇等水草点缀其中。湖中设湖心岛，面积3.5亩，供游人休憩垂钓。在空中鸟瞰，挺拔的青山，郁郁葱葱的植被，一潭清澈的碧水，湖中缓缓游动的小船，水上嬉戏的水鸟，林中悠闲的游客，构成一幅美妙的画卷，真是"人在画中游"。

在平坦的观景台上俯视呼和浩特市全景，仿佛张开双臂，就能拥抱这片土地，别有一番滋味。当世界尽收眼底的时候，一种"野旷天低树"的感觉从心底升腾，激动、豪放，以至每个人都想大吼一声，宣泄内心的感情。这就是大自然的神奇之处，它能带给我们欢乐，涤荡我们的心灵。

公园里别具特色的长廊分上、下两部分，下边是木质结构，上边

是砖石结构。木制长廊长300余米，全部用上好的木料制成，涂以红漆，古色古香，给人一种仿佛置身苏州园林的感觉。长廊带给人的是另一种情趣，这里并不开阔，也无法放眼展望，只有清静，只有脚下一步一个的台阶。青砖青石，藤叶遮盖，阳光从盘绕的长藤缝隙中照下来，一丝一缕的，给幽暗中的人带来温暖。在酷热的夏天，游人们总是喜欢来这里小憩，体味这沁人心脾的凉爽。

途中经过鸟园，并不大，但鸟的种类是很多的，鹦鹉、百灵、画眉等等。看着这些可爱的精灵，听着悦耳的鸟鸣，伴着阵阵而来的清香，这就是真正的鸟语花香了吧！

走出鸟园，前面汩汩的流水又在招引着游客，这是一个人工瀑布。艳阳高照，捧一把清凉的水扬在脸上，感受一份夏日的凉爽。凉亭就在旁边，亭子内外以彩画装饰，内容是仁、义、忠、孝，"三娘子""媳妇奶婆"以及"天王降大宋"，寓意行善、尽忠、施孝。瀑布、凉亭、彩绘，给我们带来一种赏心悦目的感觉。

走出人工瀑布，爬上一座小山，就可以看见前面那个巨大的虎头了，虎啸岗就在眼前。爬到虎口上，整个呼和浩特市及巍巍青山就清晰地

映入了眼帘。不远处是森林公园的制高点，一座更高的凉亭。登临凉亭极目四望，千峦雨后迎红日，无际山川扑眼帘：青翠的松柏，雪白的梨花、桃花，碧水蓝天，朦胧的城区，整个乌素图国家森林公园，整个呼和浩特市尽收眼底。远处，从平地上突然冒出一座圆形的山包，那是乌素图著名的元山子，也叫元山。"元"通"圆"，象征着团圆，寓意家庭幸福，合家团圆。

这里有山、有水、有花、有草、有树、有果、有鸟、有兽、有古迹、有传说……来到这里，可以寻找一份愉悦，享受一份舒畅，体验一种心情；来到这里，可以放飞心情，回归自然，从繁杂的世界中解脱出来。

乌兰夫纪念馆

乌兰夫纪念馆是国家AAA级旅游区，坐落于呼和浩特市新华西街乌兰夫公园（原呼和浩特市植物园），与位于土左旗的乌兰夫故居一并被国家旅游局确定为100个全国红色旅游经典景区之一。

乌兰夫同志1906年12月23日出生于内蒙古土默特旗（今土默特左旗）塔布赛村一个蒙古族家庭，曾用名云泽、云时雨。青年时代在李大钊、赵世炎、邓中夏等共产党人的帮助下，加入马克思主义研究

乌兰夫纪念馆

小组，学习马列主义理论，参加创办革命刊物，走上革命道路。

中华人民共和国成立后，乌兰夫同志在我国社会主义革命和建设中，作为党和国家的领导人，为加强国防建设和政权建设，为民族工作的健康发展，为做好新时期统一战线工作，呕心沥血，鞠躬尽瘁，为国家富强、民族繁荣做出了不可磨灭的贡献，受到全国各族人民的爱戴和尊敬。

经中共中央批准，自治区党委、政府于1991年下半年开始筹建乌兰夫纪念馆，1992年12月23日落成开馆。纪念馆占地面积约30000平方米，建筑面积2100平方米，整个建筑包括主馆、纪念广场、塑像平台、升旗台、碑亭、牌楼6个部分，其中主馆面积1400平方米，分为序厅及9个展室。

序厅内是3米高的乌兰夫同志汉白玉坐像，他面容慈祥，神态沉稳。东西两壁上为四组高5.5米、宽3.5米的大型仿汉白玉浮雕，分别以参加反帝爱国运动、百灵庙暴动、经济建设、各族人民大团结为主题。四组浮雕以画龙点睛之笔描绘了从五四运动至今，在风雷激荡的80多年中，中国人民尤其是内蒙古人民争取民族解放、祖国统一，为中国革命和建设艰苦奋斗的历程。以乌兰夫同志为首的老一辈无产阶级革命家，既是参加者，又是领导者，他们和全国人民一道共同书写了这一壮丽篇章。

乌兰夫同志纪念馆从第一展室

乌兰夫雕像

到第九展室分六大部分，22个单元，运用文物、图片、历史照片、图表、绘画，配合文字说明等形式，以历史唯物主义的观点系统地展现了乌兰夫同志光辉的一生。

第一部分：追求真理，投身革命。包括四个单元：苦难中诞生，五四时期觉醒，加入中国共产党，留学莫斯科。

第二部分：播撒火种，再展红旗。包括三个单元：恢复组织、开展工作，坚持革命斗争，百灵庙暴动。

第三部分：团结奋斗，坚持抗战。包括两个单元：战斗在鄂尔多斯高原，在延安的日子里。

第四部分：实践自治，功垂千秋。包括四个单元：成立自治运动联合会，"四三"会议，创建内蒙古自治政府，巩固后方、支援前线。

第五部分：团结建设，振兴边疆。包括五个单元：加强党政军建设，新时期的民族工作，农牧林业的稳步发展，内蒙古工业体系的建立，蓬勃发展的文教、卫生事业。

第六部分：为国操劳，鞠躬尽瘁。包括四个单元：政务活动，民族和统战工作，外事往来，深切的怀念。

整个陈列，既有全面系统的生平简介，又有体现个性特点的重点宣传。包括199件文物、286张历史照片、106件文献资料，内容与形式珠联璧合。

穿过纪念馆牌楼就是乌兰夫铜像，这尊铜像高4.4米、重4吨，主题思想为重返故里。他身着呢子大衣，戴宽边眼镜，手持手杖，庄重潇洒，凝重深沉，似成就大业之后在旷野散步。蓝天下铜像台基四周芳草萋萋，松柏苍苍，衬托出一派北国丽色。当人们来到铜像前瞻仰时，禁不住肃然起敬，也一定会止步、深思与遐想。

2016年是乌兰夫诞辰110周年，在自治区成立70周年大庆之际，我们再次走进乌兰夫纪念馆，站在他的铜像前抬头仰望。他神态坚定，目光中充满着自信。千千万万的后来者，将从中受到启迪和鼓舞，将他未竟的事业发扬光大。

"旅游之星"蒙亮

内蒙古蒙亮民贸（集团）有限公司是内蒙古地区专业生产经营各种牛角工艺品、牛骨工艺品、民族牛皮画、银饰品、绒制品、奶食品、牛肉干等民族特色产品的民营企业，集科研、创意、加工生产、销售、展览于一体，属内蒙古地区重点民营企业。2012年，蒙亮商标被认定为内蒙古著名商标。公司成立于1989年，多年来，公司在竞争中不断发展，以过硬的产品质量赢得消费者的高度信赖。现已拥有固定资产8000多万元，近年来，销售额连续突破亿元大关。

2013年3月，公司开工兴建蒙亮演艺广场，该项目集酒店、民族特色歌舞演艺厅、旅游文化产品、购物于一体，属于大型文化产业项目，2016年6月投入使用。这一项目的落成，对充分展示内蒙古民族文化具有重要意义，将会成为内蒙古地区弘扬民族文化的一道亮丽风

蒙亮集团

蒙亮集团

景线。

此外，公司由于业务的不断壮大和发展的需要，迁址扩建，在成吉思汗大街与西二环路交接处西南角建设蒙亮旅游商品研发展示景区基地，下设研发中心、民族产品展示销售中心、民族特色餐饮等多个项目。通过独特的民族艺术形式，展示民族工艺、蒙古族食品、蒙餐的魅力，成为人们探知和了解草原文化的重要平台。该基地是内蒙古地区规模较大的、独具民族特色的蒙元文化旅游接待中心。

2014 年，蒙亮民族风情园被评为国家 AAA 级旅游景点。

谷仓艺术空间

西乌素图村地处呼和浩特市的西北部，距离北二环路约一千米。

西乌素图村居住着 20 余户蒙古族村民，据说大多都是乌素图召喇嘛的后代。这里现在还保存着十几处旧村落模样的院子，谷仓艺术空间就建在一处老房子的后面，这处老房子大有说道，大家称它为"棋杆院"。据村里的老人讲，民国时期村里李家出了一位县长，可是这位县长在上任途中不幸得疾病故去了。虽然他不在了，但是棋杆院却留了下来：照壁、旗杆、绣楼、前后院……现

儿童墙绘

谷仓文化大院

在还可以看到曾经旧院子里的旗杆底座、院子中间的砖石铺设以及一些条石、拴马桩。

中华人民共和国成立前，谷仓艺术空间所在处是一间看护粮仓和打谷场(村民称"场面")的小土房子，租的另一处大房子是村民的粮食仓库，谷仓艺术空间的构想由此产生。

2015年3月，谷仓执行人江子与合伙人宏疆正式开始营造谷仓艺术空间。把小院子和原来的库房改造成了一处部落休闲吧，读书、山泉水泡茶、喝咖啡；把粮食仓库改造为工作室、文化沙龙、讲座、艺术展览的综合体；原来的棋杆院营造成可以自己做饭、

做陶艺、画画、看电影、听故事的文化大院；另租一处院子改造成食堂和宿舍，可以接待100人食宿。经过三个月的苦心筹备，谷仓艺术空间于2015年6月6日正式成立，并于当日举办了主题为"种子"的美术作品开仓展，寓"播种、发芽、成长"之意。

谷仓艺术空间上临井尔梁高山

谷仓休闲部落

夏令营

草原，下临乌素图召七大寺庙，有多处天然地质景观，风景秀丽，壮美宜人，是一处极佳的写生采风之地。经过艺术家们的精心打造后焕然一新，现在的谷仓艺术空间已经成为一处以采风、写生、艺术家创作、交流学习、登山、休闲、文化沙龙、艺术品展示为主要内容的艺术基地。

乌素图村在几十年前就有画家、摄影家在这里下乡、采风、写生。2015年，谷仓艺术空间与村委会举办第一届西乌素图大杏采摘节，2016年与村委会举办第一届西乌素图杏花节。村民们带着小板凳看晋剧、二人台表演，夜晚看露天电影、看演出，真是一派祥和的景象。

现在，已经有三个艺术组织进驻村里。谷仓艺术空间迄今为止，

已经接待了超过2000人次来访，并举办了内蒙古大学艺术学院写生观摩会，相信不久的将来会有更多的艺术家走进这处村落。

谦和果园文化院

在素有"杏坞番红"的攸攸板镇东乌素图村中部，有两个呼和浩特人休闲旅游必去的地方——"谦和果园"和"谦和文化院"。它们都是一家人开办的，各负其责。

谦和果园自不必说，这里有上百亩的果树林，置身其中可体验采摘的乐趣，还可在"民俗墙"上悉知"杏坞番红"的故事及乌素图的来历。当然了，还有大杏和李子的保健常识，尤其是那百年老树更见证着历史的沧桑和巨变，让人浮想联翩。坐在果树下，品尝地道的农

谦和文化院

家饭菜、自酿的烧酒，吸着新鲜的空气，望着不远处的群山，让人乐不思蜀，流连忘返。

谦和文化院，2013年7月开始对外开放，2015年改造扩建，有2000平方米综合楼一座，包括430平方米大型会议展厅一个，九个标间，23间宿舍（能容纳184人），300平方米的书画专业展位，并配有食堂。这里可承担学生写生、文化创作，企业会议培训及季节性旅游等活动。

文化院的一层是油画展厅，有区内外著名的油画家作品上百幅，置身其中，唯美的艺术气息扑面而来……

文化院二楼的廊墙上挂满了土默川民间艺人的剪纸，乡土的味道沁入心脾。

三楼的会议展厅和客厅是摄影和书画，展示着乌素图特有的自然风光和美景。站在窗前眺望，情不自禁就会吟诵起古老的民歌《敕勒川》……

丰收

谦和果园

文化院自开放以来，组织接待自治区知名书画家写生15次、文化笔会12次。此外，文化院还承接呼和浩特市科技局和回民区科技局以及农业技术各有关单位组织的农业科技培训。

文化院四周被果林环抱，空气清新，环境优雅。内设停车场和小池塘，院内遍植各种果树、花卉。在文化活动之余，还可以进行垂钓和户外烧烤，当然了，农家饭和自酿酒也是必不可少的。

文化院的主人张国林是一位土生土长的农民，文化院是他家的老宅院改造扩建的。讲起文化，说起谦和，他竟也头头是道。他说："乡村旅游必须要与文化结合，自然的与人文的才能更吸引人。谦和就是谦虚和气嘛。"他以自己独特的理解，幽默地说着，最后他补充道："赶上好时光和好政策了，所有的发展

丰收

离不开政府的大力扶持。"

归绥"八景"之
"柳城荫绿"

呼和浩特市历来是一座文化名城，我们知道，曾经的大召东仓，被文人墨客说成是"塞外天桥"，其繁华不亚于北京的天桥。

据《归化城厅志》记载，在清朝末年归绥地区就有了"八景"，这"八景"分别是"柳城荫绿""杏坞番红""沙溪春涨""石桥晓月""白塔耸光""青冢拥黛""虎头瀑布""牛角旋风"。

"柳城荫绿"指的是20世纪70年代以前连接新城与旧城之间中山路两旁的林荫大道，这一段道路大约长5里。1868年（同治七年），归化城为了抵御外来侵犯，修建了土围墙，同时，绥远城也疏浚城壕。1870年，护城河修好之后，人们发现，周围树木极其稀少，尤其是从西门到归化城5里之内，几乎没有树木，也没有建筑物，只有一些野沙滩和灌木丛，环境甚是荒凉。

当时，人们行走在归化城和绥远城之间，路上都是沙子，炎炎烈日，连一个遮挡的阴凉都没有。于是，这一年，绥远城建威将军集资8000元，带领八旗官兵修整道路，挖壕引水，在城西种植了3700余株柳树，此后柳树成荫。

1900年之后，这里成了呼和浩特市的一大景观，道路两面是柳树，中间是一条林荫大道。当时，交通工具主要是马车、轿子车。人们走在这条路上，边走边欣赏路边的风景，溜溜达达，甚是惬意，或者是躺在马车上，体会柳丝拂面的感觉。有些人更愿意徒步，不为别的，就是格外喜欢路上那一棵棵繁茂的柳树和美丽的街景。

中华人民共和国成立之初，在现在的回民区医院门前，经常停着一些马车，等到聚集了五六个人的时候，人们就可以坐着这些马车去新城，马车到新城走的路线便是中山路。一路上，一棵棵枝繁叶茂的柳树就像是一把把撑开的大绿伞，为来来往往的行人搭起了一道绿色的长廊，飘逸的柳枝不时地轻触着人们的肩头、脸庞。马车穿过新城西门，到了将军衙署，那便是另一个停车的地方，等到再集中五六个人，马车又从新城拉人到旧城，这也许就是呼和浩特最早的"公交车"和旅游"大巴车"了吧。

20世纪70年代初，市政府进行中山路道路改造，柳树在人们的视线中消失了，一些矮小的柳树替代了见证中山路百年历史的大柳树。从此，呼和浩特市中山路上这特有的"柳城荫绿"美丽街景只好在地方志、旧照片中寻找了，呼和浩特市老"八景"中也消失了一景。

归绥"八景"之"沙溪春涨"

"沙溪春涨"的地点在清代的归绥兵备道道台衙门口，也就是今天的呼和浩特市第一中学门前，就像是消失了的"柳城荫绿"，"沙溪春涨"也是呼和浩特消失了的归化城老"八景"之一。

"沙溪春涨"是最美

《归化城厅志》记载："道署东西辕外，二水交流，桥木以通往来。春深冰泮，绿水粼粼，鹅鸭之群，游泳格磔于平沙浅涨间，遥望红墙隐隐，镗鞳闻钟声，则通顺古刹也，近城胜景，此为之最。"这段话描述的便是"沙溪春涨"。这里的"道署"指的就是当时的归绥兵备道，"二水"是北来的坝口子溪流与东来的扎达盖河，扎达盖河也俗称西河。两条河流的交汇处，便在归绥兵备道门前。文中的"通顺古刹"就是归绥兵备道不远处的朋苏克召。"沙溪春涨"不仅指两条河流汇聚所带来的美景，而且指河流附近所有能给人们带来美感的景色。

"沙溪春涨"附近的景致

坝口子溪水从道台衙门西侧流经后沙滩，是一条季节性河流。夏天雨水大的时候，这条河里的水也很大，有时候还可能祸害一方，但是雨季一过，河里就没水了。这湾溪水经过现在的植物园，就是当时的翟家花园。

不仅翟家花园一段给"沙溪春涨"增色不少，这条河更是一个美妙的景观。春天，河流解冻时，河面上漂着一层浮冰，大的冰块上面有泥土、干草、树枝，远远地看上去，浮冰就像是一个流动的冰岛。一中后街北面有一个大沙滩，这个大沙滩没有黏土，由上游的水冲刷而成，水多的时候，沙滩就被水漫了，水少的时候，这里就是孩子们的乐园。沙子很干净，孩子们在上面打滚，淘气的小孩会找一个小木棍，把河面上漂过来的冰凌捞上来吃。夏天的时候，西河里还有小鱼，人们站在河上，可以看见小鱼在水里游来游去，还经常能发现水里冒小泡。

原生态的"沙溪春涨"

一中附近沿河岸，上面都是树林子，树林里有鸟，人们走近，就能听到各种鸟叽叽喳喳的叫声。河对岸，沿街的院墙上，住户用白灰画成一米大小的圈子，因为那时候呼和浩特有狼，晚上狼来的时候，发现了墙上的圆圈，以为是套它们的绳子，于是不敢靠近，住户以此来防狼。可见，当时的归化城有多原生态。

道台衙门门前有一个照壁，照壁前有一圈树，树围起来一个泉，道台门前两边各蹲着一个石狮子，这里便是传说中的怪园。人们从附近经过，总是会讲很多关于慈禧与怪园的故事和传说，这也给"沙溪"一景带来不少乐趣。

市民流连于"沙溪春涨"这一美丽的景色时，目光穿过柳林，一排红墙尽收眼底。远处镗鞳的钟鼓声传来，那便是朋苏克召了……

归绥"八景"之 "石桥晓月"

呼和浩特是一个古老的城市，每一块土地，每一个建筑物，都积淀着许多历史故事和文化传统，其中，庆凯桥一带更是富有文化的凝聚力与吸引力的地方。当年，"石桥晓月"以其独特而秀美的风景被选为归化城的老"八景"之一。

令人遗憾的是，1959年7月，这座屹立于扎达盖河中上游的大石桥，被来自蜈蚣坝的特大洪峰连桩卷走，曾经名噪一时的归化城老"八景"之"石桥晓月"永远地消失在了人们的视线之中。

后来，市政府在扎达盖河上按照原来的样子又复建了庆凯桥。新建后的石桥比以前的庆凯桥气派了许多，长了，宽了，大了，只是缺少了一种岁月的痕迹。很多历史就是在岁月的流逝中积淀了下来，就像庆凯桥，人们喜欢它，不仅因为它是呼和浩特的母亲河——扎达盖河上的一座大石桥，更是因为这座桥有着太多的历史遗迹和城市故事，所以才一直为人们津津乐道。

最大、最早、最著名的石桥

呼和浩特市民几乎都知道，清代康熙皇帝曾经两次亲自西征噶尔丹，并凯旋于归化城。后来，人们为了纪念康熙皇帝的凯旋以及这件历史事件，建造了一座大桥，并命名为"庆凯桥"，即庆祝凯旋之意。庆凯桥经多次毁坏，又多次重建，直到咸丰六年，历经两年，重新建成了一座相沿200年的大石拱桥。这座桥也被人们誉为呼和浩特最大、最早、最著名的石桥。同时，随着石桥的建成，在庆凯桥的周围，出现了繁华的商业区。

热闹繁华的商业区

随着庆凯桥的建立，在它的西面，出现了一条以同样名字命名的街道，即庆凯街。街上什么东西都有，一下桥，路北就是广兴泰药铺，药铺的拐角处立着一块石碑，石碑上写着"泰山石敢当"。药铺的主人害怕从石桥上下来的车辆损坏他们家的房子，于是立碑提醒人们注意，也许这是最早的交通警示牌了吧。街道的南边还有烧麦馆，接着是当铺、五金铺子、卖肉、卖菜的铺子等等，只要是人们生活需要的东西，都能在这里找到。归化城里的人们买东西，都来这里，河对岸的市民，穿过庆凯桥，也来这里溜达，这是他们生活中最惬意不过的事情了。

在庆凯桥的北面，便是买卖牛、羊、马等的牲畜市场，因此，庆凯桥也被人们叫作牛桥。天还没有亮，附近的农民就赶着牲畜来到这里等待交易，赶牛"嘚嘚"声，叫卖的吆喝声，声声入耳，也许就是他们，每天破晓之前，在这里发现石桥和天上弯月所形成的美丽景致。庆凯桥西面，便是草市，过去人们养牲畜，每家每户都来这里买草，卖草的商家也是一家挨着一家。到了晚上，有卖沙鸡、大豆、麻糖、莲花豆的买卖人，他们提着灯笼，担着篮子，踏过庆凯桥，穿梭于旧城的大街小巷，叫卖声余音缭绕，在古老的归化城回荡。

当时的归化城，从南面来的客人来到归化城，购买牲畜、皮毛，同时带来大量江南生产的生活日用品。归化城的驼队通过跑乌鲁木齐和乌兰巴托，从那里换回物品和银两。当时除了有归化城三大旅蒙商号的同时，在庆凯桥附近还形成了以白家、杨家、王家等为代表的旅

蒙商，这也使得庆凯桥附近特别繁华热闹。

真正意义上的"石桥晓月"

外来的商人和走草地的驼工到了归化城，总要到扎达盖河的牛桥附近逛一逛，领略一下当地的风土人情。夏天尤其是晚上，周围的百姓也愿意到这里来溜达溜达。

牛桥扎达盖河附近，河两岸都种植着大量柳树。春夏之际，站在牛桥上面，北边是连绵的大青山，天高云淡，看着舒服极了，往西一望，就是道台衙门口，柳树已经超过了衙门内的房子。在人们的视线之内，看不到房顶，清风吹过，柳树忽高忽低，衙门内的房檐时隐时现。站在桥上，西南方向是朋苏克召，红墙隐隐。桥下，小孩子在河里玩水、抓鱼，玩累了，便躺在河边的草地上休息。清冽冽的河水流过，女人们在岸上洗衣服，男人则在不远处围着聊着天儿，周围一派祥和的景象。

早晨，太阳还没有升起来，商户们和老百姓经过庆凯桥，他们无意间会发现，此刻的月亮正挂在道台衙门口的树梢上，这也就是人们传说中的"石桥晓月"了。

蒙元文化街区

回民区从基础设施建设入手，启动了成吉思汗西街绿化景观建设

成吉思汗街多彩文明广场

工程。绿化景观带和辅道建设于2011年启动，截至2015年，40米绿化景观带已全部完工，铺设草坪约30万平方米。此外，为显示蒙元文化特色，在与成吉思汗西街交汇的重要道路节点处规划并建设了五个具有浓郁蒙元文化特色的主题公园或广场，总占地面积约200亩，

大成之门

建设总投资约1.5亿元。从西到东分别是永恒之门广场、多彩文明公园、九驼公园、高伦特公园和大成之门游园。通过在这些公园或广场设置蒙古神兽、异形蒙古包、驼雕、火鼎、青花亭及马镫等主体雕塑，进一步凸显了蒙元文化特色。截至2015年，多彩文明公园、大成之门游园、九驼公园已完工，永恒之门广场已完成基础主体建设，高伦特公园火鼎雕塑图力嘎基础已完工，二层平台正在搭建。

伊斯兰建筑特色景观街

在呼和浩特市，一提起回民区，人们首先想到的就是青城第一街——中山西路。在这条仅1.5千米长的街道上，商业建筑面积达到60余万平方米，营业面积达到20余万平方米，拥有十几家大中型商业企业。向西走出中山西路，就是回民区伊斯兰建筑特色景观街。位于

伊和宫

回民区通道南路的伊斯兰建筑特色景观街全长 1150 米，总投资 6500 万元，由美国龙安集团进行规划、设计，2006 年 5 月开工建设，7 月全面完工，是纵贯首府南北的重要交通要道。这里回族群众聚居，伊斯兰风格建筑集中，穆斯林商业繁荣，特别是因有着千百年浓厚的伊斯兰文化积淀，具有浓郁的伊斯兰氛围。伊斯兰建筑特色景观街，街道两侧以叠涩拱券、穹隆、彩色琉璃砖装饰出来的高楼气势宏伟，浑厚饱满的绿色或黄色的球形殿顶，高耸的柱式塔楼，以沙漠黄为主的色调，让人领略到浓郁的伊斯兰风情。

2008 年在阿联酋迪拜举办的联合国迪拜生态人居国际论坛上，呼和浩特市回民区的伊斯兰建筑特色景观街荣获"2008 联合国人居署迪拜国际最佳范例（中国）推动设计奖"。如今，伊斯兰建筑特色景观街与城南的蒙元文化街、城北的蒙

伊斯兰特色景观街

乌素图召彩绘

满文化街相连，已成为市民首选的观光、休闲地之一。

庆缘寺壁画与建筑彩绘

乌素图召在呼和浩特西北约20里的大青山山麓。乌素图是蒙古语"有水"之意，是庆缘、长寿、法禧、广寿、罗汉等五寺的总称。

庆缘寺，创建于1583年，先是察哈尔部游方喇嘛萨木腾阿斯尔到乌素图附近大青山山洞中修行，因为他擅长医术，经常为附近村民治病，因而受到群众的尊敬，声誉日高，于是在山下修了一座召庙，移入居住。据有关蒙古文献记载："乌素图召是由蒙古族工匠希呼尔、贝勒二人设计，并由蒙古族工匠自己修建。"

在阿勒坦汗时期，由于佛教新派——黄帽喇嘛教由西藏经青海传入蒙古地区，阿勒坦汗及其后继者在呼和浩特修建了不少喇嘛召庙。

1579年，阿勒坦汗亲自到青海去迎接名僧索南嘉措（即三世达赖喇嘛）。在蒙古统治阶级的尊崇和提倡下，呼和浩特成为蒙古地区的一座宗教城，出现了召庙林立的局面。

乌素图召庆缘寺等五所召庙是以庆缘寺为中心建造的，其他几所寺院的壁画已全部被毁坏，只有庆缘寺壁画与建筑彩绘较完整地保存了下来。

庆缘寺建在比其他殿堂高的台基上，前后为一个轴心，左右设有对称式配殿。这些殿堂形成了高低不同的层次起伏，突出了大殿的壮观景象。殿堂是汉式重檐歇山式建筑，其屋顶为青灰色筒瓦。

庆缘寺壁画是在正殿左右两面墙壁上绘制的，每幅壁画长 12.6 米，宽 3.95 米，在呼和浩特地区像这样大的壁画还是少有的。壁画分上下两层，每幅壁画上层绘有七尊不同姿态的尊像图，即各式菩萨、神像。这些尊像图或骑马，或骑狮，有的骑大象，有的骑山羊，雄壮威武。尊像图背部都有火焰背光与云纹图相互融为一体，构成殿内左右两幅

乌素图召壁画

巨大而壮观的喇嘛教壁画。长寿寺在庆缘寺东，是 1697 年清朝时建的。从长寿寺壁画残落部分下层残留着的石青、石绿的着色层，可见这些壁画经反复修复过，庆缘寺壁画的残留处则看不到这种着色层。从两侧配殿中可以看到元朝时流行的圆形铜盆帽神像图，所以可以认为庆缘寺壁画是建寺时绘制的北元时的壁画作品。

在这两幅巨型壁画上部，隔一横梁靠近天花板处，有五幅同等大小的佛教故事图（左右两壁共十幅），人物形态各异，色彩鲜明，与下部尊像图相配，形成了协调美观的统一画面。

召庙天花板有样式不同的藻井图案，其中以佛像为主体图案，用各种云纹围绕的方形连续藻井图案，显得精致华美大方，还有用莲瓣纹构成的色彩鲜明、装饰美观的藻井图案。这些藻井图案用色浓重，对比强烈，金银勾线，显得富丽堂皇。召庙的梁、柱、斗拱部分

乌素图召壁画

喇嘛教的繁荣也带来了喇嘛教艺术的兴盛。在乌素图召中，佛像雕塑、神像、壁画、唐卡布画艺术以及各种宗教用具等，在"文化大革命"前都还比较完整地保存着。

阴山岩画

阴山南北广袤的草原，是我国古代北方游牧民族的聚居之地，匈奴、鲜卑、突厥、回鹘、党项、契丹、女真、蒙古等北方游牧民族，先后生活在这片土地上，共同创造了灿烂的古代文化。这里丰富的野生动物资源是他们重要的生活资料来源，同时也是他们艺术创作活动的重要题材。他们在露天的石壁、山崖或盘石上敲凿出了著名的"阴山岩画"，虽经千百年的日晒雨淋和风化侵蚀，许多岩画仍然清晰可见。

都绘有色彩鲜明、丰富多彩的建筑彩画，这些建筑彩画中有龙、凤、云纹、卷草、宝相花及各种几何形图案，还有盘龙柱子，构成了一个比较完整的建筑彩色艺术宝库，具有浓厚的地方特色和召庙特色。

早在5世纪时，北魏地理学家郦道元就在此发现了阴山岩画，他

阴山岩画

阴山岩画

在《水经注》中做了详细地记述，这些记载是世界上对阴山岩画最早的记录。然而在其后的若干世纪里，再没有人去问津，直到20世纪30年代末，中瑞西北科学考察团才发现了几幅岩画。我国对岩画的全面考察是从1976年开始的，文物考古工作者对这一艺术宝库不断进行探索，并在深山幽谷中找到了千余幅各种内容的岩画。

现在，每年都有许多专家、学者和游人去阴山山脉中考察和参观，先后共发现岩画一万多幅，其中被拍照和临摹的岩画有近千幅。这些岩画不仅反映了阴山地区古代居民的信仰、美学观和世界观，同时也揭示了他们的游牧生活状况。

阴山岩画的内容很丰富，它从各个侧面反映了当时的社会现实和生活面貌。它的题材广泛而庞杂，动物题材占全部岩画的90％以上，特别是鹿造型遗物的大量发现，除了可以证实它是一种草原民族喜闻乐见的艺术题材外，还可能是一种意识形态反映，大型石刻"鹿回头"为其代表作之一。

阴山岩画的题材来源于自然，来源于生活，质朴、生动。以写实为基础，记录了人类童年及各个历史阶段的社会生活，具有浓厚的生活气息。阴山岩画并不是对自然原封不动地照搬，作者往往把从生活中捕捉来的形象给予想象性的加工，把表现对象简化到不能再简化的程度，并竭力突出作者的意图，因而作品非常生动。许多动物运动感强烈，或引颈长嘶，或回首短鸣，或慢步缓行，或四蹄腾跃，或彼此含怒欲斗，或相互舐吻亲昵。作者为了强调某一事物，运用夸张、对比和衬托的手法，突出表现中心，如人与动物、动物与动物间决斗的图画，均在构图和比例上突出胜利者的形象，产生了强烈的艺术效果。

阴山岩画的题材和分布地点有一定的规律性：野生动物图像多出现在山巅岩石上，狩猎场面一般在山腰和山顶，神灵头像和天体星象几乎全部磨刻在山沟的垂直立壁或沟边坡岸的巨石上（原始人认为神灵居住在水流湍急之处）。这些规律

与作画时的社会生活环境、人们的认识水平是相当一致的。

阴山岩画大体分为四个时代：第一代岩画是旧石器时代晚期至青铜器时代中期原始氏族部落的岩画。这是岩画的鼎盛时期，数量多，分布广，制作认真。第二代岩画是春秋时期至两汉时期匈奴人的岩画。第三代岩画为中世纪岩画，即北朝至唐代突厥人岩画和五代至宋代回鹘、党项、突厥人的岩画，数量较少，内容以表现家畜为主，其中山羊占有突出地位。表现手法有抽象化、图像化的特征。回鹘岩画的突出特点是用铁刃画刻而成，线条细而浅，题材多为仿前代作品，并有少数植物图案和回鹘文字。党项人岩画大

阴山岩画

都是敲凿而成，做工粗糙但色泽新鲜，多如新作一般，并伴有西夏文字，其艺术特点是形象性很强。第四代岩画是元代以后蒙古族的作品，称为近代岩画。内容除一部分反映生活、生产（如奔马、双峰驼、牧工图等）之外，多数是与喇嘛教有关的图案。

阴山岩画的作画方式主要有敲凿法和磨刻法两种。敲凿法是利用比画面石料硬度高的金属器或石器，在画面上打击成点，点连成画。用敲凿法制成的岩画，线条深浅不一，疏密不均。磨刻法亦称研磨法，用此法制成的岩画，痕深面光，断面呈"U"形。此外，还有划刻法，即用金属工具划刻，其划痕细而浅，此类作品多为晚期作品。

阴山岩画年代久远，分布广泛，数量众多，艺术精美，是我国北方游牧民族对人类文化的重大贡献，也是举世罕见的珍贵的民族文物。为了更好地保护和研究阴山岩画，专家们将一部分有代表性的岩画从阴山深处取回，在博物馆开辟了岩画馆进行专题展出。每当人们驻足观看，都会为古人深邃的艺术思想和作画技法所折服，惊叹于他们的伟大。

文教卫体百花开

文教卫体百花开

WENJIAOWEITIBAIHUAKAI

回民区的文教体育、医疗卫生事业走过了艰难的发展历程，中华人民共和国成立以后，在中国共产党领导下，回民区在大力发展经济的同时，教育、科技、文化、卫生、体育等各项社会事业蓬勃发展。

不能忘记

我们的播种在这里，
我们的耕耘在这里，
我们的浇灌在这里，
我们的收获在这里。
——不能忘记！

不能忘记——
中山路上的党政机关；
不能忘记——
人民公园的工会团委妇联；
不能忘记——
办《群众演唱》的群艺馆；
不能忘记——
办创作班的文联；
不能忘记——
发表作品的《牧笛》和《山丹》；
不能忘记——
人民剧场的群众文艺汇演；
不能忘记——

回民区的街头广播站；
不能忘记——
北门外的邮局和书店；
……
今天，自治区成立七十周年，
我们都已进入耄耋之年。
快将我们的记忆收藏于画卷，
不能忘啊不能忘！
把我们的童年、少年、青年，
去告知孩子们的童年、少年、青年；
把我们的春天、夏天、秋天，
去告知未来的明天！

工人文化宫

工人文化宫

1951 年，归绥市工人文化宫建立。文化宫是在一片废墟上逐步建设和发展起来的。1931 年"九一八"事变，日寇侵占了东三省。1934 年，傅作义将军为了激励军民抗日雪耻，就在文化宫现址上修建起一座"九一八"雪耻纪念堂，后改为"中山堂"。1937 年日寇侵占归绥后，把中山堂改为"公会堂"，只留下门前四根高大的立柱。

中华人民共和国成立初期，市总工会举办第一期工人训练班，学员们自己动手，在四根立柱的基础上，垒起两面矮围墙，因陋就简，于 1950 年 5 月建成了只有一个土戏台的"工人露天剧场"。随着全市生产的恢复和发展，职工迅速增加，工人对文化生活的要求更加迫切，在"露天剧场"的基础上，于 1951年 11 月建成使用面积达 970 平方米砖木结构的工人文化宫。观众厅、舞台、前厅、楼上设有 1005 个座位，既能放电影，也能演戏，是当时全市唯一的大型会议场所。

1957 年，全市职工急剧增长到43174 人，职工文化生活有了新的更高的要求。于是在文化宫的左侧修建了一座工人的俱乐部，作为工人文化宫的附属建筑。俱乐部共有三层，一楼有乒乓球室、棋类活动室，二楼设有一个能容纳 300 多人的中型会议室，周末还能演出小节目，三楼内设图书室、美术室、技术研究室。在文化宫后院修建起了容纳5000 人的工人体育场，即"工人灯光篮球场"。球场除盖起办公室外，还增建了冰鞋租赁室、运动员更衣室、健身室、大仓库等。1976 年又开始翻修扩建，1978 年 10 月 1 日建成为拥有现代化设施的工人文化宫。

群众文化工作园地

回民区曾经是内蒙古自治区、呼和浩特市、区（县）三级群众文化工作单位部门的聚集地。它们主要集中在中山路、公园东街、公园西街、通道街和新华广场一带。

文艺活动

通道街上有回民区文化馆、回民区图书馆和原回民区党委政府办公楼,有广播站和《晨曦报》编辑部。回民区文化馆定期举办各种群众文化的培训班、创作班,尤以美术班和摄影班著名,培养了很多美术和摄影人才。从四子王旗来的张翔林通过美术班的学习到北京打工,并站稳脚跟,成为新闻电影公司的美术设计师,参与了《中国民居》专题片和纪念邮票的设计。

回民区还办有体校,培养体育人才和武术人才。在西沙梁还辟有宠物市场,贝尔路辟有花鸟鱼虫市场,丰富了市区人民的业余文化生活。

市级群众文化单位部门集中在中山路、公园东路、公园西路和北门路口。

中山路上有市文化局、市文联、市总工会、市妇联和团市委。当时的《山丹》《牧笛》《青城技协》等报刊在这里编辑发行,还举办各种征文比赛培训班和创作班。

公园东路有市展览馆、市图书馆,公园西路有市电台和电视台,这里经常组织群众性的展览、读书讲座和群众文艺广播电视节目。

北门路口是呼和浩特市群艺馆所在地,孙书祥、黎丹等主编的《群众演唱》每月一期,稿件来自新城区、回民区、玉泉区、土默特左旗、托克托县六旗(县、区)的业余作者。把期刊发给基层,排练演出,然后再分级(乡镇、旗县、市)举办群众文艺汇演,选拔优秀节目与演员组成市级代表队参加自治区级的群众文艺汇演(职工汇演和农民汇演)。

内蒙古自治区级的群众文化工作单位集中在新华广场一带。

首先是内蒙古文化厅、文联办有《草原》《草原歌声》《乌兰牧骑演唱》,内蒙古群艺馆办有《鸿雁》,内蒙古电影公司(呼和浩特市电影公司也在这一带)办有《草原银幕》,内蒙古广播电台、电视台办有《每周一歌》《农村牧区大舞台》《新编民歌200首》《内蒙古广播电视报》。

这里还有内蒙古京剧团，内蒙古杂技团和内蒙古体委，影剧院有乌兰恰特和红旗电影院。

内蒙古京剧团有著名艺术表演家李万春、李小春、李继春（李小春之子，现为团长），编剧赵纪鑫。草原京剧有《草原小姐妹》《草原母亲》等。

新华广场有晨练、广场舞、文艺演出、放风筝、商务展演宣传活动，还有集会、游行，这一带成为市区人民和外地游客必聚之处。

内蒙古文联和内蒙古群艺馆举办的培训班和创作班是全区性的。曾举办过一期"全区文物考古调研保护"培训班，从全区各盟市旗县的文化部门抽调干部培训一个月，由内蒙古文物局、内蒙古博物馆的专家讲课，并率学员赴大窑、将军衙署、昭君墓、大召、五当召等地参观实习，还赴北京的故宫、历史博物馆、天坛等地参观学习。这批学员有呼和浩特市郊区文化馆的王继周、武川县文化馆的林海鸥、昭君墓管理所的闫冬梅、呼和浩特市郊区保合少文化站的张高元、土左旗文化局的伊克俭等，培训结束后，经过考试发给结业证和基层文物工作员证。

此外，内蒙古文化厅、体委、电影公司、电视台等都举办过各种培训和创作班，为回民区培养出许多文化艺术人才。

集报采风万里行

1987年的"五一"国际劳动节，也是内蒙古自治区成立40周年之际，有两位生活和工作在回民区的青年骑着自行车从青城出发，"八一"建军节之日又双双归来，他们就是自费骑车宣传内蒙古和考察集报的杨东升和乌恩其，此举使他们成为内蒙古骑车旅行第一人。

杨东升和乌恩其都居住在回民区大庆路的铸锻厂职工宿舍，是发小。杨东升当时是内蒙古铸锻厂的工人，乌恩其是内蒙古电子仪器厂工人，两人都是呼和浩特市职工集报协会的负责人，都爱好文学、新闻写作和集报。

1986年呼和浩特市职工集报协会成立，成为当时全国第一家有组织、有领导、有活动经费的正规群众团体（属呼和浩特市总工会领导）。协会成立后曾召开一次集报经验交流会，一些外地的新闻界朋友和集报（写作）爱好者也赶来参加。平时京、津、沪、江浙、川、闽等地的集报组织和个人也进行书信联系，磋商集报方法，交流集报写作经验。能不能与全国各地的报友、新闻界的老师朋友见面长谈呢？开全国性的会议是不可能的，由上级拨专款

杨东升与乌恩其 1987 年集报万里行

去参观学习也是不可能的。

怎么办？杨东升和乌恩其决定自费考察，顺便把内蒙古宣传出去。骑上自行车，带上钱和粮票，到外地去拜访新闻界和报友们。他们的行动得到了内蒙古总工会及呼和浩特市总工会、呼和浩特市团委和青联的大力支持，所在单位给了三个月的带薪假，二人带着呼和浩特市职工集报协会全体会员的希望和嘱托上路了。

他们晓行夜宿，饥餐渴饮，出内蒙古境入山西，一路向南，寻今访古，拜师识友，好不辛苦。有时金乌西坠，玉兔东升，前不着村后不着店，就要与野花野草同眠，与蛙虫共乐。他们穿桑干河，越雁门关，上禹王台，登北固山，饮长江水，

目睹排球之乡、西瓜之乡风情，品沙河老窖、道口烧鸡之醇香。行程上万里，考察了北京、天津、上海、江苏、浙江、安徽、山东等十多个省市，拜访了《工人日报》《中国报刊报》《北京晚报》《新民晚报》

集报

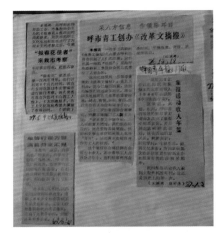

集报

《钱江晚报》《山西工人报》《江苏工人报》等近百家媒体，采访了方汉奇、纪宇、陈宝定等几十位新闻界、文学界、收藏界的知名人士，还与杭州、无锡、天津等地的集报组织与个人进行了座谈，参观了常州剪报中心（今《中国剪报》报社）。他们边走边收集报纸资料，边介绍内蒙古，并虚心向各地工会学习丰富职工业余文化生活的经验，《工人日报》《中国报刊报》《钱江晚报》《今晚报》等几十家报刊给予报道，上海人民广播电台还现场采访了他们。

这里，让我们共同来读两段他们写的考察日记。

1987年5月7日，晴，24℃。《山西工人报》的副总编辑田峻岭接受了我们的采访，全面介绍了该报的情况，并对我们的行动给予了赞赏，

该报发行12万份，仅创刊3年，在职工平均人数发行量中，它占全国工人报发行量第一。它面向基层，为工人服务，替职工排忧解难，很受工人欢迎，该报发行到班组，还有许多工人自费订阅。

《太原晚报》下午3：15印毕，3：20街头就有零售，头版的当日消息很多……

1987年5月15日，晴转阴、大风。邯郸市工人文化宫办得很不错，这里开办许多培训班，举办各种兴趣爱好比赛，收费都很低。李主任介绍说，开展职工业余文化活动，办班不是为了挣钱，而是为了丰富职工的业余生活。这里办的班有三种收费方式：免费的如气功、声乐等，收支平衡的如健美、美术、书法、文学等，收大于支的如技工、个体户业务等。

除了上百万字的考察日记，他们还拍了100多幅照片，这些宝贵的资料，经过整理，由有关部门印发给基层工会。回呼后，时任市委副书记的贺金钟亲自接见了他们，市总工会为他们举办了自费骑车考察报告会，区内多家媒体进行了报道。

他们又在市总工会的支持下办了两期集报写作培训班，并利用手头的资料办了复印的小报《改革文

摘报》，发送市里有关部门和单位，市发改委也给予了大力支持。当年的《中国青年报》以《采八方信息，作领导耳目——呼市青工创办〈改革文摘报〉》为题进行了报道。

骑车旅行内蒙古第一，集报旅行全国第一，扎达盖河畔曾经走出这样两位青年人。

回民自治区业余剧团

1949年9月19日，绥远省和平解放，回民区各族人民欢庆翻身解放，积极参加秧歌队，许多过去很少走出家门的回族老人加入到扭秧歌的行列，并自发组织起各种形式的文娱活动。

1950年7月27日—30日，归绥市第二届各界人民代表会议召开，会议通过了划回民行政区的决议。1950年12月28日，归绥市回民自治区人民政府成立。

1951年回民自治区成立以回族青年为主的学习会，会员有40余名，组织群众开展扭秧歌等文娱活动。

样板戏

1952年，回民自治区组织起第一个半专业性戏剧团体——回民自治区业余剧团。剧团成立不久便发展到30余人，成员有干部职工、服务员和家庭妇女。业余剧团演出的节目宣传歌颂党的方针政策、民族政策、抗美援朝、婚姻法等，如话剧《接代表》《两条金子》《入公社》等，晋剧《小姑娘》《端阳游湖》《豆汁计》等，二人台《走西口》《挂红灯》《打连城》《卖饺》等。从建团至1965年，先后排演40余部作品，除在市内各剧场演出外，还到工厂、农村、学校、医院进行慰问演出。该剧团排演的歌颂民族团结的《一眼井》是第一部着回族服装、以本地回族方言韵白、用二人台音乐演唱的独幕歌剧，1955年参加内蒙古自治区第一届民族民间音乐舞蹈戏剧观摩演出大会，获剧本奖和主要演员表演奖。

职工业余曲艺队和话剧队

20世纪50年代中期，市总工会在市工人文化宫组织了职工业余曲艺队。职工曲艺队建立以后，由于业余曲艺爱好者热情高，曲艺队从成立前期的两三个人增加到后来的十几个人，形式上有相声、快板、山东快书、魔术、评书等，后来又增加了二人台。

20世纪50年代末期马季创作相

声《找舅舅》，1958年前后到包钢体验生活。在这期间他到呼和浩特做客，在内蒙古文化厅举办的一次舞会上马季现场演出，他没带捧哏的，就邀请呼和浩特市职工曲艺队的金增荣、李春山客串。在内蒙古自治区成立30周年期间，马季、姜昆、唐杰忠三位老师随中央代表团来呼和浩特进行庆典演出。演出几天后，曲艺队的同志去宾馆拜访三位老师，并交流了演出经验。"文化大革命"期间，文艺界受到了冲击。"文化大革命"以后，以侯宝林为首的相声艺术家活跃在全国舞台上，名声大振。1960年5月全国总工会举办全国职工文艺汇演，李春山和金增荣编创了《内蒙古好地方》，参加全国汇演，演出受到了广大观众及评委的好评。内蒙古代表团在劳动文化宫中山大礼堂接受了朱德委员长和彭真市长等中央领导的接见。周恩来总理在中南海接见了全体参赛人员。北京曲艺界名人也观看了演出。

1974年5月市总工会组织职工曲艺队人员赴北京、天津学习。在学习期间到中央广播说唱团拜会了相声表演艺术家侯宝林、郭全宝、马季等。在京期间，相声艺术家侯宝林对曲艺队人员进行了耐心地辅导，尤其是相声表演技巧，从说、学、

逗、唱方面进行辅导。离京前侯宝林与曲艺队全体人员合影。当时侯宝林老师写介绍信介绍曲艺队赴天津曲艺团拜访了李润杰、常宝霆、白全福等老师，并向他们学习了表演说唱的艺术经验。

职工曲艺队其实早在二十世纪五六十年代就已组建，有李春山、金增荣、孟新、杨常乐、王新德、刘金栋、韩研文、张凤祥八人。以相声、快板书、山东快书、京东大鼓、天津时调为主。曲艺队的活动一直从20世纪50年代坚持到70年代。曲艺队全体人员经常深入基层演出，为基层职工服务，受到各基层的欢迎。曲艺队曾多次参加全国和内蒙古的文艺汇演，获得全国和自治区大奖。后有七八名队员被内蒙古广播文工团调走，1990年队伍解散。

职工话剧团是在20世纪70年代组建起来的，30名人员是来自呼和浩特市各企业的话剧爱好者。根据当时形势的要求，话剧队赶排了《报春花》《于无声处》两个话剧。为了抓好这两个剧目，在各方面都没有经验的情况下，职工话剧团去北京人艺向专业老师学习。著名话剧演员李默然指导了这两个剧目的舞台设计、剧目重点、舞美设计、置景等问题。在组织学习、排练时，市委、市政府、市总工会给予了大

力支持。这两个剧目在呼和浩特市共演出 20 多场，观众达 2500 人次。1980 年后，由于人员的变动，有些演员调入专业剧团及有关宣传部门，话剧队的活动中断。话剧队的导演崔承调至北京专业剧团，女演员李小寒选拔到珠江电影制片厂，岳来喜选拔到北京电影制片厂，李忠信调入呼和浩特市电视台任节目主持人。

职工曲艺队和话剧队培养了大批的职工文艺人才，特别是曲艺队的孟新、韩研文，话剧队的崔承、李小寒，都来自一个企业——内蒙古铸锻厂。

报刊文化群芳谱

回民区曾经是呼和浩特最大的工业区，驻区的大中型工商交通运输企业就有几十家，如呼和浩特钢铁厂、呼和浩特机床附件厂、呼和浩特运输公司、内蒙古铸锻厂、内蒙古民族商场等，职工都在上千至近万人。同时，从中华人民共和国成立初至 20 世纪 90 年代末，呼和浩特市的党政机关和众多事业单位也集中在回民区，如呼和浩特市四大领导机构及所属部门，呼和浩特市第一医院，呼和浩特市工、青、妇机关，内蒙古总工会，内蒙古供销社等。

那时候人们的信息量很少，文化生活也比较单调，可也形成了独特的文化方式——办报纸。尤其是改革开放后，人们的思想觉醒了，求知欲更强，从而出现了"文学青年"和"文艺青年"，他们迫切需要一个阵地展示自己的才华。许多企事业单位在工会、团委的组织下，成立了各种形式的职工读书小组、职工文学社，并办有自己的油印小报小刊。如内蒙古铸锻厂的职工读书集报小组办有《报友》小报，与全国文友、报友交流，引起了市总工会的高度重视，发展成立呼和浩特市职工集报协会，并不定期出版铅印大报《报春花》。集报小组拥有会员上百人，都是来自基层的新闻和文学爱好者，有一部分就是小报的编辑。

油印、复印、铅印，许多报刊几乎都是这样一个发展轨迹，但真正铅印的固定出版的也不多。1982 年回民区文化馆出版《望月楼》文艺小报，共 6 期。1992 年 10 月 1 日，回民区政府机关报《晨曦报》（月刊）创刊，是融思想性、知识性、趣味性于一体的回民区机关报刊，1994 年荣获内蒙古自治区第三届报纸印刷质量先进奖，1996 年 12 月停刊。呼和浩特钢铁厂和内蒙古民族商场还有专职人员办报：呼和浩特钢铁厂有自己的报纸《呼钢报》

（周二刊），单位设置称"呼钢报社"；民族商场有自己专职的编辑部，出版《民贸之星》（周报），至今仍在出版发行。其他还有如呼和浩特市环保局的《青城环保》，呼和浩特市电影公司的《青城银幕》，呼和浩特市第一医院的《天使报》，内蒙古铸锻厂的《铸锻工人》《共青团生活》，呼和浩特市锅炉厂的《呼锅报》，呼和浩特市总工会的《呼和浩特工运》（月刊），呼和浩特市团委的《呼和浩特团讯》（月刊）。这些报刊不但是机关刊物，也是职工文化和文学青年的创作园地。

为了更好地鼓励企事业报刊文化的建设，1993年和1995年，呼和浩特职工集报协会和呼和浩特市总工会举办了两次"呼和浩特最佳企事业报"评选活动，对优秀的企事业报和采编人员给予表彰。这些活动反响强烈，区内外许多媒体进行了报道。当时的内蒙古铸锻总厂和呼和浩特市耐火材料厂提供了赞助，并分别以他们产品的商标"宝泉杯"和厂名简称"呼耐杯"命名。

从古丰书院到呼市一中

坐落在回民区的呼和浩特市第一中学是呼和浩特地区建校最早的中学，其前身是1885年设立的古丰书院，光绪二十九年（1903年）改为"归绥中学堂"。至光绪三十二年（1906年）有学生约100人，教师10余人，其中有从湖南、湖北、江浙等地聘请来的一批讲授近代科学的教师。光绪三十三年（1907年）附设1个师范班，2个高小班，师生200余人，房舍、设备也逐步扩充，归绥道台胡孚宸对学堂的发展做出了重要贡献。

1912年更名为"归绥中学校"，改学制为四年。为鼓励学生入学，学生家中减免两项差役，本人享受津贴。1914年学校发展到6个班，学生260人。1912—1919年，由于时局动荡，校长更换过12人，教员也频繁更换。

1920—1928年，地方当局先后为学校改建新建学生宿舍84间，开辟运动场，增建教室，兴建图书馆。归绥都统马福祥和李鸣钟捐赠图书174种和1800元，使学校初具规模。1923年高、初中开始实行三三制。1924年招收4名女学生，是绥远地区有女中学生之始。1925年学校更名为"绥远第一中学"。1929年改称"绥远省立第一中学"，后又改称"绥远省立归绥中学"。

1937年10月，日军侵占归绥，学校解散，校址成为日伪军医院，教学设备被抢劫一空。

抗日战争胜利后，绥远省教育厅于1945年春恢复归绥中学。是年秋招收4个班学生，借县府街胡老五大院（今榨油厂）上课。1947年秋迁回原校址，增招3个班，共7个班，教职工30余人。

1949年绥远和平解放，国管会派工作组接管学校。是年，有9个班，师生近500人。1950年春，原国立绥远中学、私立正风中学和新绥中学并入，原归绥中学称本部，全是高中班。原国立绥远中学称一部，原正风中学称二部，全是初中班。共有高中5个班，初中24个班，学生1400人，教职工100余人。经过整顿改组，取消训练制度，实行民主管理。学生、班主任住校，贫困学生发给助学金。在学生中建立新民主主义青年团组织，成立学生会。

在抗美援朝运动中，学校先后有179名学生响应党的号召参军参战。1951年寒假，教师和部分学生在冀丕杨校长的带领下，到凉城县参加土改工作。1952年冬党支部公开，副校长卫群任书记。

1954年，改校名为"呼和浩特市第一中学"，隶属呼和浩特市管辖。8月，二部分出成立第四中学。1958年校本部分出成立第八中学，一部仍为一中。1960年自治区教育厅确定一中为重点中学。

"文化大革命"期间，一中也受到了一定程度的干扰和破坏，在这极其困难的条件下，一中仍贯彻以学为主的原则，重视文化课教育。《光明日报》报道了语文组吴学恒老师教学方法改革的经验，《人民日报》和其他报刊相继转载。

党的十一届三中全会以后，学校一切工作恢复了正常，教学工作得到加强。恢复高考制度以来，高考成绩一直在呼和浩特地区名列前茅。1978年自治区政府重新确定一中为首批重点中学。

1980年后，兴建了6000平方米教学大楼一幢，建立了语音教室、计算机房、电化教室等，并整修了大操场，彻底改善了教师、学生的工作学习条件。一中被评为回民区文明单位、呼和浩特市文明单位，受到表彰。1986年、1988年两次高考夺得全区理科状元，受到市长嘉奖。学科竞赛数学、物理、化学、生物均取得好成绩，优秀学生保送到北京大学、复旦大学等院校深造。

呼和浩特市第一中学是一所历史悠久的学校。学校环境优美，设备齐全，教学秩序井然，教学严谨扎实，学生全面发展。这所百年名校是青城的骄傲，更是回民区的骄傲。

从回部学堂到回民中学

学堂是旧时对学校的一种称呼。回族的正规学堂教育可以追溯到清真寺里的经堂教育。清宣统二年（1910年），托克托县建立第一、第二两所小学，是呼和浩特地区最早的回族正规学堂，由吴英、陶万伦等人创办，号称"清真学堂"。民国四年（1915年），由回族教育家王宽和当地回族著名人士刘潮、艾王玺、马俊、白松峰及清真大寺教长刘化春等人自筹经费兴办归绥回族学堂，是归绥城内最早的回族学堂，当时只有一个班，十几名学生。1922年，更名为"归绥回部完全小学校"，发展成4个班，学生248人，并有住校生。

抗日战争爆发后，归绥沦陷，改校名为"厚和市立回部小学"，施以奴化教育。1945年，抗日战争胜利后，先后改校名为"归绥回教小学""绥远省立第六中心国民学校"。中华人民共和国成立后，回部学校由市人民政府接管，改校名为"归绥市立回民完全小学"。20世纪70年代，改名为"回民区东顺城街回民小学"。1983年3月，改名为"中山西路回族小学"。

回民区境内的幼儿教育始于1936年7月，是由天主教堂开办的归绥圣家女子小学，附设幼稚班。幼儿住校，校址在牛东沿6号。中华人民共和国成立以后，回民区的幼儿教育事业逐步发展起来。1958年3月，回民区回族第一幼儿园建成，是回民区第一所公立回族幼儿园。位于回族聚居比较集中的后新城道，占地面积约2400平方米，平房10间，设有2个教学班，招收幼儿70名，以回族为主。1985年2月，回族第二幼儿园建成，校址在原新城道回族小学。

回族的小学教育应从归绥市旧部学堂算起，始建于1915年，经费由本民族人士自筹。至1959年，回民区辖区内已有回族小学5所：东顺城街、中山西路、新民街、营坊道、前新城道回族小学。

1956年秋，内蒙古自治区人民政府决定将"呼和浩特市第五中学"改为"呼和浩特市回民中学"，从呼和浩特市土默特中学调了一位回族教师和一个回族班学生。建校时有12个初中班，642名学生，30名教职工。1959年增设高中班，成为完全中学。1960年，调整呼和浩特市少年体育学校合并到呼和浩特市回民中学，定名为"呼和浩特市回民中学分校"。（1966年，又将分校调出改为第十七中学，即今呼和浩特市二职北校前身。）党的十一届三中全会后，呼和浩特市回民中学被确立为自治区、呼和浩特市重点中学。1986—1998年，回民中学是全国回族中学教育协会成员单位。

1987年，回民区教育局与呼和浩特市回民中学牵头，回族第一、第二幼儿园、中山西路回族小学、营坊道回族小学参与，组成呼和浩特市回族教育联合体，探索解决回族幼儿教育、小学教育和中学教育的有机衔接问题。

医学人才的摇篮

旧时在归化城（今呼和浩特市）北门外及后来的火车站以南有一个标志性的地方叫小校场，是清朝及民国用来检阅和操练军队的场所。

1956年这里仍然叫小校场，依然是一大片空地，除检阅台、马厩，军队265医院及电台的若干平房外，周围是农田、荒滩和沼泽地。

1956年的春天，中国医科大学、北京医学院、哈尔滨医科大学等院校支边教师来到了这里，因为这里将要诞生少数民族地区最早的高等医学院校——内蒙古医学院。它是恢复高考后自治区首批具有研究生招生资质的高等学校，也是采用蒙汉双语授课的医学高等学校。1956年5月1日是一个必将载入史册的日子。内蒙古医学院的成立开启了自治区医学教育事业发展的新篇章。它承载着光荣与梦想，兼收并蓄，薪火相传，崇德育美，人才辈出；它紧扣时代脉动，彰显大医精诚的风范，丰富和完善了内蒙古医学事业的版图。从1955年9月国家卫生部、高教部发文建立内蒙古医学院，到1956年5月1日学校成立，同年9月初学生开课，这一过程迅速创造了国家高等教育发展史上的奇迹。

中华人民共和国成立之初，在地域辽阔、缺医少药而又疾病丛生的内蒙古自治区，各类医务人员奇缺。当时鼠疫、性病及多种地方病肆虐。全国有47个黄鼠疫疫源县，其中27个在内蒙古自治区；全国仅有5个布氏田鼠疫源旗县，全部集中在内蒙古自治区。在广大的草原牧区，畜牧业、林业较发达，同时，畜群中也较易发生布鲁氏菌病；许多地区地质中氟的富集，导致水氟含量增高，人畜饮用高氟水后多发生氟中毒；还有些地区地质构造中碘元素缺乏，常常造成地方性甲状腺肿的发生。这些疾病时时威胁着草原人民的健康，各族人民企盼迅速改变这种落后的卫生保健状况。

北方的早春，仍是冰封大地，工人们只好用炸药爆破开工。承建工程的华北建筑一公司（现内蒙古第一建筑公司）员工用简陋的设备、工具，日夜奋战，学校教工也积极参加，没有条件进行机械化作业，全凭大家肩扛、手提、绳吊、铁锹铲……经过不懈地努力，到8月底，主楼工程大部分完成，初设计为3

层的1号2号学生宿舍楼也先后竣工，内蒙古医学院这所新建院校拔地而起，以崭新的面貌屹立于呼和浩特。当年9月1日，240名学生（医疗系）就已经坐在楼里上课了，前后不到半年，建设速度之快，就是在拥有大量先进建筑技术的今天也不多见。建校初期，万事待兴，师生们克服重重困难，一边建设一边开展教学、医疗、科研工作，书写了一部艰难创业史。

国内老一辈解剖学家、年过半百的刘其端也响应祖国的号召，舍弃北京的舒适生活，带着妻女自愿来到边疆。人体解剖课是医科院校的基础课，但筹建中的学校一穷二白，找不到一具可供教学使用的人体骨骼标本。刘其端心急如焚，他找到领导说："让我带着同志们到荒郊坟地挖些没有主的尸体骨骼来吧。""像您这般年纪能行吗？""我能行。"他肯定地回答。这么有权威的教授要亲自去挖死人骨头，干这种没人愿干的活？人们惊讶了，但同时也深深地为他那种艰苦创业的精神所感动。一批支边来的青年教师纷纷坐上马车，带上干粮，经过公安部门的同意，跟着老教授来到郊区南茶坊、西瓦窑一带挖掘无主故冢，开挖、捡拾、过筛、装袋、清洗、消毒、对接，认真进行一道

道工序。最后由技师徐荣春制作成多具标本。学校当年就开了人体解剖课。

来自北京医学院寄生虫教研组讲师姚文炳，曾赴朝鲜战场调查美军发动细菌战的罪恶事实，被朝鲜政府授予国家勋章，但是他毫无"功臣"的派头。当时，细粒棘球绦虫成虫在国内院校奇缺，如果能培养出大量绦虫标本，将成为与兄弟院校交换标本的"可观资本"。他在建校初期没有实验条件的情况下，用狗培养细粒棘球绦虫成虫。功夫不负有心人，经过了三个多月的艰苦实验，终于取得了成功。

作为建校初期少有的高级职称教师，尹文厚为学校教学做了大量的工作。他是药理教研组主任，不仅负责本组筹建，还带领各教研组代表赴北京、上海、天津等地采购，想方设法买进教学所需的仪器、材料和中外图书，包括精密分析天平、高倍双筒显微镜、光电比色计、阴极示波仪、组织代钳装置等，为保证学校按期开课做出了贡献。

体育教授吴秉孝，回族，出生于呼和浩特市，1956年毕业于北京体育学院。曾任体育教研组副主任，内蒙古及呼和浩特市武术协会副主席，中国武术协会会员。1984年参加全国武术挖掘整理工作，并获"全

国武术挖掘整理工作先进个人"奖。1986年执笔与吴敬贤合著《阴把枪》（具有本土特色和传承的武术流派）。1988年获"'入选中国武术节'武术贡献"奖。1995年入选全国首届"中华武术百杰"。1997年受委托为自治区撰写了《内蒙古武术志稿》。

牛广明，1955年2月生，放射学科教授，主任医师，硕士研究生导师。1975年中专毕业留第一附属医院工作，1985年获同济医科大学硕士学位，1993年获日本医科大学博士学位并完成博士后研究，现任自治区政协副主席、医科大学副校长，享受国务院政府特殊津贴。

2012年3月29日，教育部批准内蒙古医学院更名为"内蒙古医科大学"。建校至今，从只有256名学生发展成目前拥有各类学生一万多人；从单一的医科院校发展为以医为主，涵盖理、管、工、文等五类学科的本科大学；从仅有本科教育发展为以本科教育为主，兼有硕士、博士研究生教育的大学。这是几代人艰苦创业、和衷共济、开拓进取、积极奉献的结果。

从乌素图召庙走出的蒙医专家

蒙医药已有2700年的历史，是蒙古民族及其先民在长期同疾病斗争的实践中逐步积累起来的医疗知识和经验总结。春秋战国时期，北方民族牧民饲养的骆驼被中原视为"奇禽"，他们把用骆驼奶做成的"酥"作为补养身体的佳品。蒙医传统药方还有很多"酥制剂""酥引子"，另外还有"马乳疗法"等等。元代，蒙医药研究有了进一步的发展，元世祖忽必烈时，在宫廷里"设掌饮膳太医四人"，专门从事饮食营养卫生的研究。饮膳太医忽思慧曾编著一部《饮膳正要》（1330年），共三卷，是我国最早的一部营养学专著。至明清时代，远胜于前。明代有扎失列在京行医的史实，他的医术高超，颇得人们的推崇。他还通过亲传口授，教其徒弟，把自己的医术传授下来。清代出现了许多著名的医家和有创见性的学派。不少名医用蒙古文编写了大量的蒙医学著作，其中较大部分还刻印出版，这些医学著作至今广为流传，对蒙医的发展起到了积极作用。

蒙医药在两千余年的发展过程中，不断吸收其他民族医药的先进经验和精华，同时也不断总结本民族医药学经验。到18世纪末期，已形成一个独立而完整的、并具有鲜明民族特色和地域特点的传统医药学体系，为蒙古民族的生存繁衍做出了贡献，对北方地区文明的形成产生了积极的影响。

蒙医药学作为民族特色医学源

远流长，历史上蒙医的传承主要通过父传子、师传徒的形式。寺庙是培养蒙医最集中的地方。在很多大的藏传佛教的寺庙里专设有"满巴扎仓"，蒙古语中"满巴"是医生的意思，"扎仓"是院的意思，"满巴扎仓"就是寺庙中培养医生的地方，大草原上很多蒙医就是从这里培养出来的。现在很多健在的老蒙医，如2009年被评为"国医大师"的苏荣扎布教授，早年就是在寺庙里学习蒙医药知识的。

1956年内蒙古医学院在建立之初，就开始筹建蒙医学科。1958年3月，自治区卫生厅从中蒙医研究所抽调人员成立中蒙医学院筹备处，同年9月自治区党委决定撤销筹备处，将该处人员划归医学院，由医学院增设中蒙医系。此后，内蒙古医学院成为培养蒙医药人才的"大本营"。

蒙医药学首批教师就是从位于呼和浩特市西郊的乌素图召庙"满巴扎仓"的蒙医专家和优秀年轻蒙医医师中遴选的，他们都是童年起就到寺庙学医，精通蒙古文、藏文，这些人成为蒙医学科发展的奠基人。比如苏荣扎布教授，从"满巴扎仓"来到医学院后，就积极投身到蒙医学科建设工作中。任教期间他组织并担任总编，编写完成了第一版包

括25门课程的蒙医高等院校统编教材，为蒙医高等教育事业填补了一项空白。

1958年，内蒙古医学院蒙医学本科招生58人，学制五年。由于国家进入暂时困难时期，1959—1961年压缩招生计划，三年未招收本科学生。1962年恢复招生，当年与1964年各招22名本科生。1965年招19名本科生和22名大专生。1963年首届蒙医学本科生毕业，成为自治区第一批蒙古族高校人才。

蒙医药学是中国医学库中一颗璀璨的明珠，也是世界传统医学的重要组成部分。当年那些从乌素图召庙走出来的蒙医药人才，为内蒙古医学院在全国率先建立民族医学高等教育体系，为蒙医药的发展奠定了良好的基础，提供了智力支持。蒙医学以独特的理论体系、独到的临床疗效为蒙古民族繁衍生息、发展壮大作出了应有贡献。

最早建立的教学和三甲医院

1956年5月1日内蒙古医学院建立。根据国家第一个五年计划，在内蒙古自治区呼和浩特市发展容纳1440名学生的医学院一所，培养高等卫生技术人员。为了保证教学任务的完成，并根据呼和浩特市当时有20万人和人口快速增长的现状，按照国家城市病床发展比率3/4与

每两个学生需要一张实习床的规定，已有综合病床已不够用。因此，经国家核定1956年在呼和浩特市新建拥有300张病床的教学医院一所。

教学医院确定在医学院（现新华广场）西部，通道街路东，新华大街北，现内蒙古军区分科医院南部。该地位于呼和浩特市新的城市规划中心，虽然面临大路，但交通量不大，对患者休养不会有更多的影响。同时该地比较宽阔，容易绿化，周边既无工厂，又无其他环境问题，因而在该地建设，既适合休养又便于教学，并且位于市中心，对就诊人民亦有所便利。

附属医院的主楼是两层和三层钢筋混凝土结构，苏联"王"字形风格，其他附属建筑物为砖木结构平房。

新建教学医院是一项复杂而又艰巨的工程，因为它与一般医院有所不同，必须符合教学，又要满足患者治疗上的使用，因而造价较高，定额面积亦比综合医院大。到1957年，500张病床的附属医院必须尽快建设起来。当时附属医院筹建领导小组的负责人为校长木伦，他先去国家卫生部，见到了相关领导，开诚布公地提出了经费和人员的问题，国家卫生部领导慷慨地答应，人事部门把他介绍到了山东医学院，经费问题通盘给予考虑。

医护人员的组建成了首要问题，从中国医科大学、北京医学院、哈尔滨医科大学、长春军医大学、山东医学院等院校调来的专业骨干、优秀人才陆续到达呼和浩特市。在正式开诊前，这部分同志先到内蒙古医院、妇产医院、呼和浩特市医院帮助工作，或者由卫生厅组织下乡下厂防病治病。与此同时，从区内医疗单位抽调的医护人员也先后到位。医护人员的问题解决了，其次就是医院宿舍工程建设和设备器材以及各种物资的采购。经过努力，至1957年底门诊楼竣工，医院采购各种物资，大到设备仪器、病床饭桌，小到药瓶、试管。从各种药品、试剂到白大褂、手套，真是形形色色。为此，由中国医科大学任命筹建领导小组副组长李树元带队，各科室业务骨干及财务人员组成采购队伍赴北京、天津、上海等地，多处考察，货比三家，反复测算，当日清估，把钱用在刀刃上。在勤俭办事业的同时，注意集中财力，选购先进设备仪器。有一次，留在上海的内科大夫李景森发现一台瑞典生产的高级心电图仪器，对心音、心压等项目都能检测，但是价格非常昂贵。他立刻打电报请示，院领导当即拍板："别管多贵，抓紧买下。"李景森马上付了 2000 元定金。谁料第二天解放军总医院的同志便上门协商，要求转让这台仪器，被李景森谢绝。正是由于拥有长远的眼光和较高的标准，使得附属医院在建院之初就购置了一批在当时比较高端的仪器设备。

为了保证开诊一举成功，各科室进行了艰苦紧张、多方面的准备工作。当时技术工人极少，很多大夫都放下架子、甩开膀子，从最基础、最繁琐的工作干起。他们设计制作工作台，安装摆放仪器，装卸搬运器材和药品，刷洗试管，擦拭桌椅门窗。在几个月废寝忘食、流汗奋战的基础上，1958 年 3 月 6 日，全院职工按正规医院的工作标准进行了一次全面的开诊"预演"：挂号、接诊、开药、取药、计费结算都严格规范，秩序井然。

1958 年 3 月 8 日，附属医院正式对外开诊，内蒙古党政领导参加了开诊剪彩仪式。至此，内蒙古第一所高等院校的教学医院，一所现代化的，人才、设备、医术俱佳的大型医院正式诞生了。

位于回民区"温州步行街"的第二附属医院，建于 1985 年，是自治区唯一的三甲骨科专科医院。骨科被评为国家临床重点专科，自治区领先学科，自治区"草原英才"

创新创业团队，是国务院指定的有硕士学位授予权的骨科硕士生培养基地。

根据自治区人民政府办公厅《关于原建工局第一职工医院划归内蒙古医学院的通知》〔（1985）41 号〕精神，自 1985 年 7 月 1 日起，原建工局第一职工医院正式划归内蒙古医学院。同年 8 月 15 日，医学院派出交接工作组前往当时的呼和浩特市第二人民医院（原华建职工医院）负责具体交接事宜。于 8 月 25 日正式由内蒙古医学院与呼和浩特市卫生局签订交接手续，医院更名为内蒙古医学院第二附属医院。

建院之初，第二附属医院是一所职工保健性质的医院，占地面积仅 9.3 亩，有床位 100 张，实际开放 80 张，技术力量十分薄弱，非卫生技术人员比例过大，医疗设备落后。为此，内蒙古医学院决定将第一附属医院的三个临床重点专科——骨科、神经内科、神经外科迁往第二附属医院，并要求第一附属医院在三年内不得设置这三个专科，对第二附属医院的生存和发展给予了极大的政策性支持。

如今，第二附属医院已有床位 400 张，成为西部地区专业化程度最高的骨科医院，自治区骨科研究所也设在医院内。第二附属医院已成为一座舒适、宽阔、安静、雅致的现代化医院。

从个体诊所到回民医院

中华人民共和国成立之前，回民区医疗单位较少，从民国初期开

亳赖沟村卫生室

始，个体行医日渐兴盛起来，在回民区范围比较有名望的中医有王培民、朱静川、刘朝、白子美、马文玉等十几人，西医有姚振东、刘振行、李信三等。1953年，中医黄复清、陈永和联合六名中医在回民区成立东顺城街联合诊所。

呼和浩特市回民医院于1958年8月1日成立。前身是归绥市建成的回民自治区卫生事务所。当时由归绥市卫生局拨款500万元（旧币），并派人组建。租用民房四间，院址设在回民区通道街礼拜寺巷（现友谊巷）。医疗设备非常简陋，医护人员共4人。1953年，改称回民自治区卫

生所，地址在清真寺后，设医疗、防疫、妇幼、行政股，人员35人。

1955年增设卫生防疫。1956年卫生防疫和妇幼保健工作从卫生所分出，卫生所改称“回民区第一门诊部”。1957年7月，呼和浩特市医院将旧城南顺城街门诊部移交回民区，改称“回民区第二门诊部”。1958年8月，将第一门诊部、第二门诊部合并，成立回民区医院。医院成立后，设简易病床40张，是呼和浩特市最早设立病房的区级医院。

1959年1月，经呼和浩特市卫生局批准，将个体骨科医生李枝的东顺城街联合医院并入回民区医院。9月，在今呼和浩特中山西路新建回民区医院，占地面积2400平方米。

1982年，经呼和浩特市人民政府批准，将回民区医院更名为“呼

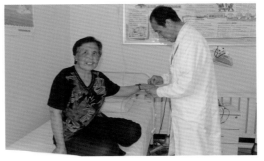

段家窑村卫生室

和浩特市回民医院"，是一所集医疗、预防、保健及社区服务、健康体检为一体的综合性医疗机构。1992年，医院被国家卫生部评定为二级乙等医院。

目前，回民区城乡卫生医疗机构还有回民区妇幼保健所、回民区防疫站、回民区防保站等集体、个体诊所150余家。

回族传统体育

回民区的体育活动带有浓厚的民族色彩和传统色彩，最早的群众体育项目主要有摔跤、武术、拳术等。

摔跤是回族的传统体育活动之一。早在清末，韩友人称韩六十三，居住在回民区马莲滩（现新民街），是回民区较早有记载的有名望的民间跤师，卒于1932年5月。其后有白儒珍，人称白老八，幼时跟随韩友勤学苦练，15岁时拜武术高手白福学武，17岁时被录取到绥远省国术馆练习三年，被誉为"塞外跤王"。20世纪30年代，他和一些摔跤爱好者在西河沿自发组建了一个摔跤活动场。20世纪40年代又在"九一八"纪念堂（现工人文化宫）前的沙地上，组建起一个摔跤活动场地。中华人民共和国成立后，政府十分关

白松山摔跤表演

中学生摔跤比赛

在回民中学摔跤俱乐部，传承人白松山与女儿白亚娟为学生传授技巧。2014年拍摄。

参加全国锦标赛，白儒珍弟子马尔宁与对手比赛。1974年拍摄。

回族武术传承人赵谦与父亲赵文元阴把枪对练

心群众性的传统体育活动。1957年，回民区政府出资帮助白老八、王美成立回民区业余武术、摔跤锻炼站，有时观众达几百人。

白老八的子孙也传承了摔跤的技艺。白松山，白老八之子，从1963年开始四次参加自治区摔跤比赛，获两次冠军，两次第三名，两次全国摔跤62公斤级比赛冠军。1974年，李斌参加全国摔跤比赛获70公斤级第四名；1972—1975年先后参加自治区摔跤比赛五次，获五次冠军。1983年，李青参加全国柔道比赛，获65公斤级第六名；1984年获全国柔道比赛65公斤级第三名。

武术又称国术或武艺，历史悠久。武术作为防身健体的一种特殊技艺，具有广泛的群众基础，形成各具特色的门类和流派。清代，从事镖局、护送客商的回族武林人物

应运而生，并世代相传。清代末年，居住在通道街的回族赵老四，系塞外查拳大师，常年以卖针线为生，绰号"洋针洋线"。他精通多种武技，尤擅拳术及兵器。民国十八年（1929

传承人白松山在回民中学摔跤俱乐部为学生授课。2014年拍摄。

回族摔跤爱好者在回民区植物园锻炼，此动作为"挑勾子"。2014年拍摄。

年），著名武术家吴桐被任命为绥远国术馆副馆长，他精通武术，执教有方，为回民区培养了大量的武术人才，被誉为"塞外武豪"。

1928年10月，在南京全国武术第一届擂台赛中，吴桐获甲等奖。1933年，南京全国第二届武术擂台赛中，白怀礼击败5名选手。1972年，在内蒙古巴彦淖尔盟举行的武术比赛中，白文亭取得太极拳第二名；1973年，取得长拳第一名，太极拳第一名，剑术第二名，棍术第三名。1979年，在南宁全国武术观摩比赛中，吴桐的儿子吴秉孝获得二等奖。1986年，回民区武术队有4名运动员代表呼和浩特市参加自治区第六届运动会，获两枚金牌。

回族武术对传统武术的继承、传播和创新做出了显著的贡献。

中间人物为摔跤创始人白儒珍，左为刘世祥，右为刘万路，两人均为白儒珍徒弟。白儒珍送弟子参军留念。1952年拍摄。

查拳套路演示 金钩托挂

中间人物为白儒珍，左为白儒珍儿子白松山，右为白儒珍山西弟子张毛清，两人参加全国比赛获奖留念。1963年拍摄。

查拳套路演示 敲山震虎

回族武术传承人赵谦练习剑术

塞外霍元甲

吴桐是呼和浩特地区著名的武林高手，被誉为"塞外霍元甲"。

吴桐，字子琴，回族，祖籍河北沧州，1899年生于呼和浩特市托克托县。吴桐出身于武林世家，自幼跟三祖父吴耀学习武术。1924年从绥远省第一中学毕业后，考入北京体育专门学校学习。在校学习期间，拜吴氏太极拳创始人吴鉴泉为师。在吴鉴泉大师的精心指导下，最终成为绥远省（现内蒙古西部地区）家喻户晓、妇孺皆知的武术名家。

吴桐从北京体育专门学校毕业后，被聘为绥远省第一中学体育教师，兼任归绥女子师范学校体育、音乐教师。1928年被推选为绥远省国术馆副馆长。同年，中央国术馆在南京举办第一届全国国术国考（俗称"打擂"），吴桐代表绥远省前往南京参加比赛。在高手如云的中国顶级武术界，以三战三捷的优异成绩获甲等奖，在塞内外武林界名声大噪。

吴桐在武术事业上颇有建树，他是将中国的优秀拳械吴式太极拳和太极剑介绍到内蒙古西部的第一人，出版了《太极拳浅释》一书，推动了太极拳和太极剑在内蒙古的发展。他还博众家之长，发展了不同风格的武术流派。尤其是发展了

塞外绝技"阴把枪"。阴把枪是拳械中一种稀有的枪术，它有一定的枪法、步法、基本功法及练习法，但没有固定套路。吴桐用太极拳的理论剖析阴把枪，把阴把枪的基本内容与家传的杨家四十枪融合在一起，编创了阴把枪的套路，对阴把枪的发展做出了贡献。吴桐在拳、剑、枪上有"三绝"的真功夫，除枪术外，他练的太极拳实质上融进了家传的八卦手法。他还将云先生传授的橄倒把剑巧妙地与太极剑相结合，使该剑术在使用方面更加完善。

吴桐还是一位霍元甲式的爱国者。1937年"七七"事变后，日寇入侵绥远，吴桐举家从归绥迁回托县。此时抗日名将傅作义让他以托县回族代表身份，参加日寇在归绥组织召开的日伪"西北回教联合会厚和（归绥）回教支部"成立会，并俟机打入敌人内部做抗日地下工作。吴桐毅然接受了这一秘密指令，随后组织了精干的工作小组，并配有秘密电台。1939年，吴桐以日伪"厚和（归绥）回教青年学校"校长职务为掩护，从事抗日活动。在他任该校校长期间，妙惩日本顾问小村的故事，在老百姓中广泛流传。当时，该校有个叫小村不二男的日本顾问，专横跋扈，擅长日本柔道，常常找学生摔跤取乐，而且只许学生输，

不许赢，借以欺辱中国学生。看到许多学生被小村摔得鼻青脸肿，小村得意洋洋，一副武功盖世的样子。吴桐怒不可遏，他一方面寻找机会，想亲自给小村点颜色看看，一方面暗地里教学生们对付小村的招数。一天，小村邀他摔跤，吴桐假意谦让，说："愿意领教，但拳脚无情，摔坏了责任自负。"不可一世的小村认为自己从未输过，就答应了条件。结果，没几个回合，吴桐使一个绝招，就把小村一个狗吃屎重重地摔倒在地。小村不服输，爬起来又向吴桐恶狠狠地扑来。吴桐不慌不忙，一个顶膝压肩的招数，又将小村重重摔倒在地……吴桐将小村拉起来，让围观的中国学生陪他练练。见有校长壮胆，学生也没给这个日本人面子，一个学生以利落的动作将小村摔倒在地，转身就跑了。小村惨败后，在家躺了半个多月，下不了床。从那以后，小村再也不敢欺负中国学生了。

吴桐在秘密从事抗日活动中，截获了日寇进攻五原的情报，立即密电傅作义将军。1940年春，日寇在五原战役中被傅作义的军队重创，损失惨重。吴桐说："当获悉我军五原大胜的消息时，我感到万分欣慰。"日寇失败后搜捕吴桐。吴桐获悉后，辗转逃到绥西陕坝（当时绥远省临

时省会）。傅作义将军以吴桐在五原大捷中的情报功绩报请国民党中央，委任他为国民党绥远省党部委员兼第三督导区专员之职，直至抗日战争胜利。1949年9月19日，绥远省和平起义，吴桐以绥远省回教协会理事长的名义在起义书上签了名。

中华人民共和国成立后，吴桐任省政协委员，民族事务委员会委员，后又担任内蒙古体委办公室副主任。曾组织了全区武术巡回表演队，赴各盟市表演，多次参加全国、华北、内蒙古武术表演赛，获得了许多奖项。1959年出版了武术著作《靠身捶》。1962年病逝，享年63岁。

民间文艺与群众文化

党的十一届三中全会后，随着经济发展和人民生活水平的提高，回民区文艺活动一年比一年精彩热闹。每年正月在通道街、中山西路、锡林北路和新华西街等主要街道开展各种文艺表演。正月十五，文艺活动进入高潮，有高跷、龙灯、跑驴、

东棚子村文化墙

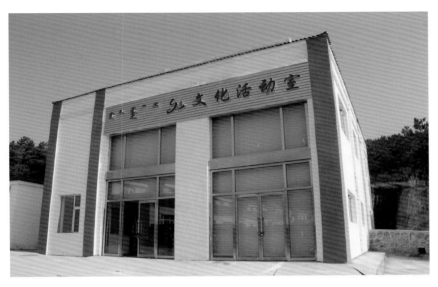

亳赖沟村文化室

旱船、舞狮、荷花舞、大头娃、摔跤、秧歌、彩车等。晚间是彩灯和焰火活动，彩灯在通道南街清真大寺和中山西路等主要街道展出，供人观赏，焰火集中在新华广场、旧城北门外、区政府广场燃放。

回民区各街道办事处自发组织文艺团体演出，老年秧歌队、业余合唱团、气功表演队等团体，活跃在群众中，并参加呼和浩特市、回民区组织的元旦、春节、元宵节、国庆节等节日活动。

1990年后，各街道办事处陆续成立文化站，攸攸板乡成立电影放映队。2000年，呼和浩特市及回民区分别举办第一届广场消夏艺术节，回民区七个街道办事处和攸攸板镇，同时在各自辖区举办广场消夏艺术节。

每年，攸攸板镇和七个办事处均举办文化、体育活动，如象棋、拔河、篮球、卡拉OK比赛与文艺演出等。平时文化生活较为充实，春节、元宵节文艺活动更为丰富多彩。节目有高跷、旱船、耍驴等表演活动。各街道办事处和攸攸板镇还参加回民区组织的文艺巡游、灯展等大型文艺活动。

教育体系日臻完善

回民区境内的教育，从清朝光绪年间建立古丰书院，开办义学，到民国时期的私塾及育才小学的建立，历经一百多年。如今回民区境内的教育，从幼儿园教育到高等教育遍布全区，形成了完善的教育体系。

太平街小学

截至 2015 年，回民区共有大学 5 所，中小学、幼儿园 111 所，其中公办中小学、幼儿园 54 所（包括职业中学 1 所、自治区示范高中 1 所、市直属中学 2 所、普通中学 12 所、小学 31 所、幼儿园 7 所），民办中小学、幼儿园 57 所（包括完全中学 2 所、高级中学 1 所、初中 3 所、小学 2 所、企事业办幼儿园 4 所、民办幼儿园 45 所）。城区公办中小学幼儿园的数量在全市排位第一。回民区共有义务教育阶段在校生 37820 人，高中阶段在校生 7593 人，职业学校在校生 1252 人（含民办），公办教职工人数为 2930 人，民办教职工人数为 1384 人。

回民区幼儿园教育

回民区境内的幼儿园教育始于

1936 年 7 月，是由天主教堂开办的归绥圣家女子小学附设幼稚班。幼儿住校，校址在牛东沿 6 号。中华人民共和国成立后，回民区的幼儿教育事业逐步发展起来。1958 年 3 月，回民区回族第一幼儿园建成，是回民区第一所公立回族幼儿园。1985 年 2 月，回族第二幼儿园建成，校址在原新城道回族小学。1971 年，呼和浩特市第五幼儿园划归回民区管理。

党的十一届三中全会后，教育部先后颁发了《城市幼儿园工作条例》和《幼儿园教育纲要》，幼教事业重新得到发展。回民区公办、街办、民办幼儿园（所）齐头并进，加快发展步伐。1996 年 12 月，接收呼和浩特钢铁厂幼儿园，更名为

中华人民共和国成立前的教会学校

"回民区第三幼儿园"。2004年1月，铁路系统三所幼儿园移交回民区管理。至2015年，回民区有公办、民办、企业办幼儿园56所。回族第一幼儿园、第二幼儿园及回民区第五幼儿园先后成为自治区级示范幼儿园。

回民区小学教育

回民区的小学教育始于1915年建立的归绥回部学堂。中华人民共和国成立初期，归绥市第一区境内有绥远省立第六中心国民小学校（即原回族小学），归绥市立庆凯桥中心国民小学校、民西沿中心国民小学校、私立崇德小学（即天主教教会学校），清真大寺、北寺、东寺、东北寺等五所清真寺开的阿文班。

1954年5月，归绥市改称呼和浩特市，全市学校名称均以街道命名。1958年3月，东顺城街回民小学、中山西路回民小学、庆凯街小学、牛东沿小学和太平街小学五所市属小学下放回民区管理。

至1993年，回民区有小学21所，其中教办学校15所，厂办学校12所，学校布局覆盖全区人口，保证适龄儿童青少年就近入学的需求。从1984年3月至2001年7月，呼和浩特市橡机厂、阀门厂、锅炉厂三所职工子弟小学归并于海拉尔西路小学。1990年，接收内蒙古铸锻厂职工子弟学校，更名为大庆路小学。1996年12月，接收呼和浩特市钢铁厂职工子弟第一、第二小学，分别更名为巴彦淖尔北路小学、钢

呼和浩特市第八中学

铁路第二小学；接收呼和浩特市机床厂子弟小学，更名为巴彦淖尔南路小学。1999年1月，接收呼和浩特市糖厂职工子弟学校，更名为糖厂路小学。2000年8月，接收呼和浩特市炼铁厂子弟小学，更名为金海路小学。2001年7月，接收内蒙古汽车齿轮厂子弟小学，更名为回民区金海路第二小学。至此，回民区境内的厂办小学全部走向了正规化。2004年1月，呼和浩特地区铁路系统的部分学校划归回民区，原呼铁第三小学、第六小学分别更名为回民区铁路第三、第六小学。

1994年5月，回民区被市政府评为"义务教育达标城区"。12月9日，全国中小学整体改革实验基地在回民区挂牌。同年，国家教委发文回民区为全国"义务教育达标区"。1996年8月，回民区承办"全国第二届区域性中小学教育整体改革研讨会"和"整改研修班"，16个省市区的教育行政领导、专家、学者、媒体及中小学校长近230余人参加为期五天的研讨会。1998年，回民区被确定为内蒙古自治区素质教育实验区。至2015年，回民区有小学33所。

回民区中等教育和职业教育

从1905年废除科举制兴学堂至1949年中华人民共和国成立前，呼和浩特地区只有6所中学，回民区境内只有绥远省立归绥中学校（今呼和浩特市第一中学）。中华人民共和国成立后至"文化大革命"前，辖区内市属教办中学有6所，呼和浩特市第一中学、第五中学、第七中学、第八中学、第十三中学、回民中学。至1993年，回民区境内中学发展为15所，其中市属教办9所，企业办6所。1999年，将原属郊区的第二十、第二十八中划归回民区。2000年1月，随着教育体制改革的发展，市政府将市属的第五、第七、第八、第十三、第十六、第二十五、第三十一中学，第二职业中专北校划归回民区。

2000年8月，呼和浩特机床附件总厂职工子弟学校划归回民区，更名为呼和浩特市第四十中学，从此回民区的中学教育才真正开始实施。2004年1月，呼和浩特铁路局所属呼铁一中、二中、五中划归回民区。

截至2015年，回民区区属教办中学14所，即五中、七中、八中、十三中、十六中、二十中、二十五中、二十八中、三十一中、四十中，铁路第一、第二、第五中学，第二职业中专北校。其中有职业高中2所：呼和浩特市第二十中学、呼和浩特市第二职业中专北校。有民办中学8所：金马、德安、创新、八一、华西、星河中学，智达职业学校、博力足球学校。其中，建于1958年的呼铁一中是自治区首批重点中学之一，呼和浩特市第十三中学是呼和浩特

地区第一所全日制、军事化管理的少年军校（呼和浩特市实验区军校）。

呼和浩特市卫生学校和体育运动学校是回民区境内的中等教育学校。呼和浩特市卫生学校始建于1959年，全日制普通中等专业学校，开展成人教育，与呼和浩特市卫生干部培训中心一套人马两块牌子，位于果园西路。有口腔、护士、中西医结合、妇幼、助产、全科医学等9个专业。

呼和浩特市体育运动学校，始建于1958年，位于阿吉拉沁南路，是呼和浩特地区唯一一所全日制重点体育运动学校。开设射击、射箭、柔道、跆拳道、国际式摔跤、田径等青少年业余训练项目。2003年，射击、跆拳道项目被自治区体育局命名为首批"内蒙古竞技体育后备人才培养基地"。2005年2月，被国家体育总局命名为内蒙古唯一"国家高水平体育后备人才基地"。

回民区高等教育

内蒙古医科大学、内蒙古财经大学、内蒙古建筑职业技术学院、内蒙古师范大学青年政治学院·内蒙古自治区团校是回民区境内的高等教育学校。

内蒙古医科大学，创建于1956年，是中华人民共和国成立后在少数民族地区最早建立的高等医药院

校之一，当时隶属国家卫生部，后划内蒙古自治区管理。

内蒙古财经大学是自治区唯一一所财经类综合大学，位于回民区厂汉板村，其前身是内蒙古财经学院。

内蒙古建筑职业技术学院是自治区政府唯一设置的一所建筑类普通高等院校，原址位于钢铁路工人西村，现位于回民区一间房村。学院前身是成立于1956年的内蒙古建筑学校。1994年，被国家教育部评定为全国六所建筑类重点中专之一。1999年7月，经国家教育部批准，升格为普通高等院校。2002年3月，经自治区人民政府批准，更名为内蒙古建筑职业技术学院。同年12月，被国家教育部、财政部列为中央财政重点支持建设的国家示范性职业技术学校建设单位。

内蒙古师范大学青年政治学院·内蒙古自治区团校，2002年5月，经自治区政府批准，在自治区团校基础上，由自治区团委和内蒙古师范大学联合创办，隶属自治区团委，是内蒙古师范大学的二级学院。校址位于回民区一间房村，是集共青团理论、青少年学科与师范学教育专业为一体的培养培训共青团干部和青年专门人才的高等院校。

文学艺术发展喜人

回民区文学艺术界联合会简称回民区文联，成立于2012年4月，是党委、政府与社会各界艺术家联系的桥梁和纽带。回民区文联成立以来，坚持"二为"方向（文艺为

回民区油画家赴俄罗斯交流

老旧报纸展

人民服务，为社会主义服务）和"双百"方针（百花齐放，百家争鸣），充分发挥联络、协调、服务的职能，团结带领广大艺术家积极开展艺术创作与交流。

截至2015年，回民区文联组织回民区的书画家、摄影家、民间艺术家参加自治区和呼和浩特市举办的"呼和浩特精品书画展""昭君节书画美术摄影作品展""呼和浩特老年大学书画展""呼和浩特市民间艺术展""呼和浩特农民书画展""内蒙古法治书画展""呼和浩特市九旗县区美术作品巡展""黄河文化艺术展""哈素海旅游文化节书画艺术作品展"等书画展50余次，自办"回民区农民书法国画摄影剪纸艺术展""回民区纪念抗日战争胜利七十周年精品书画展""回民区民间剪纸艺术展""回民区大青山摄影艺术展""百年老旧报纸书籍展""中、韩、蒙三国油画作品交流展""内蒙古当代艺术展"等10余次艺术展览。

回民区是回族聚居的多民族市辖区，具有独特的文化底蕴和良好的自然环境资源。回民区文联在工作中注重挖掘地方民族历史和民俗文化，回族武术、布贴画、回族舞蹈等一些民间艺术得到挖掘整理。在乌素图生态旅游文化区建设、成吉思汗蒙元文化街雕塑群项目中积极建言献策，推动文化元素融入城市景观建设，提升城市品位。文联

李玉芝老师在俄罗斯写生

2016 年回民区油画家赴俄罗斯交流

深入挖掘回民区历史传说，查阅大量的文献史料，精心编纂《回民区故事》书册，编辑 20 多个故事四万余字，内容涉及古白道、乌素图神泉、赵长城遗址、焦赞村、大青山、青城公园等，为回民区这个老城区的历史文化书写了浓重的一笔。

文联注重打造艺术家工作交流平台，陆续引进和建设谷仓艺术空间、北门艺术网、谦和果园、谦和文化院、内蒙古当代艺术画院、赫夫美术工作室等 8 家艺术家园地，目前已经有 20 余家文化协会团体在回民区挂牌，并开展了一系列丰富多彩的文化艺术活动，宣传带动了回民区旅游文化产业的发展。

近年来，回民区文联加强与国内、国际艺术界的交流互动，来自全国各地的文化名人、书画家、美术家、摄影家、音乐家、戏剧家、作家多次到回民区大青山沿山村庄采风、座谈和交流。2014 年回民区文联组织回民区美术家协会 6 名油画艺术家赴韩国首尔举办油画交流展。2016 年组织 12 名艺术家赴俄罗斯莫斯科国家历史博物馆、圣彼得堡列宾美术学院与俄罗斯艺术家学习交流，取得了丰硕的艺术成果。

诗文书画绘新图

HUASHUONEIMENGGUhuiminqu

诗文书画绘新图

SHIWENSHUHUAHUIXINTU

> 国民之魂，文以化之；国家之神，文以铸之。文艺是时代前进的号角，最能代表一个时代的风貌，最能引领一个时代的风气。回民区文艺工作者坚持"二为"方向，扎根人民、扎根生活，创作出大量优秀的文艺作品。

宝地

一

扎达盖河蛤蟆擂鼓，
大青山坡蛐蛐鸣笛，
乌素图长满榆柳杏李，
坝口子住着野兔狐狸。

这是一大片荒地，
在归化城北，
在绥远城西。

雁客晋商飞南北，
回族移民走东西，
来而不往定了居，
谁来给她把名字起？

二

1947 年自治区，
地图上面印标记。

锡林路西，
公园南路北，
工厂机器轰隆隆转，

机关单位铃声催。
人民公园去休闲，
新华广场办舞会。

于是，空地人气聚，
空地变宝地。
她的芳名是——回民区。

三

宝地上住着我的朋友，
宝地上留下我的足迹，
宝地上洒下汗水，
宝地上长满友谊。

祥云缭绕树冠，
群星璀璨，凤凰于飞，
晨曦从这里
——蒸蒸日上！
冉冉升起！

古今诗赞

阴山

宋·刘敞

阴山天下险，鸟道上棱层。
抱石千年树，悬崖万丈冰。
悲歌愁倚剑，侧步怯扶绳。
更觉长安远，朝光午未升。

赞《敕勒歌》

元·元好问

慷慨歌谣绝不传，穹庐一曲本天然。
中州万古英雄气，也到阴山敕勒川。

花马池口外

清·宝琳

马嘶风壮出边城，千里川原一望平。
白日鼯鼪跳客路，斜阳驼马走荒程。
遥岑影与云天合，极寒光分沙水明。
大地渺如江海阔，远来车骑若帆轻。

登归化城楼口占

清·张鹏翮

万里风云动壮猷，斗边剑气映南楼。
龙门客醉燕山月，鹿塞寒生漠北秋。
秣马不堪宵露下，司军应念犒壶愁。
孤臣自有长缨愿，忠信还期赋远游。

青城怀古

清·高其倬

筑城绝塞跨冈陵，门启重关殿百层。

宴罢白沉千帐月，猎回红上六街灯。
夜江欲渡金源马，秋使方征渤海鹰。
劫火东延名胜尽，前尘难问再来僧。

归化城

清·王循

西北风雪连九徼，古今形势重三边。
穹庐已绝单于域，牧地犹称土默川。
小部梨园同上国，千家闹市入丰年。
圣朝治化无中外，十万貔貅尚控弦。

出塞诗

清·康熙

森森万骑历驼城，沙塞风清碛路平。
冰泮长河堪饮马，月来大野照移营。
邮签纪地旬余驿，羽辔行边六日程。
天下一家无内外，烽销堠罢不论兵。

塞外杂咏

清·高士奇

望中宫阙隔云霞，叹息今年负物华。
六月驼毛飘满地，浑疑春尽洛阳花。

青城巡礼

邓拓

千载茫茫敕勒川，风云已换旧时天。
阴山南北消烽火，黑水双流近市廛。
蒙汉一家情谊重，工农万代口碑传。
人民事业垂青史，革命翻身第一篇。

山清水秀回民区

一

大青山的松树白石沟的水，

青山绿水环境美。

土左旗的东来新城区的西，

那就是历史悠久的回民区。

二

阴山岩画赵长城，

白道川来白道城，

为了写好《水经注》，

郦道元骑驴走过白道岭。

慈禧的怪园就建在

现在的呼市一中。

三

坝口子村过来了骆驼队，

"一带一路"通向国际；

翻身解放人民心欢喜，

民族团结放第一。

党中央颁布嘉奖令，

毛主席派人来送锦旗。

四

回民区的经济在腾飞，

过去有——

呼钢、糖厂、化肥、毛纺厂，

现在有——

海亮、维多利和温州商会。

民族集团、呼市白酒厂是

中华老字号，

中国乳都是伊利！

五

攸攸板镇建设新农村，

"一村一品"旅游村：

坝口子段家窑是莜面村，

乌素图大杏甜个盈盈，

"全覆盖"建起幸福村。

六

党的政策暖人心！

公路修得村村通，

电灯电视户户通；

家家喝上自来水，

砖瓦新房白凌凌；

合作医疗村诊所，

便民超市在村当中。

七

就近上学义务制，

社保养老抚恤金；

健身器材图书室，

文化室里有歌声。

"全覆盖"回民区走在前，

党的政策暖人心呀暖人心！

毫赖沟印象记

毫赖沟位于回民区正北方的浅山沟中，清代建村，因其所处地段形似咽喉而得名（"毫赖"是蒙古语音译，汉语意思是咽喉），是呼和浩特市的革命老区。村庄三面环山，区域面积8400亩，耕地1300亩，菜地、荒地、山地、林地6700亩，村庄占地400亩。

毫赖沟村是一个汉、蒙古、满聚居的多民族村庄，全村共有居民102户，285人。村民收入主要靠种植、养殖、运输、外出务工。2014年，村民人均收入10000元人民币。

毫赖沟村因地处山区，土地贫瘠，经济基础较差，村民收入水平较周边各村相对落后。2006年，区政府引进立元集团公司对毫赖沟村进行扶贫移民，建成别墅式住宅16栋90套，2007年底实现了整村一次性搬迁，使毫赖沟村的发展焕发出生机。2011年，毫赖沟村抓住机遇，充分利用村内得天独厚的自然资源，切实转变传统的产业结构，在呼和浩特市老区发展促进会大力支持下，利用村里的荒坡荒地50亩，总投资200万元，建起一个绿色生态养殖场，并成立了泉水、全拴种养殖农民合作社，带动村集体经济发展，增加村民收入。2012年，经区政府牵头，毫赖沟村又引进了明清养生园项目，该项目占地13000平方米。2015年已投入资金7000万元，预计建成后能安排100人入住，带动解决100多人的就业问题。2014年，毫赖沟村被市委、市政府列为新农村建设示范村，同时也是"十个全覆盖"工程实施村。随后，村内按照注重基础设施建设，完善公共服务功能，极力促进产业发展的要求，大规模地开展村庄建设工作，并逐步达到了"四通、五化、六有"的目标，建成了美丽、宜居、和谐的新农村

示范村。

"十三五"期间，毫赖沟村将充分利用村庄周边自然资源，大力发展以休闲旅游度假为核心的第三产业。依托林果种植园大力发展观光农业、农家乐项目；依托独有的山地，森林环境发展药材种植和健身运动项目；依托明清养生园项目，全面启动养生保健业；积极协调宗教部门恢复永安寺以启动宗教文化旅游业，推动整村经济发展步入新局面。

棚户区的春天

回民区是个老工业区，也是一个老居民区，同时城区内（二环）还有7个城中村，因而棚户区和老旧街巷，严重影响了老百姓幸福指数的提升。

近年来历届区委和区政府都把这项工作当作重中之重，特别是以三年改造行动计划为契机，成立九个征迁指挥部，精准施策，快速推进，提前完成西二环、北二环六处重要节点的征迁工作，42天完成工农兵路全线329户征迁工作，二环快速路、断头路、呼准鄂铁路三大征迁攻坚任务圆满完成。完成棚户区征迁任务70万平方米，征迁面积和户数均位列市四区第一。交付回迁安置房75万平方米，回迁安置问题妥善解决。路网结构也不断优化，北

出城口立交桥，鄂尔多斯西街立交桥投入使用，二环快速路回民区段全线贯通。化工街建成通车，鄂尔多斯西街、乌素图主路南延伸段全部完工，经七路等9条道路开工建设，吕祖庙街等45条小街巷完成维修改造。完成47条道路、42个小区和5个村庄的绿化改造，累计栽植各类苗木及地被植物约85万株（丛）。

以海西路地区和工农兵路为例，这里聚集着呼和浩特市锅炉厂、焦化厂、阀门厂、炼铁厂、橡机厂等大中型企业，中华人民共和国成立初期，棚户和简易筒子楼遍布其大街小巷，居民有近万户。

2001年，内蒙古昌盛泰房地产开发有限责任公司成立。在呼和浩特市和回民区两级党委和政府的领导下，公司集中精力在旧城区改造、棚户区改造和回民新区建设中投入大量资金，先后在此开发建设了兴宝服装城、昌盛泰公寓楼、阀门厂小区、昌盛小区（东、西区）、昌盛家园小区等，总建筑面积达60万平方米。这些小区的建成，使众多在棚户和筒子楼里居住的支边建设者及其子孙后代住上了梦寐以求的新居，提升了

新钢地区老百姓的幸福指数，极大改变了新钢地段的落后面貌。

2010年，公司又与广州恒大地产联袂投资十几亿元在成吉思汗景观大街开发建设了恒大雅苑商住区。这一优质、高档、豪华小区已成为呼和浩特市一个新的地标性商住小区，成为首府生态宜居典范。

2011年，独立开发建设的盛泰雅园小区，其前身是残疾人的福利企业。作为呼和浩特市棚户区改造重点项目之一，它以新颖的设计、优美的环境、优厚的搬迁政策，为棚户区的居民创造了一个舒适、便利、安全的商住新区，成为回民区"十二五"期间打造一流首府城市的一个新亮点。

书法国画摄影油画作品

郭文兰　《梅花》

237

乔雅男　瓷板画《鱼岁莲塘》

乔雅男　瓷板画《青花瓷》

郭丽君　《吉利图》

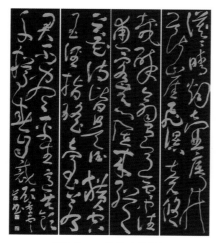

顾景云　四条屏（草书）

顾景云　扇面

赵剑锋录　邓拓《青城怀古诗》

顾景云　篆刻

张万昌　《鱼戏莲叶》

不信今時無古隙

每臨大事有静氣

丙申之夏

上寧書

左大宁　书法

索美俊录　元好问诗　　　索英镌　书法　　　　索英镌　写意

王可　《出淤泥而不染》　　王可《青龙、白虎、朱雀、玄武……》

241

海娟　《荷花》

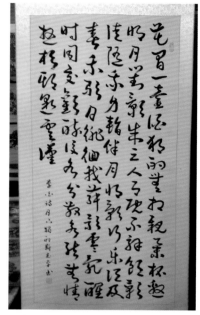

靳志平录　唐·李白《月下独酌》

姬宝华　《富贵图》

李善民　《古韵相思》

牛彦军书法

王玉琨录　宋·刘敞《阴山》

张顺录　清·王循《归化城》

王忠仁　《秋林小憩》

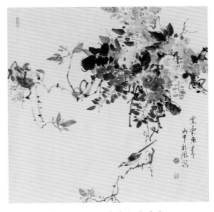

宇文彩凤　《紫气东来》

朱家骞 《春天的百合》

朱家骞 《映日荷花别样红》

朱家骞 《山花娇艳》

赵鸣摄 《放飞》

张永刚摄　《晨曲》

何卫国摄　《云海》

赵福　油画《东乌素图村冬日》

赵福　油画《乌素图·阴山初雪》

张恩桢　油画《井尔梁》

布和朝鲁　油画《乌素图初雪》

聂红亮　油画《乌素图山顶草原之秋》

康清源　油画《东乌素图初雪》

李化军　油画《春开乌素图》

李玉芝　油画《井尔梁牧歌》

张玉　油画《干涸的海子》

腾飞中的回民区

腾飞中的回民区

TENGFEIZHONGDEHUIMINQU

回民区党委、政府认真贯彻"四个全面"战略布局，全面落实"五大发展理念"，主动适应经济发展新常态，深入实施"1248"工程，着力打造和谐西城、宜居西城、美丽西城，各项事业欣欣向荣。

晨曦

街巷睁开了睡眼，
环卫工为她梳妆。

早餐馆打开门脸儿，
电视塔伸展着臂膀。

植物园百花含笑，
迎来了第一缕霞光。

广场舞姿态婀娜，
麒麟鞭春雷炸响。

合唱团高唱红歌，
秧歌队锣鼓铿锵。

啊，公交车4路8路，
上班人你来我往。

种植户大棚摘瓜，

养殖户饲喂牛羊。
区干部驻村入户，
致富路精准测量。

校园里铃声响脆，
教室里书声琅琅。

开发区又有企业落户？
农家乐又有几家开张？

大青山上放眼一望，
晨曦中俯瞰我的家乡。

啊！
回民区霞光万道照耀，
正走向明天的灿烂辉煌！

中山西路商业街

回民区的"1248"发展新格局

回民区立足现有产业基础、承载能力和区位、交通、资源优势，紧紧围绕"一核"，升级"两圈"，打造"四区"，布局"八大产业"，切实将回民区建设成集聚效应明显、高端优势突出，国内知名、自治区一流的服务业核心城区。

"一核"就是以大力发展服务业为核心，运用互联网、大数据、云计算等推动业态创新、管理创新和服务创新，推动消费方式由生存型、传统型、物质型向发展型、现代型、服务型转变，努力形成"优势产业品质化、新兴产业规模化、高端产业集聚化"的发展格局。

"两圈"就是改造升级已形成一定规模的"中山西路商圈"和"海西路商圈"，创新业态、提升品位，引导企业将传统商贸服务、汽车销售服务、五金机电等产业与互联网深度融合，形成智能化服务、个性化制定、精确化引导，线上购物、线下体验的消费模式，打造传统商圈的升级版。重点建设传化公路港现代物流项目，新华广场南侧和文化宫街两大城市综合体。

"四区"就是将初具雏形的四块区域打造成产业发展集聚区。一是以大青山前坡为依托，念好山河经、打好温泉牌、唱好林果戏，做好产业融合发展的文章，打造"生

「1248」工程：即"围绕一核，升级两圈，打造四区，布局八大产业"的发展思路。

回民区规划图

态旅游产业集聚区"。重点推进乌素图河综合整治、恒大金碧天下旅游城、滇红茶博园、草原嘉年华生态农业等项目。二是以成吉思汗蒙元文化精品街为轴，依托自治区广电数字传媒中心、蒙亮演艺广场、研发展示中心等项目，吸引人气、集聚人群，培育影视制作、演艺娱乐等产业，打造"文化产业集聚区"。

重点推进蒙亮演艺广场投入运营，建设北疆文创产业园等项目。三是以新华西街为轴，充分发挥首府中轴线的地域优势、公园众多的绿地优势、地铁轨道的交通优势等，做好街道两侧的土地整理工作，为吸引培育总部经济预留足够空间、打造适宜环境，扶持发展金融、保险等相关产业，打造"总部经济集聚区"。重点建设自治区电视台地块城市综合体、轨道交通枢纽中心等项目。四是以金海电子商务基地为载体，汇聚物流仓储、数据中心等电商产业的发展要素，加大服务力度，为企业提供产业孵化、创业扶持等支持，吸引优势电商资源，积极引进京东、苏宁等领军电商企业入驻，打造"电子商务集聚区"。重点实施中国人寿北方呼叫中心、电商服务外包基地等项目。

"八大产业（两大事业）"是指科学布局、扶持发展现代商贸、

呼武公路

维多利商厦

温室蔬菜

交通物流、金融保险、休闲娱乐、文化创意、健康养老、电子商务、商业地产等产业，大力发展教育和医疗卫生事业。

在着力打造一流的服务核心城区的同时，回民区将根据本区经济总量不大、发展不充分等客观情况，重点采取抓招商、推项目，以"一核"和"八大产业"为导向，以"两圈"和"四区"为平台，采取"以商养商""以情招商""节会招商"等多种形式，营造全员招商的浓厚氛围。出台鼓励和促进民间投资的政策、优化政务服务环境，提高招商的效率和成功率。储备一批成熟度高、市场场景好的优质项目，落地一批促进产业优化升级、辐射带动能力

强的大项目。重点抓好四大城市综合体、老旧厂区改造、新华西街综合整治、城中村和棚户区改造等重大项目，逐步提升发展层次，增强经济发展活力。

建设首府新西城

"十三五"时期，回民区将加快推进以人为核心的城乡一体化进程，统筹规划、建设、管理三大环节，建设和谐宜居、富有活力、更具特

毫赖沟村

乌里沙河

色的首府新西城。

突出规划引导。全面把握城市发展趋势，把高起点规划作为城市工作的指南针和方向盘，对每一个项目、每一栋建筑都要严格把关，保证出精品、出特色、不落伍。因地制宜加强对城市空间立体性、平面协调性、风貌整体性等方面的规划和管控，更多地体现城区特点、时代特征、民族特色。通过规划引导，有效破解各类"城市病"。

加强基础设施建设。重点对建成区和城边村两大区块进行改造提升。第一块是快速路以内的建成区。要按照已经形成的功能布局，加大配套建设力度，全面推进城市道路改扩建和交通微循环改造工程。全力打通工农兵路、盐站西规划路、

阿拉善北路3条南北大通道，以及阿吉拉沁北路等15条断头路。完成100条小街巷改造，彻底改善出行环境。加大城市地下综合管廊建设力度，形成自然积存、自然渗透、自然净化的海绵城市。积极推进城市绿色发展和生态环境保护，充分利用拆迁腾退地和边角地建绿还绿。加大对民族特色工程的建设力度，重点对成吉思汗西街、新华西街、通道南北路等实施景观改造提升，

景泰花园小区

伊和宫

形成"一路一景""一街一品"。第二块是快速路以外的城边村改造。集中精力完成村民还迁小区建设，完善基础配套设施，提升公共服务水平。严格按照城乡发展一体化要求，实现与建成区各项保障服务无缝对接。进一步用足用好国开行和农发行贷款资金，全力推进一间房等整村改造，加快完成村改居后续工作。继续巩固提升"十个全覆盖"工程，因地制宜抓好各村产业发展规划，打造新农村建设示范村。

全面推进棚户区和老旧小区改造。紧紧抓住全市"拆改建"三年行动计划的历史机遇，继续在"拆"字上下功夫，集中力量出重拳，为回民区腾出更多的发展空间。"十三五"期间，基本完成海拉尔西街、新华西街的棚户区改造。解决好被拆迁居民回迁安置问题，确保群众利益不受损失。继续高标准、高质量推进老旧小区改造，切实解决吃水难、供热难等问题。力争到2020年，完成现有棚户区和所有危房改造。

加强城市精细化管理。把"精细严实"四个字作为城市管理新方向，切实提升管理水平，提高管理效能。

大木屋

雕塑

推进民族文化强区建设

回民区牢固树立抓民族团结就是抓发展的理念，全面贯彻党的民族政策，以创建全国民族进步示范地区为契机，以"六项举措"为推手，充分利用本区域内的自然资源、历史文化资源、人文环境资源，突出民族文化特色，鼓励文化创新，大力扶持民族文化产业项目，创建首府都市文化艺术区、文化创意产业园区，加快推进民族文化强区建设，全区上下持续呈现出民族团结、宗教和顺、经济发展、社会稳定的良好局面。

加快民族团结进步宣传和创建工作。回民区紧紧抓住全面建成全国民族团结进步示范区这一主线，始终坚持各民族"共同团结奋斗、共同繁荣发展"的原则，在城区上下大力倡导"汉族离不开少数民族，少数民族离不开汉族，各少数民族之间互相离不开"的"三个离不开"思想。通过广泛开展党的民族政策、法律法规宣教活动，开展民族团结"和谐社区、和谐机关、和谐企业、和谐家庭"等创建活动，并结合每年全区性的民族团结进步宣传月活动，组织开展多种形式，宣讲宣传民族团结这一思想，在全社会充分营造了民族团结进步的主旋律。

加强少数民族文化建设。以建设社会主义核心价值体系为主线，繁荣回民区少数民族特色文化，拓展文化活动发展空间。利用少数民族节日、传统文化赛事等组织开展多种民族文艺汇演和民族体育活动，

乌素图召

以回族撂跤、回族婚礼、马头琴制作艺术申报列入自治区非物质文化遗产保护名录为契机，推动广大少数民族群众更好地继承和弘扬优秀民族文化传统，搭建各民族互相理解、互相认同、互相尊重的文化桥梁。依托伊和宫、蒙亮民族演艺广场展示平台，发展少数民族文化特色产业，拓展民族文化影响力。加强少数民族文化队伍建设，深入开展少数民族文化保护和传承工作，积极发挥文化传承人、创作人、文化工作者带头作用，挖掘丝茶古道、清真餐饮等文化底蕴，丰富创作成果，打造少数民族文化品牌，形成民族文化创作奖励激励机制，做好《回民区志》的整理编撰工作。

加强文化基础设施建设。回民区强化标准、保持投入、科学规划、集约建设文化综合场馆、"非遗传习所"，大力推进图书馆、文化馆、档案馆、街道（镇）综合文化站和社区（村）文化室、广播电视"村村通"工程、农村电影放映工程、农家书屋工程、文化信息资源共享、文化休闲广场工程等建设，切实保障基层文化设施有效运转，器材、设备和图书基本满足群众需求，全区文化阵地进一步巩固。

加强公共文化服务体系建设。在争创全国民族团结进步示范区活动过程中，回民区还通过不断加强公共文化服务体系建设，强化民族地区民族团结的凝聚力和向心力，通过大力推进数字和网络技术等现代科技手段的应用和普及，力争到"十三五"末期建成上下联动、覆盖城乡的公共文化服务体系，实现公共文化服务的普遍惠民，完成创建国家公共文化服务体系示范区任务。同时，做好社会市面蒙汉文牌

清真大寺望月楼

匾的专项治理，全力打造极具回民区特色的蒙汉文牌匾示范街。并全力推进重点服务型窗口单位蒙汉文并用标准化工作，满足少数民族群众办事需求。

加快发展群众文化。为了加快民族团结的进程，回民区还通过大力开展丰富多彩的群众文化活动，打造繁荣活跃的具有民族特点的农村文化、社区文化、企业文化、校园文化，来丰富群众文化生活，打造少数民族地区群众性文化品牌，落实"文化惠民"工程。同时，加强社区教育，推进社区文化建设，创新服务形式和手段，提高服务水平，让广大群众充分享受文化成果，更好地满足广大群众的精神文化需求。

加强文化遗产保护与开发。长期以来，回民区高度重视各民族历史以及文化、习俗等非物质文化遗产的保护与开发工作，并长期致力于回族历史资料的抢救挖掘与搜集整理工作。从1984年至今，已先后出版了10万册共计290余万字的关于回族人文、历史、人物等内容的文史资料。并积极挖掘、整理、申报具有回族特色的非物质文化遗产项目，如：回族婚礼、回族武术、回族舞蹈、回族服饰、回族特色食品小吃等项目。在切实加强文物保护上，完成乌素图召、清真大寺等国家、自治区级文物保护单位的文物修缮和"三防"工程。逐步建立文化遗产保护利用机制。今后，回民区还将继续抓好非物质文化遗产的挖掘、整理、传承和成果转化工作，做好新发现文物和非物质文化遗产的鉴定、保护和传承工作，保护和支持相关从业人员特别是非物质文化遗产传承人开展工作，促进文化遗产的可持续发展。

宗教和顺成为闪亮名片

近年来，回民区积极落实党的民族宗教政策，始终将民族团结稳定作为加快全区经济发展的重点工作来落实，民族团结、宗教和顺已经成为回民区的特色品牌，更成为一张闪亮的名片。

优先重点发展民族教育。累计投资3000多万元，改扩建民族中小学、幼儿园6所。深入贯彻落实《呼和浩特市民族教育条例》，在教师招考、岗位聘任、工资待遇等方面向少数民族学校、少数民族教师予以倾斜，实施了一系列扶持少数民族教育事业的优惠政策。积极发展少数民族养老事业，总投资3200万元，分两期建成了建筑面积1.1万平方米的自治区首家穆斯林老年公寓，为少数民族群众老有所养提供了保障。

清真大寺礼拜大殿

　　少数民族历史古迹得到修缮和保护。清真大寺、天主教堂、乌素图召、赵长城被认定为"全国重点文物保护单位"。投入1.3亿元，实施了自治区70周年大庆献礼项目——乌素图召庙保护性修缮工程。在城市建设中体现民族文化，精心打造了成吉思汗大街蒙元文化特色精品街区，高标准对伊斯兰特色景观街进行了修缮。积极扶持民族文化产业项目建设，打造民族品牌。

蒙亮民族商品研发展示中心已正式运营，蒙亮文化演艺广场基本建成。

　　依法加强对宗教事务的管理，指导清真大寺、清真小寺等8所清真寺完成寺管会换届选举。切实为宗教界人士排忧解难，在全市率先将教职人员的生活补贴列入财政预算，每年为62名教职人员发放生活补贴16.9万元，为120名教职人员缴纳了养老保险。加强与民族宗教界、少数民族群众和信教群众的联系沟通。每逢伊斯兰教和天主教、基督教等宗教节日，区四大班子主要领导都要亲自带队，赴宗教场所进行慰问。不断强化对清真食品的监管，保障了清真食品的生产和经营规范有序、健康发展，巩固和维护了民族团结、社会稳定的大好局面。

天主教堂

生态建设主打"绿色发展牌"

回民区充分发挥区位交通、生态环境和产业基础优势，坚持贯彻"生态优先、绿色发展"的战略，以青山绿水为基础，将宜居宜游作为着力点，提出了绿色发展、增加可持续发展能力的理念，打生态牌、走特色路，大力发展绿色经济，打造生态产业强区。

加强生态保护和修复。回民区林，对现有的林地和灌木林地采取围栏封育和人工促进更新的方式，进行全面保护和治理。加强森林基础设施、管护工作、防火队伍建设，全面完成大青山前坡综合治理工程，启动大青山后坡生态保护治理和新一轮退耕还林还草工程，推进京津风沙源治理工程建设，形成坚实的生态保护屏障。同时，加强对水资源的管理和节约利用，提高固体废

东乌素图村古杏园

坚持环境保护与经济发展相协调，用发展的办法保护生态环境。今后，回民区将继续加强对大青山国家级自然保护区的生态建设和封育保护，确保生态保护红线制度落实到位。重点实施大青山沿山绿化工程，对大青山内的荒山、荒坡采取人工造物污染防治水平，加强大气和土壤环境保护治理，全面推进节能减排行动，开展节约型公共机构的示范创建活动。

加大环境监察力度。回民区将继续严格执行新建项目环评制度，落实减排目标责任制，实施污染物

段家窑村温室

排放总量控制，加强环境监管，对重点地区的环境进行整治，加强环境监测能力和监管体制建设，严格落实污染物排放标准和环境影响评价。强化执法监督，加大对重点用能企业的管理，健全重大环境事件和污染事故责任制追究制度。加强水、空气、土壤和噪声污染治理。成立环保公安侦察大队，加大环境监察力度。强化森林公安队伍建设，加快森林防火、森林有害生物防治指挥体系和监测体系建设，保障大青山沿山生态屏障的安全。

发展低碳循环经济。把发展低碳经济与产业结构调整、自主创新和节能减排有机结合起来，加快各行业的低碳技术推广和应用。加快低碳技术的引进、研发步伐，主动控制碳排放，加强高能耗管控。加强生活垃圾分

类回收和再生资源回收衔接，推进生产系统和生活系统循环链接。发展"互联网＋有机农业"，进一步向有机农业、休闲农业、观光农业等方面横向发展。发挥农业生态系统整体功能，构建循环型农业体系。创建自治区级生态区和国家级生态镇。

推进生态文明建设。建立体现生态文明建设要求的经济社会发展评价体系，对重大生态责任事故一票否决，加大环城、环路、环村、环河绿化力度，增加城市绿色空间。提高全民生态文明意识，推进生态文明宣传教育，倡导文明、绿色的生活方式和消费模式，提升生态文明水平，完善公共参与、环保信息公开和举报制度，构建全民参与的社会共治体系，引导生态文明建设领域各类社会组织健康有序发展。

登山步道

打造现代服务业强区

"十三五"期间，回民区紧紧抓住全市战略布局转变机遇，以大力发展服务业为核心，把发展现代服务业作为新的经济增长点和产业结构优化升级的战略重点，改造提升传统服务业，着力形成生产性服务业和生活性服务业"双轮驱动"的现代服务业体系，全力打造现代服务业强区。

升级"中山西路商圈"，发展现代商贸业。积极发展电子商务，借力"互联网＋"，形成线上线下同步销售模式。美化商圈环境，缓解交通拥堵问题，丰富经营业态，把中山西路核心商圈打造成集商贸、商务、餐饮、娱乐、文化、旅游为一体的现代化商贸业中心，打造传统服务业转型升级示范区和商贸综合功能核心区。积极推进新华广场南侧和文化宫街两大城市综合体项目建设，海亮广场二期项目建成运营。

升级"海西路商圈"，发展汽车、五金机电及配件销售维修等专业市场。发挥利丰汽车城龙头地位，成立海西路汽车产业集聚区。发挥政府宏观监管作用，推进汽车销售、二手车交易、汽车维修、汽车配件市场规范发展。支持金海五金机电市场开展电子商务跨境贸易，打造西北地区最大规模的五金机电集散地和区域销售分拨中心。

以打造大青山生态旅游产业集聚区为龙头，发展休闲旅游业。依托生态景观路和大青山前坡丰富的自然资源及历史遗存，推动旅游资源整合。充分挖掘乌素图召庙群、赵长城遗址、"杏坞番红"等历史文化资源优势，发展文化旅游。围

金海五金机电城

内蒙古电商中心

绕沿山农家乐、休闲农业以及乌素图国家森林公园、大青山野生动物园等旅游节点工程，发展观光、体验、健康旅游。形成集召庙文化、农家乐、休闲采摘、登山步道、动物园等为一体的大型休闲生态观光带。

以打造成吉思汗西街文化产业集聚区为龙头，发展文化创意产业。以成吉思汗西街为主轴，规划发展包括影视制作、文化创意、演艺娱乐、动漫游戏等产业，融入蒙元文化特色，打造文化创意街区，带动房地产等产业发展。确保蒙亮演艺中心和蒙亮民族商品研发中心投入运营。加大对老旧工业厂区的改造力度，发展文化创意、战略性新兴产业等绿色产业，对资源进行有效整合和再利用。

以打造新华西街总部经济集聚区为龙头，发展总部经济和楼宇经济。以新华西街为主轴，实施完成新华西街拆迁绿化工程和新华西街外立面及老旧小区综合整治工程等项目。合理利用地铁1、2号线出站口布局产业，规范发展楼宇经济，引进发展总部经济。吸引金融机构、贸易商、代理商、企业地区总部、企业区域营销中心、研发中心入驻回民区。

以打造金海电子商务产业集聚区为龙头，发展电子商务产业。积极推进金海工业园区腾笼换鸟步伐。改造园区旧厂房，完善基础设施，扩大招商范围，加快引进羊绒用品展示研发平台、企业客服中心及电子商务、文化创意等产业，引进运

西货场

营机构，提高电子商务及相关服务水平。构建电子商务支撑体系和统计监测体系，规范电子商务统计工作，推动电子商务快速发展。加快建设电商总仓、金海电子商务一期工程、道路管网工程。深入推动电子商务与回民区文化休闲旅游、特色产品推广的融合度。

加快发展交通物流产业。充分发挥四通八达的道路交通优势，完成回民区物流业布局和支撑体系建设，打造中国北方区域性分拨中心、仓储中心、城市快消品配送基地、一流的仓储物流区。利用金海园区内自有铁路优势，打造20万平方米的仓储物流区，形成一套完整的电子商务配套产业链。发展城市快速消费品配送，逐步巩固"特色明显、功能全面"的电子商务产业集聚区。

加强国通物流园区的管理，提升效益和服务水平，引导其与现代物流相匹配。建设中国传化物流集团"智能公路港"项目。推动中泰物流发展，建设佳都物流园。

加快发展健康养老产业。积极推动和促进"三社"（社区、社工、社会组织）良性互动和一体化发展，建成20个以上日间照料中心，完成攸攸板镇敬老院建设工程，提高养老为老服务水平。

加快发展商业地产。完成恒大雅苑、青云景苑、桃源水榭二期、金城百合以及万达广场等城市综合体续建项目的配建商业。开工新建厂汉板、孔家营等回迁房配套商业项目。在金海电子商务基地、成吉思汗西街、新华西街、二环快速路两侧布局引进建设商业地产项目。

京源港汽配城

发展与"两圈、四区"相配套的相
关产业，突出业态体验和功能体验，
提升集聚区产业发展水平。

　　加快发展金融产业。依托新华
西街总部经济集聚区，引进银行、
保险、证券、信托等各类金融机构
入驻，扶持发展村镇银行、小额贷
款公司、中小企业融资担保公司等
金融组织，不断提高金融服务实体
经济的能力和水平。

后　记

　　《话说内蒙古·回民区》的编撰工作，得到了回民区区委、区政府的高度重视，编委会领导在该书编撰过程中多次进行指导，并对书籍的内容提出许多中肯的建议。同时，本书编撰中也得到内蒙古人民出版社领导，我市史学界、民俗界、出版界多位前辈的指点和帮助，在此表示由衷的感谢。

　　《话说内蒙古·回民区》2016年初策划，五月起笔，历经五个月，其间数易其稿，至九月底封笔完成。全书共分十章，采编文章120余篇，图片和摄影作品230余幅。内容涉及回民区的山川地理、历史传说、政治经济、军事文化、社会生活等各方面的发展演变和现状概貌。由于时间短，收集资料有限，加之编撰者才识浅薄、文笔粗疏，不能广征博采，取精用宏，不足及谬误必然颇多。如果《话说内蒙古·回民区》的出版问世，能使人们对回民区的各个方面有所了解，编撰者将会感到无比的欣慰，同时这也是我们编撰这部书的目的和意义之所在。

编者

2016年9月30日